电控发动机原理与检修

（第2版）

主　编　赵振宁　李东兵
副主编　高洪喜　李　刚

北京理工大学出版社
BEIJING INSTITUTE OF TECHNOLOGY PRESS

图书在版编目（CIP）数据

电控发动机原理与检修/赵振宁，李东兵主编. —2 版 . —北京：北京理工大学出版社，2019. 6 重印

ISBN 978 - 7 - 5640 - 5224 - 9

Ⅰ. ①电…　Ⅱ. ①赵…②李…　Ⅲ. ①汽车 – 电子控制 – 发动机 – 理论 – 高等学校 – 教材②汽车 – 电子控制 – 发动机 – 检修 – 高等学校 – 教材　Ⅳ. ①U464

中国版本图书馆 CIP 数据核字（2011）第 211596 号

出版发行 / 北京理工大学出版社

社　　址 / 北京市海淀区中关村南大街 5 号

邮　　编 / 100081

电　　话 / (010)68914775(办公室)　68944990(批销中心)　68911084(读者服务部)

网　　址 / http：// www. bitpress. com. cn

经　　销 / 全国各地新华书店

印　　刷 / 北京虎彩文化传播有限公司

开　　本 / 787 毫米 ×1092 毫米　1/16

印　　张 / 18

字　　数 / 419 千字

版　　次 / 2019 年 6 月第 2 版第 10 次印刷　　　　　责任校对 / 陈玉梅

定　　价 / 49. 80 元　　　　　　　　　　　　　　　　责任印制 / 吴皓云

前言

QIAN YAN

世界经济一体化，给中国带来了机遇和挑战，特别是中国汽车工业的迅速兴起。目前，中国已成为了汽车大国。世界各国汽车公司都争先恐后地涌入我国，由原来向中国进口汽车，转向与国内合作生产汽车，并带来了大量先进的汽车技术。

电控发动机是汽车的动力总成，是机电一体化的典型产品，在国内有 10 多年技术成熟的历史。

本书第一章对发动机的基础理论作了简要介绍；第二章介绍了电控发动机的传感器，删去了原书一些淘汰的传感器，如体积式空气流量计；第三章讲述了点火系统，略讲了传统和电子点火，重点为电控发动机点火；第四章的燃油供给系统在原书的基础增加了无回油管供油系统；第五章介绍直喷系统；第六章介绍了怠速控制，淘汰了一些怠速控制系统；第七章进气系统控制，全新介绍了国内使用的进气系统控制方法；第八章排放控制系统，更详细讲解了控制排放的方法；第九章发动机冷却控制，简要地介绍了将来要大量采用的电控冷却系统；第十章讲述的是自诊断，增加了厂家培训检测仪的内容；第十一章主要讲的是汽车电路图。本书由赵振宁、李东兵任主编，高洪喜、李刚任副主编。其中第一、第二、第三、第四由李东兵编写，第五、第六、第七、第八和第十章由赵振宁编写，第九章由长春市达兴汽车中等职业学校高洪喜编写，第十一章由李刚编写。

本书的编写难度较大，主要是新电控发动机的资料较少，又因为与所讲的内容对得上的电子图片素材又太少。一般是处于厂家内部修理层面的培训状态。能见到的国外报道，内容却又很不具体，而且涉及知识产权问题，给编写收集资料带来很大困难。

本书较适合于汽车领域培训和进修的工程技术人员、汽车车间工作的技师和工程技术人员，还可作为中、高职学校汽车专业的教材。

借本书修订出版之际，衷心感谢关心和支持着编者的广大读者，感谢给编者温暖和厚爱的北京理工大学出版社，特别感谢一直乐此不疲给编者鼓舞和扶携的长春汽车工业高等专科学校李春明副校长，"滴水之恩，涌泉相报"，编者当用心铭记。

书中提出的观点、方法有的是作者个人的看法。错误和不足在所难免，希望读者给予谅解和宽容，敬请批评和指正。

编　者

目录
MULU

绪论　电控发动机管理系统（ECU）的发展概述

20 世纪 80 年代，不少汽车发动机管理系统（电脑或 ECU）只控制喷油，而不控制点火和排放，这样的发动机管理系统可以称为电喷发动机管理系统。这样的发动机已淘汰，想见到都不容易。

20 世纪 90 年代初，汽车发动机管理系统除控制喷油，还可以控制点火及部分排放（如 EGR 控制），甚至有的汽车对进气系统进行了如可变进气管长度或可变进气正时控制（VVT-i 技术）及进气门升程控制（VTEC-i 技术），这时电喷发动机管理系统就升级为电控发动机管理系统。这样的发动机管理系统有一套非常简单的自诊断系统，诊断出故障后存储故障码，然后再人工调出故障码（需要修理人员手中必须有一本故障码表），并对照故障码表查出故障（这就是早期电控发动机书中介绍的人工调用故障码功能）。早期汽车的自诊断功能较差，且自诊断系统一般不提供数据在线功能。这样的发动机已落后或进入民办中职或高职学校的实验室作为教学使用，由于购入成本较低，可以不计使用期损耗，一般较易接受，使用效果很好，使用产生的社会效益也很高。市面的电控发动机理论书籍大多停留在这个阶段。

20 世纪 90 年代末至 21 世纪初，汽车发动机管理系统在控制喷油、点火与 90 年代初功能方面相比，汽车发动机管理系统功能没有太多区别，但其他方面却发生了很大变化。这个时期的发动机管理系统的突出功能表现在两个方面：一是在提高发动机效率和排放控制更细化、更精确方面出现了许多新技术；二是自诊断系统的功能非常强大，且提供了数据在线功能。

新技术方面如排放控制增加了二次空气喷射技术、带 EGR 率反馈的 EEGR 技术、油箱检漏技术、精确的活性炭罐清洁阀控制技术；进气系统如汽油机废气涡轮增压技术、进排气正时都可变的配气正时控制技术（双 VVT-i 技术）等；冷却系统增加了冷却风扇转速和节温器开度的控制，以保证发动机工作在正常工作温度，而不会高温；发动机管理系统则增加了对充电系统的控制。

自诊断系统的功能升级，如：点火系统的失火识别；喷油系统的多种断油控制；进气正时控制相位出错识别；排气控制系统的 EGR 系统故障监测、活性炭罐清洁阀故障监测等。自诊断系统除了故障码功能外，又配备了数据的在线读取功能。数据在线功能和故障码功能的联合使用，可使故障的范围进一步明确，大大节省了修理时间。例如，空气流量计有故障或点火线圈开裂都会造成排气冒黑烟，通过空气流量计数据流来分析，可以排除或确认为空气流量计故障。数据在线功能在没有故障码时仍可以推出一些难于发现的故障，为诊断提供依据。例如，空气流量计的漏气监测功能可以通过空气流量计数据实现。这样的发动机正是流行产品，由于购入成本较高，使用损耗一般不易接受，一般学校的实验室很少使用。

　　2005年，德国首先在国内的奥迪车上配备了直喷系统，日本丰田也不示弱，在推出混合动力普锐斯和凌志之后，丰田的直喷轿车也相继打入中国市场。这样缸外喷射的电控发动机管理系统升级为缸内喷射的电控发动机管理系统，由于软件的控制功能较多及同一功能的控制数据较多，而且这种发动机要求响应要快，所以要求系统信号采集、处理、运算等方面速度更快，存储器的容量更大，这就使电控发动机管理系统变得极为复杂。

1

第一章

汽油机的燃烧理论

第一节　汽油的使用性能

汽油有车用汽油、工业汽油和直馏汽油等。我们讨论的是车用汽油的使用性能。通过炼制和调制能够控制汽油的性能，以保证发动机和汽车的驾驶性能。影响燃料性能的主要因素有挥发性、含硫量、添加剂和辛烷值等。

1. 汽油的挥发性

汽油机要求汽油能在极短时间（0.001~0.01 s）内气化并与空气充分混合，使每一汽油分子都被空气中的氧包围以便可以充分燃烧。所以汽油的挥发性对汽油机的工作影响很大。

知识点滴：挥发性用来衡量燃料气化（形成蒸气）难易程度。当燃料不易挥发时，称这种燃料是低挥发性的。

低挥发性的燃油可能导致下列情况发生：

① 发动机冷启动困难；

② 在环境温度较低时汽车的操纵性能和燃油的经济性能下降；

③ 火花塞和燃烧室的积炭增加。

知识点滴：在化油器发动机或者节气门体喷射发动机中，低的燃油挥发性可导致燃油分配不均匀，进而导致汽缸间的燃烧不均衡，在进气管中气化燃油比液体燃油传播得更远和更快。

在环境温度较高时，挥发性过强的燃油在油管和油泵内可以形成蒸气泡沫，这种蒸气泡沫可以导致气阻或者导致发动机性能的下降，可能引起的问题有：

① 较多的蒸发排放物；

② 发动机过热时汽车的操纵性能变差；

③ 燃油经济性变差；

④ 热浸后启动困难。

知识点滴：气阻是燃油在油管或者油箱内沸腾的结果。由于蒸气的可压缩性，产生气阻时，油泵不能将燃油输送到化油器或者喷油器中去，导致发动机失火。对油管进行充分冷却后，发动机能够重新工作。

燃油喷射发动机采用电控喷油泵，系统中燃油压力较高。高压下燃油的沸点提高，气阻发生的可能性减小。

如果在夏天使用冬季汽油，可能发生下列问题：

① 怠速工作粗暴；

② 游车；

③ 气阻；

④ 加速缓慢；

⑤ 发动机喘振；

⑥ 蒸发系统受损；

⑦ 发动机热浸时液体溢流。

2. 含硫量

由于硫是原油的组分之一，汽油中总会包含一些硫，汽油中含硫量过高会腐蚀发动机和排放控制系统。正因为如此，在油品炼制过程中应该尽可能地除掉硫。

当汽油在燃烧室中燃烧时，燃烧的产物之一是水。燃烧的高温使得水以蒸汽的状态离开燃烧室，水蒸气经过排放控制系统时可能冷凝成为液体状态。当发动机停机并冷却后，除排放控制系统以外，燃烧室和曲轴箱中的由于燃烧窜入的水蒸气也可能冷凝。当汽油中的硫燃烧时，它与氧结合生成二氧化硫。当二氧化硫与水结合时会形成硫酸，硫酸具有极强的腐蚀性，硫酸的腐蚀会造成排气门腐蚀和排放控制系统的损坏。当二氧化硫流经催化转化器和排气系统时，会产生难闻的臭鸡蛋味道。为了降低腐蚀性，应严格限制汽油中的硫含量。在美国，现行的法律规定硫的质量百分数必须低于 0.01%。在许多欧洲和亚洲国家，这个标准更严格。

3. 燃油添加剂

很多年来，炼油工业一直将对人体有害的铅的化合物，如四乙基铅加入到汽油中以提高汽油的辛烷值。从 20 世纪 70 年代中期以来，汽车设计要求采用无铅汽油。这是由于汽车上安装了一些防止环境污染的特殊装置，如催化转化器和氧传感器，为了使这些设备能够正常工作，含铅汽油不能再作为汽车燃料，汽油车上必须使用无铅汽油。

汽油添加剂具有不同的特性和各种不同的用途，汽油添加剂价格昂贵，因此只能加入有限的量。在汽油调配过程中需要加入的添加剂如下。

（1）清净剂。其用于保证燃油系统沉积物的清净性，控制添加剂燃烧的沉积物。如聚醚胺被加入到添加剂中帮助溶解沉积物，以保证喷油器的干净。但是此类添加剂趋向于在进气管处产生沉积物。

（2）防冻剂。在汽油中针对特定季节加入异丙醇以防止油管在寒冷的季节结冰。

（3）金属活性抑制剂和防锈剂。这些添加剂用于阻止燃油和燃油系统中的金属之间进行化学反应而形成腐蚀性物质。

知识点滴：添加清净剂最初是为了清洁喷油嘴并使其保持干净。喷油嘴发生阻塞的原因是在高温和短程驾驶条件下，会使汽油中的烯烃（一种有机化合物）累积并形成沉淀，附着在喷嘴上。添加清净剂的作用就在于使沉淀物分解并保持喷油器干净，但是它们自身也会在发动机进气门背部上和火花塞上形成沉淀。正因为如此，添加的汽油喷油嘴的净化物质可能也会危害发动机的运行，但此事不可避免。

节气门体喷射的供油系统很少使喷油嘴出现阻塞现象，这是因为喷油嘴的位置距发动机热源足够远，从而沉淀无法形成。

4. 汽油的抗爆性

汽油在发动机中正常燃烧时，火焰的传播速率为 30 ~ 70 m/s。但当混合气已燃烧 2/3 ~ 3/4 时，未燃烧的混合气中产生了高度密集的过氧化物，它的分解使混合气中出现了许多燃烧中心，燃烧速率猛增，产生强大的压力脉冲，火焰的传播速率可达 800 ~ 1 000 m/s，甚至高达 3 000 m/s，从而汽缸内就产生了清脆的金属敲击声。这种燃烧就是爆燃（deflagration）。爆燃会使发动机过热，活塞、气阀、轴承等冲击变形损坏。

知识点滴：爆燃是发动机发出的一种金属敲击声，通常是在发动机加速过程中产生的，是由于汽缸内不正常或者不可控的燃烧造成的。

爆燃的程度与燃料的组成有关。已经知道，异辛烷（2，2，4－三甲基戊烷）的抗爆性（antiknock character）极高，则将它的"辛烷值"（Octane number）定为100；正庚烷的抗爆性极低，则将它的"辛烷值"定为0。将二者按一定比例配成混合液，便可得到辛烷值（即异辛烷的体积百分数）为 0 ~ 100 的"燃料"，这就是燃料辛烷值的标准。辛烷值是汽油抗爆性的定量指标，我国汽油机用汽油的牌号就是根据辛烷值确定的。例如，某汽油的辛烷值是 93（即 93#汽油），表明这种汽油在标准的单缸内燃机中燃烧时，其爆燃噪声强度与 7 份正庚烷和 93 份异辛烷的混合物在相同条件下的爆燃噪声强度相同。

汽油的抗爆性与组成汽油的烃类有关。正构烷烃随碳原子数的增多，其抗爆性和辛烷值均降低；异构烷烃随支链的增多，其抗爆性升高。环烷烃抗爆性居中，而芳香烃及其衍生物抗爆性较高。

为了提高汽油的抗爆性，常向汽油中添加抗爆添加剂。其中四乙基铅是最有效的添加剂。四乙基铅的作用是破坏生成的过氧化物，使爆燃不能发生。然而，含铅化合物的汽车尾气是大气铅污染的主要来源。从环保出发，我国早已淘汰含铅汽油而大力发展无铅汽油。

可通过重整或加入高辛烷值组分的方法来获取高辛烷值燃料。所谓重整（reforming），就是把馏分中烃类分子的结构进行重新排列，使辛烷值高的组分如芳烃、带支链异构体等含量增加，且保证所含碳原子数仍在汽油组分范围内，因而辛烷值大大提高。例如，把下面的长直链重整为芳香烃。

$$CH_3—CH_2—CH_2—CH_2—CH_2—CH_3 \xrightarrow{重整} \bigcirc$$

其他高辛烷值的化合物如甲醇、甲基叔丁基醚等加入后也可显著提高抗爆性，而无须加入四乙基铅。为了便于与含铅汽油区分，无铅汽油不添加着色染料（我国早已禁止加油站供应含铅汽油）。

知识点滴：低标号汽油会导致化油器发动机爆振，且只能转动分电器改变初始点火角来适应。对于电喷发动机，爆振传感器把信号传给电脑后，电脑推迟点火提前角。若无检测仪则可用正时枪看点火角推迟，点火角稳定且较小，说明是油的故障，点火角乱动不稳定可能是油的故障，也可能是进气歧管压力波动太大造成，这与传统分电器的点火角乱动故障排除方法相同。若有检测仪可直接通过故障码或数据流看到点火角推迟。

低标号汽油导致电喷发动机推迟点火角。修理时，反过来用，看到点火角推迟就要怀疑汽油可能有质量问题，修理上要把握，理论书上的很多描述都要倒过来才能用到实践中去。

5. 汽油的化学安定性和物理稳定性

汽油中若含大量不饱和烃，在储存、运输、加注及其他作业中，会因空气中氧、较高温度及光的作用而氧化生成胶质。胶质在汽油中溶解度小，会黏附在容器壁上，给汽油机的工作带来害处，降低汽油的化学安定性（chemical stability）。

胶质物或者抗氧化剂：许多调和汽油中含有芳族胺和苯酚来防止胶质物和沥青质的生成，在储存期间，由于某些汽油物质和氧结合可能形成有害的胶质物沉积，加入抗氧化剂能增加汽油的稳定性。

提高化学安定性的方法，一是通过炼制工艺，使易氧化的活泼烃类、非烃类组分尽量减少；二是向汽油中添加抗氧化添加剂，如酚类（2，6－二叔丁基－4－甲酚）、胺基酚类及胺类等物质。

汽油在储藏、运输、加注和其他作业时，保持不被蒸发损失的性能叫物理安定性（physical stability）。汽油的物理安定性主要由汽油中的低温馏分决定。

知识点滴：不饱和烃氧化生成胶质，胶质在汽油中溶解度小，会黏附在汽油供给系统表面，所以发动机的汽油供给系统无论是化油器还是电喷系统，到一定时间必须清洗。

6. 汽油中腐蚀性物质的影响

汽油中水溶性酸和碱（H_2SO_4、NaOH、磺酸及酸性硫酸酯）等对所有的金属都有强烈的腐蚀性；环烷酸对有色金属，特别是铅和镁有强的腐蚀性。氧化生成的有机酸，特别是有水存在时，对黑色金属也有腐蚀性。

汽油中的含硫化合物，特别是SO_2和噻吩，不仅有腐蚀性，还会使汽油产生恶臭，促使汽油产生胶质。硫化物燃烧后生成的SO_2、SO_3与水反应生成H_2SO_3、H_2SO_4，能直接与金属作用，使汽缸和活塞受到强烈腐蚀。

7. 汽油中机械杂质和水分的影响

新出厂的汽油完全没有机械杂质和水分。由于运输、倒装、用小容器向汽油箱加注，到达使用者手中时，常将机械杂质（锈、灰尘、各种氧化物）及水分落入其中。机械杂质会加速化油器量孔的磨损，堵塞化油器量孔，堵塞电喷系统的喷油嘴和汽油滤清器等；机械杂质若进入燃烧室会使燃烧室沉积物增多，加速汽缸、活塞和活塞环的磨损。水分在冬季结冰，冰粒堆积在汽油滤清器中会堵塞油路，严重时会终止供油。水分还会引起加速腐蚀，加速汽油氧化生胶，破坏汽油中的添加剂等不良作用。所以汽油规格中规定不允许有机械杂质和水分存在。

知识点滴：化油器量孔变大是杂质的磨损；杂质、冰粒、胶质可以堵塞化油器量孔，堵塞电喷系统的喷油嘴和汽油滤清器。

第二节　汽油发动机正常燃烧的条件

汽油发动机正常燃烧的条件如下：
（1）正确的空燃比；
（2）正确的点火正时和点火能量；
（3）正确的缸压；
（4）正确的配气正时。

一、汽油发动机正常燃烧对空燃比的要求

混合气的成分不同，对发动机动力性和经济性、排放污染有较大影响。而混合气的成分通常用"空燃比"或"过量空气系数 λ"表示。

（一）空燃比和过量空气系数 λ

空燃比和过量空气系数 λ（Lambda）两个术语都是表示混合气浓稀程度的术语，在表示混合气浓稀程度时根据具体使用场合选用不同的表达方式，更为方便。

内燃机的设计都是通过燃烧有机燃料来产生动力，汽油可以认为是有机的碳氢燃料，由于是多种碳氢有机物的混合物，所以无化学分子式。燃烧过程将空气中的氧气（O_2）和燃料中的氢（H）和碳（C）相结合，在汽油机中，火花塞点火开始燃烧过程。燃烧过程将持续 $0.001 \sim 0.01$ s。

理论上充分燃烧过程发生的基本化学反应为：氢（H）＋碳（C）＋氧气（O_2）＋火花＝热量＋水（H_2O）＋二氧化碳（CO_2）。

如果燃烧过程完全，所有的碳氢化合物（HC）与所有可用的氧（O_2）完全结合，恰好完成燃烧的空气和燃料的比例被称为理论空燃比，汽油的理论空燃比以质量比（重量比）表示为 14.7∶1（空气比汽油），或用体积比表示为 1 升燃油完全燃烧大约需要 9 500 升空气。不同的燃料有不同的理论空燃比和热量（见表 1－1）。

表 1－1　不同燃料的理论空燃比和热量

燃料	热量（Btu/gal）	理论空燃比
汽油	≈130 000	14.7∶1
乙醇	≈76 000	9.0∶1
甲醇	大约 60 000	6.4∶1
注：1 Btu ＝1 055 J，1 gal ＝3.785 cm^3		

按理论上空气和汽油充分燃烧过程发生的基本化学方程确定空气和汽油的混合比，即空气质量与汽油质量比，称为"空燃比"，通常用 A/F 表示，即 Air/Fuel 的质量之比。

汽油完全燃烧并生成 CO_2 和 H_2O 时的空燃比称为"理论空燃比"，约为 14.7。在实际的发动机燃烧过程中，燃烧 1 千克汽油所消耗的空气不一定就是理论所需求的空气量，它与发动机的结构与使用工况密切相关，所供实际空气量可能大于或小于理论空气量。所以也可以用实际空气量与理论空气量 14.7 的比值称为"过量空气系数 λ"，可用公式表示为：

$$过量空气系数\ \lambda = 实际空气质量/14.7$$

若 $\lambda > 1$ 表示所供的空气量大于理论空气量，这种混合气叫稀混合气。若 $\lambda < 1$，表示空气量不足以燃料完全燃烧，这种混合气叫浓混合气。过量空气系数 $\lambda = 1$ 和空燃比 14.7 是相同的混合气浓度。

例 1　在汽缸内燃烧 1 kg 汽油所消耗的空气为 12.23 kg。这种缸内燃烧是不完全燃烧。

解　过量空气系数 $\lambda = 12.23/14.7 = 0.9 < 1$，则混合气过浓。

知识点滴：实际上由于诸多因素的影响，燃烧过程发生的基本化学反应为：氢（H）＋

碳（C）＋氧气（O_2）＋氮气（N_2）＋其他化学物质＋火花＝热量＋水（H_2O）＋一氧化碳（CO）＋二氧化碳（CO_2）＋碳氢化合物（HC）＋氮氧化物（NO_x）＋其他化学物质。

（二）不考虑排放达标的情况下空燃比对发动机动力性和经济性的影响

过量空气系数 λ 表示实际的空燃比与理论空燃比（14.7∶1）差异程度。图1-1所示为空燃比与输出功率和油耗率的关系。

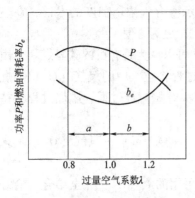

图1-1　过量空气系数 λ 对功率 P 和
燃油消耗率 b_e 的影响

a—浓混合气（缺少空气）；
b—稀混合气（空气过量）

从图1-1中可知：

$\lambda < 1$ 为空气不足，形成浓的混合气。在 λ 为 0.85～0.95 时发动机发出最大的输出功率。

$\lambda > 1$ 为在此范围内具有过量空气或称为稀燃混合气。该过量空气系数标志减少燃油消耗和发动机功率降低。λ 能达到的最大值即所谓的"稀燃极限"，它很大程度上依赖于发动机设计和所采用的混合气形成系统。在混合气稀燃极限时，混合气不再能点着，发生燃烧失火，则会明显地增加运转的不均匀性。

进气管喷射的汽油发动机在缺少空气5%～10%（λ＝0.95～0.85）的情况下能得到最大的功率输出。在过量空气为10%～20%（λ＝1.1～1.2）的情况下达到最低的燃油消耗。

知识点滴： λ 能达到的最大值即所谓的"稀燃极限"，它很大程度上依赖于发动机设计和所采用的混合气形成系统。在混合气稀燃极限时混合气不能点燃，或点燃后仍发生燃烧的不连续，会明显地增加运转的不稳定性。

若采用极高压力喷射与空气对冲则可以很好地充分混合，点燃后不发生燃烧的不连续，发动机运转得也较稳定。点燃混合气则需在火花塞附近创造低于"稀燃极限"的混合气。

（三）在考虑排放达标的情况下对空燃比的要求

汽油发动机的燃油消耗率基本上取决于空燃比。为了保证真正的完全燃烧必须保证有过量空气，从而达到尽可能低的燃油消耗。这受到混合气的着火能力和燃烧时间的限制。

空燃比也对排气后处理系统的效率（在理论空燃比工况下达到最大效率）具有决定性的影响。三效催化转化器代表着这一先进技术，该催化转化器能减少98%以上的有害排放成分。为了三效催化转化器的运行，发动机在正常的温度工况下必须准确地保持过量空气系数为1。为此必须准确地确定吸入的空气量和准确地计量供给的燃油质量。

为减少有害物质排放，现有的采用燃烧室外形成混合气的系统，只要发动机运行工况允许，均采用理论空燃比工作。某些运行工况需要对空燃比进行专门校正。如当发动机在冷态时，水温在80℃以下，混合气应较浓；节气门的突然开大，混合气要加浓；节气门的突然关小，混合气要变稀或断油；大负荷时应加浓。

为满足以上要求，混合气形成系统必须具备混合精确和混合均匀两个功能。电脑控制的进气管喷射发动机能精确地喷射燃油量，可按不同工况的空燃比喷油，可达到混合气形成的精确的一个条件。空气和燃油要充分均匀分布在燃烧室内是充分燃烧的另一个条件，这就必须达到高度燃油雾化；否则，大的油滴将沉淀在进气管或燃烧室壁上，这些大的油滴不能完全燃烧，导致碳氢化合物排放增加。电脑控制的燃油喷射系统提高了喷油压力，汽油和空气的对冲大大增强，可达到高度燃油雾化。

　　燃油喷射系统的功能在于供给尽可能适合发动机相应工况空燃比的混合气。喷射系统，特别是电子系统能较好地将混合气成分保持在规定的很窄的范围内。这有利于燃油消耗、驾驶性能和功率输出。如今汽车工业大多数采用燃烧室外形成混合气的系统。

　　（1）直接喷射不稀燃的发动机。近几年来汽油机发展日新月异，以前在技术、材料和生产成本上的问题被一一解决，像柴油机一样在汽缸内部形成混合气系统（燃油直接喷入燃烧室内的极高压喷射系统）也称缸内直接喷或直接喷射，很好地将汽油进一步雾化充分混合，从而降低燃油消耗，这种系统的重要性越来越突显。

　　（2）直接喷射和分层进气的稀燃发动机。缸内直接喷射很好地将汽油进一步雾化充分混合，由于能充分混合，稀燃极限的中断燃烧情况消失，从而降低了燃油消耗。直接喷射具有不同的燃烧条件，使得稀燃极限极大提高。因此这些发动机可在部分负荷工况时以极高的过量空气系数（λ 高达 4.0）条件下运行。

　　知识点滴： 化油器发动机中负荷使用空燃比为 17 的混合气，比缸外喷射油的电喷发动机省油。但 NO_x 排放不合格。反之，若能解决 NO_x 排放问题，且使用一定程度的稀混合气，则汽油燃烧更充分，热机效率提高。这就是稀燃发动机。

　　可见，汽车空燃比的大小的设计总在发动机动力性和经济性与排放性之间取舍。

（四）七大工况代替九大工况

汽油发动机采用七大工况而不是化油器发动机采用的九大工况。

1. 化油器发动机的九大工况

　　九大工况即五个稳定工况加上四个不稳定工况。（稳定工况大致可分为水温 80 ℃ 以上怠速、小负荷、中等负荷、大负荷和全负荷五种情况。不稳定工况可分为启动，水温不到 80 ℃ 的高怠速、怠加速和急减速四种情况。）在稳定工况运转时，发动机已经完成预热，运转过程中没有转速和负荷的突然变化。混合气成分的要求根据实际运行的转速与负荷而定。

　　图 1-2 是化油器发动机节气门开度与空燃比的对应关系，它一般分为五个稳定工况：A 点怠速（节气门开度最小）、AB 小负荷（节气门开度由最小开至 25%）、BC 中负荷（节气门开度 25% ~75%）、CD 大负荷（节气门开度 75% ~100%）、D 点全负荷 100%。

　　怠速工况是发动机无负荷的运行。这时，节气门处于关闭状态，因而进气管内的真空度很大。在进气门开启时，汽缸内的压力可能高于进气管压力，于是废气膨胀冲入进气管内，随后又由活塞的下移运动，把这些废气和新混合气又吸入汽缸内，结果汽缸内的混合气中含有较大百分数的废气。为保证这种废气稀释过的混合气能正常燃烧，就必须供给很浓的混合气，如图 1-2 中的 A 点。随着负荷的增加和节气门开度的加大，稀释将逐渐减弱，所以在小负荷工况运行时要求的混合气成分如图 1-2 中的 AB 线段所示，即在小负荷区运行时，供给混合气也应加浓，但加浓程度随负荷加大而变小。

　　在中等负荷运行时，节气门已经有足够大的开度，废气稀释的影响已经不大，因此要求供给发动机稀的混合气，以获得最佳的汽油经济性，这种工况相当于图 1-2 中的 BC 段，空燃比为 16 ~17。

　　在大负荷时，节气门开度已超过 3/4，这时要随着节气门开度的加大，逐渐加浓混合气以满足功率的要求，如图1-2中的 *CD* 线段。实际上，在节气门达到全开之前，如果需要获取更大的扭矩，只要把节气门进一步开大就可以实现，因此也就没有必要使用提高空燃比来提高功率，而应当继续使用经济混合气来达到省油的目的。因此在节气门全开之前的部分负荷工况都应当供给经济混合气。只是在全负荷工况时，节气门已经全开，此时为了获取该工况的最大功率必须供给功率混合气，如图1-2中的 *D* 点。从大负荷过渡到全负荷工况，节气门达全开位置时，混合气加浓也是逐渐变化的。

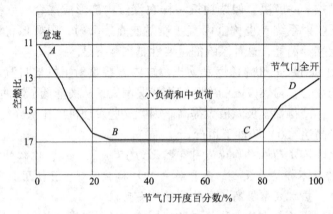

图1-2   化油器式汽油机节气门开度变化时所需的混合气空燃比

知识点滴：化油器发动机省油就是因为汽车大多行驶在空燃比为17、混合气非常稀的 *BC* 段，但 NO_x 排放超标，图1-2已经不适用于电喷发动机。

2. 电喷发动机的七大工况

七大工况即三个稳定工况加上四个不稳定工况。三个稳定工况可分为水温80 ℃以上怠速、部分负荷和大负荷三种情况；四个不稳定工况可分为启动、水温不到80 ℃的高怠速、急加速和急减速四种情况。

如图1-3所示，对于电喷发动机的空燃比随节气门的变化规律一般为三个稳定工况，即 *AB* 怠速、*BC* 部分负荷（节气门开度由最小至75%）、*CD* 大负荷（节气门开度75% ~ 100%）。其大致关系是因为：

（1）*B* 点和 *C* 点的节气门开度因车而异；

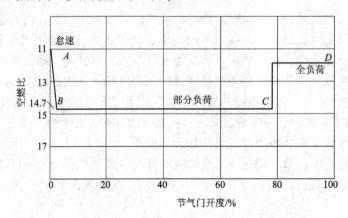

图1-3   电喷汽油机节气门变化时所需的混合气空燃比

（2）*AB* 段和发动机水温有关，对于化油器，不存在发动机温度这样的问题，所以实际 *AB* 段要比图中所画的曲线变化复杂得多，或者说不能用曲线来描述；

（3）节气门开度不是表征发动机负荷的主要信号。

电喷发动机尽可能在所有稳定工况用空燃比为 14.7 的混合气，这样可充分发挥燃料的作用，保证排放达标。但实际是不可能的，怠速是由浓变稀，全负荷是由稀变浓，只有 *BC* 段可用 14.7 的混合气。这样可以保证排放不超标。图 1-3 所示为电喷汽油机节气门变化时所需的混合气空燃比。

知识点滴：电控系统在部分负荷提供空燃比为 14.7 的混合气，经三元催化器处理后即可达排放合格，实际使用中相对化油器要费油。

3. 过渡工况要求的混合气（四个不稳定工况）

汽车实际行驶中经常使用的工况不全是稳定工况，而更多的是非稳态的过渡工况。过渡工况是指负荷或转速随时间不断变化的运行工况。主要过渡工况有冷启动、暖车、加速、减速倒拖等工况。

冷车启动时，发动机要求供给很浓的混合气。只有提供足够的汽油蒸气，才能形成可燃混合气。因为在冷启动时，汽油与空气的温度很低，汽油蒸发的百分数很小，为了保证冷启动顺利，化油器发动机要拉阻风门或启动时多踩几脚油门，才能在汽缸内产生可燃的混合气，对于电控发动机，电脑根据水温和启动工况直接供给空燃比浓到 2:1 混合气。

启动后，发动机进入暖车期，在暖车过程中也需要浓的混合气。暖车的加浓程度，必须在暖车过程中随水温逐渐减小，一直到发动机能以正常的混合气在稳定工况运转为止。化油器发动机是靠暖机调节器实现，精度不高，且不能直接控制怠速提升。电控发动机怠速稳定是通过怠速控制系统实现的，使暖机更平顺，且能控制怠速提升。

汽车发动机加速时，节气门突然开大，进气管压力随之增加，化油器发动机由于液体燃料流动的惯性和进气管压力增大后燃料蒸发量减少，大量的汽油颗粒被沉积在进气管壁面上，形成厚油膜，而进入汽缸内的实际混合气成分则瞬间地被减稀。严重时甚至出现过稀，使发动机转速下降。也就是踩下加速踏板后，车速不但不升高，反而呈下降。为了防止这种现象发生，在电控发动机加速时，要向进气管喷入一定量的附加燃料以弥补加速时暂时减稀，以获得良好的加速过渡性能。

当汽车减速倒拖时，驾驶员迅速松开加速踏板，节气门突然关闭，此时由于惯性作用，发动机仍保持很高的转速，因为进气管真空度急剧升高，进气管内压力降低，促使附着在进气管壁面上的汽油加速汽化，在空气量不足的情况下进入汽缸内，对于化油器发动机会造成混合气过浓。为避免这一现象出现，电控发动机减速时供给的燃料应减少一部分。

二、汽油发动机正常燃烧对点火正时和能量的要求

在汽油发动机中，汽缸内的混合气是由高压电火花点燃的，而产生电火花的功能是由点火系统来实现的。

点火系统应在发动机各种工况和使用条件下，保证可靠而准确地点火。为此应满足以下三个基本要求。

1. 能产生足以击穿火花塞电极间隙的电压

火花塞电极间产生火花时的电压，称为击穿电压。实验证明，发动机在满负荷低速时，需

要8~10 kV的击穿电压，启动时需要击穿电压最高可达17 kV。为了保证可靠地点火，点火系统必须具有一定的次级电压储备，现代大多数点火系统已能提供28 kV以上的击穿电压。

影响击穿电压的因素很多，其中包括：火花塞电极间隙和形状；汽缸内混合气的压力和温度；电极的形状、温度和极性；以及发动机的工作情况等。

2. 火花应具有足够的能量

要使混合气可靠点燃，火花塞产生的电压应具有一定的能量（火花能量 $W =$ 火花电压 $U ×$ 火花电流 $I ×$ 火花持续时间 T）。实验证明，在一定范围内，随着火花能量的增大，其着火性能越好。

点燃混合气所必须的最低能量，与混合气的成分、浓度、火花塞电极的间隙及电极形状等有关。发动机正常工作时，由于混合气压缩终了的温度已接近其自燃温度，所需的火花能量很小（1~5 mJ）。在发动机启动、怠速及节气门急剧打开时，则需较高的火花能量。为保证可靠点火，一般应保证有50~80 mJ的点火能量。目前采用的高能点火装置，一般点火能量都要求超过80~100 mJ。

3. 点火时刻必须适应发动机工作情况

首先，点火系统应按发动机汽缸的工作顺序进行点火；其次，必须在最佳的时刻进行点火。最佳的点火时刻，主要是从发动机获得最大功率和最小燃料消耗来考虑的，目前也有根据改善燃烧情况和减少有害气体的排放来考虑的。

实验证明：如果点火时刻适当，燃烧最大压力出现在上止点后10°左右时，发动机产生功率最大。在发动机汽缸内，从开始点火到完全燃烧需要一定的时间（约千分之几秒）。为了使发动机发出最大功率，点火时刻不应在压缩行程终了，而应适当提前。

点火时刻是用点火提前角来表示的。点火提前角是指从火花塞电极间跳火开始，到活塞运行至上止点时的一段时间内曲轴所转过的角度。如果点火过迟，活塞到上止点时才点火，则活塞下行时混合气才燃烧，即燃烧是在容积增大的情况下进行，从而使汽缸中压力降低，发动机功率下降，同时由于炽热的气体与汽缸壁的接触面积增大，热损失增大，导致发动机过热，油耗增大。如果点火过早，则燃烧完全在压缩过程中进行，汽缸内压力急剧上升，在活塞到达上止点前即达到最大压力，给正在上升的活塞一个很大的阻力，不仅使发动机功率下降，油耗增加，还会引起爆燃。

不同发动机的最佳点火提前角各不相同，并且同一发动机在不同工况和使用条件下的最佳点火提前角也不相同。影响最佳点火提前角的主要因素有：

（1）启动及怠速点火角。发动机启动和怠速时，缸内残余废气所占比例较大，燃烧速度受偶然因素的影响而变动较大，过早点火容易造成发动机运转极不平稳或反转，因此要求点火提前角减小，点火提前角一般为5°~6°。特别是现代汽车发动机，由于对排气净化要求的提高，在怠速工况时甚至推迟点火，使点火提前角为负值。这样可以降低燃烧室中的最高温度，减少 NO_x 的生成量，又可以提高汽缸内高温持续的时间及排气温度，使未燃的 HC 和残留的 CO 有充分的进一步燃烧的时间，从而减少 HC 和 CO 的排出量。

知识点滴： 电控发动机启动时点火角为负值，即上止点后点火，这样做可防反转。着车怠速后一般为5°~12°，以利于三元催化预热，不再是固定10°~12°，加负荷后可稍变大几度。

（2）发动机转速。发动机转速越高，点火提前角越大。这是因为发动机转速升高时，在同一时间内，活塞移动距离增大，曲轴相应转过的角度增大，如果混合气燃烧速率不变，则最佳点火提前角应按线性规律增长。但当转速继续升高时，由于混合气压力和温度的提高及扰流增强，会使燃烧速度也随着加快，因此当转速升高到一定程度时，最佳点火提前角虽随发动机转速的升高而增大，但增加速度减慢，因此不是线性关系。

知识点滴：发动机转速相当于传统点火系统的离心点火提前角，由发动机转速传感器控制。

（3）负荷。上坡时，节气门开度增大，但发动机转速基本不变，进气管绝对压力升高，随着发动机负荷的增大，最佳点火提前角将逐渐减小。这是由于发动机负荷增大时，吸入汽缸内的混合气增多，压缩行程终了时的压力和温度增高，残存废气量相对减少，使燃烧速度加快，因此最佳点火提前角随负荷增大而减小。

知识点滴：发动机负荷相当于传统点火系统的真空点火提前角，在电控发动机里由空气流量计或进气压力传感器形成负荷信号，一定不要再认为节气门开度是负荷信号了。

（4）汽油辛烷值。发动机爆燃与汽油品质有密切的关系，常用"辛烷值"来表示汽油的抗爆性能。辛烷值高的汽油，抗爆性能好，不易产生爆燃，但动力性不佳，相对要费油，所以也不要使用高于厂家指定标号的汽油。

目前国内汽车采用的汽油牌号有 90#、93#、97#等。因此在使用低牌号汽油时，电脑控制点火提前角自动减小以防爆燃，而使用高牌号汽油时，电脑控制点火提前角自动增大。

知识点滴：电脑要应变不同汽油辛烷值，进行修正，需要爆振传感器信号。

（5）空燃比。由图 1－4 所示的最佳点火提前角随空燃比而变化的关系曲线可知，当空燃比 $A/F = 11.7$ 左右时，所需点火提前角最小。这是因为当空燃比 $A/F = 11.7$ 时，燃烧速度最快，接近 30 m/s，但跟爆振燃烧速度比慢得多。图 1－5 是混合气燃烧速度与空燃比的关系。

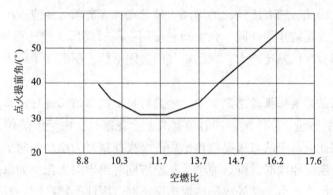

图 1－4 最佳点火提前角与空燃比的关系

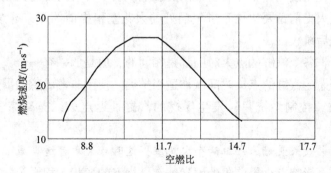

图 1－5 混合气燃烧速度与空燃比的关系

知识点滴：电脑需要氧传感器信号和发动负荷信号，才能对空燃比进行修正。一般在部分负荷时氧传感器信号修正点火角。大负荷时混合气变浓，发动机负荷信号决定点火角变小（负荷信号是主信号）。

因此，当混合气过稀或过浓时，由于燃烧速度变慢，必须增大点火提前角。

（6）大气压力。进气压力减小，由于混合气雾化和扰流变坏，使燃烧速度变慢，因此点火提前角应增大。如在高原地区，大气压力低，应适当增大点火提前角。

知识点滴：电脑需要进气压力传感器信号，才能对进气压力值进行修正，此传感器集成在电脑内。

（7）冷却水温。发动机冷却水温度较低时，压缩后的混合气温度较低，燃烧速度较低，从增大功率的角度考虑，应增大点火提前角。但发动机长时间在低温工作，会引起汽缸和活塞等严重磨损而缩短寿命。因此，快速暖机成为要解决的主要问题。为此，通常减小点火提前角，使高温燃烧气体与汽缸壁面接触面积增大，加强对汽缸壁及冷却水的传热，从而使发动机迅速升温。

知识点滴：电脑需要冷却水温度传感器信号，才能对冷却水温进行修正。

（8）进气温度。进气温度发生变化时，压缩后的温度必然发生变化，燃烧速度也将随之变化，因而最佳点火提前角随进气温度的变化而变化。

知识点滴：电脑根据进气温度修正点火提前角。

（9）压缩比。由于压缩比增大时，可使汽缸压缩终了的压力和温度增高，致使混合气的燃烧速度加快。因此，随着压缩比的增高，最佳点火提前角可相应减小。这是从不同发动机的角度来考虑点火提前角的。同一台发动机使用一段时间后压缩比可能变大也可能变小。例如，燃烧室内积炭，压缩比增大；发动机气门关闭不严，压缩终了压力变低，相当于压缩比变低。

知识点滴：电脑需要爆振传感器信号，才能对发动机压缩比进行修正。

（10）火花塞的数量。在汽缸内同时装有两个火花塞时，由于火焰传播距离较短，燃烧过程完成较快，因此所对应的点火提前角比用一个火花塞时为小。如两个火花塞对称布置在气门两侧，若工作温度相同时，则这两个火花塞应同时给出电火花。如果两个火花塞位于燃烧室中温度不同的地点，由于两处火焰传播速度不同，因此不能在同一时刻给出电火花。此外，还应考虑两处残余废气分布差异所带来的影响。位于排气门处的火花塞，由于残余废气相对较多，所以点火提前角要比位于进气门处的火花塞稍提前约2°。但实际中考虑火花塞的磨损可以交替先后跳火。

在正常工况下，各个汽缸的点火时间都是相同的，但是如果有一个汽缸或者多个汽缸发生了爆燃，发生爆燃的汽缸的点火时间就被适当推迟。使用非常敏感的爆燃传感器可以识别出发生爆燃的汽缸，控制系统只对发生爆燃的汽缸推迟点火，提高综合燃烧效率，降低排放。

知识点滴：点火效果最好为每缸两个火花塞，这时点火角可适当减小，不会发生爆振。

除上述因素外，影响点火提前角的因素还有燃烧室的形状、积炭等。另外，对点火系统还要求次级电压上升率要快，以减少能量的泄漏，保证可靠点火。

第三节 汽油车排放基本知识

汽油车所产生的有害污染气体通常有三个来源：第一个是燃油系统的蒸发污染，主要是碳氢化合物；第二个是由于活塞环漏气和机油蒸气所产生的曲轴箱蒸发污染；第三个是废气排放污染。其中废气排放污染是发动机工作过程中由燃烧产生的副产品或不完全燃烧造成的。目前主要考虑控制的污染物有碳氢化合物（HC）、一氧化碳（CO）和氮氧化物（NO_x），此三种气体又称三元气体。

一、不充分燃烧造成废气排放

燃烧室中空气和燃料混合气的燃烧是受限制的，整个燃烧过程需要以下三个基本条件：汽油、氧气和热量。完全燃烧过程将生成下列三种主要成分：热量、二氧化碳（CO_2）和水蒸气（H_2O）。

汽油即碳氢燃料（HC）中的碳原子和空气中的氧（O_2）化合生成CO_2，碳氢燃料中的氢原子和空气中的氧结合生成水（H_2O）。在完全反应中，不会有碳氢气体从排气管排放出来，即氧气恰好使燃料完全燃烧，生成没有毒害的二氧化碳和水蒸气。

实际在燃烧室中几乎不可能发生完全燃烧，即使现在人们利用电脑可以非常精确地控制空燃比，其他影响完全燃烧的因素包括燃烧热量不足、点火正时不理想等仍会导致生成CO和HC。仍然不可能实现完全充分燃烧，即化学反应不可能充分进行。否则人们就没有必要开发排放控制系统了。

二、空气成分造成废气排放

我们知道，发动机并不吸入纯氧气，进入燃烧室的空气中包含有21%的氧气和78%的氮气。氮气在高温1 370 ℃以上，且有氧气时，可以生成有害的氮氧化物（NO_x）。

三、五种主要排放气体

汽油发动机的动力来源于燃烧室中空气和燃料混合气的受控燃烧。燃烧过程的发生，需要以下三个基本要素：燃料、氧和热量。三个条件缺少任何一个，燃烧过程都不可能进行。

完全燃烧（见图1-6）过程将生成下列三种基本成分：热量、二氧化碳（CO_2）和水蒸气（H_2O）。碳氢燃料（HC）中的碳原子和空气中的氧（O_2）化合生成CO_2，碳氢燃料中的氢原子和空气中的氧结合生成水（H_2O）。在完全反应中，不会有燃料残留下来，所有能够利用的氧也被充分利用了。也就是说，一方面足够的氧使燃料能够完全燃烧，另一方面足够的燃料恰好耗掉了所有的氧。在完全燃烧过程中，生成的燃烧产物是完全没有毒害作用的二氧化碳和水蒸气。

实现完全燃烧很少发生，原因如下：

（1）空燃比不是总合适；

（2）空气中除了氧还有其他原子；

（3）汽油燃料中含有杂质；

（4）燃烧放热可能不足够；

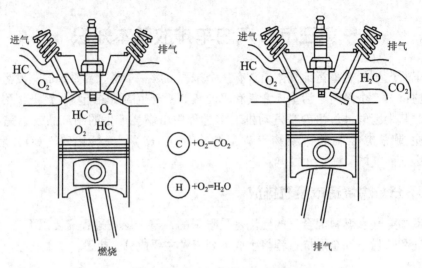

图1-6　完全燃烧过程示意图

（5）点火提前角不总是很合适。

汽车的排气中，一般为以下五种主要成分：二氧化碳（CO_2）、氧气（O_2）、一氧化碳（CO）、碳氢化物（HC）和氮氧化物（NO_x）。

上述五种气体中，CO、HC和NO_x为有害污染物。CO_2和O_2不属于污染物，但是监测CO_2和O_2这两种物质的变化对于诊断车辆状况非常有帮助。有数据表明：如今大气中HC的50%，CO的75%，NO_x的50%左右来自汽车排放。

1. 二氧化碳（CO_2）

二氧化碳是完全燃烧的产物，在燃烧过程中，由一个碳原子和空气中的两个氧原子结合而成，它基本上是无毒的气体。

知识点滴： 正常燃烧发动机排气中CO_2的浓度为14%～15%。

排气中二氧化碳的含量和空燃比直接相关。混合气在理论空燃比附近时，因充分燃烧，CO_2会达到峰值，混合气变浓或者变稀时，CO_2浓度都将下降。因此可以用排气中的CO_2浓度评价发动机燃烧燃料的效率，CO_2浓度越高，说明燃烧效率越高。

2. 氧气（O_2）

氧和汽油混合形成可燃混合气，燃烧过程中将消耗氧气。只要有足够的氧气，燃烧过程就能够继续进行。如果在燃烧室中的燃料氧含量相对过剩，即混合气变稀，排气中的氧含量将增加。

无论混合气是浓还是稀，排气中氧和一氧化碳的趋势总是相反的（如果O_2高，CO就低）。在理论空燃比附近，排气中的CO和O_2含量基本相同。

知识点滴： 正常燃烧发动机排气中O_2浓度的含量为1%～2%。

3. 一氧化碳

一氧化碳（CO）分子是一个碳原子和一个氧原子的化合物。它是无色、无味、毒性很大的气体，产生于可燃混合气的不完全燃烧。

如果混合气过浓，燃烧室中缺氧，导致混合气的燃烧提前停止。在这种情况下，由于大部分氧被用尽，燃烧停止，导致一个碳原子和一个氧原子结合，生成有害的一氧化碳（CO）。

CO 排放量的高低能够直接表明可燃混合气的浓稀。一般情况下，如果废气分析仪的 CO 排放低，混合气一定是稀混合气。反过来高的 CO 浓度意味着混合气较浓。浓混合气也有可能是由于喷油器泄漏，或者喷油压力过高所产生的。

因为只有燃烧才能产生 CO，汽缸内失火（只喷油，不点火；或点火，但因空燃比不对也不能着火）不会额外增加 CO 的排放量。实际上，如果发动机燃烧室发生失火，CO 排放可能会稍稍有所下降。

知识点滴：正常燃烧发动机排气中 CO 浓度的含量为 0.1% ~ 1%。

4. 碳氢化物（HC）

为了减少碳氢污染，燃烧过程中必须有足够的氧。充分的氧化过程产生无害的二氧化碳和水，这种氧化过程发生在空燃比合适的时候。

如图 1-7 所示，当混合气变浓时 HC 排放升高，这主要是因为浓混合气中氧的含量低，燃烧后在燃烧室中留下了未燃产物。在理论空燃比时，HC 排放有所降低，这种趋势一直持续到空燃比稍稀的区域。如图 1-8 所示，当混合气进一步变稀时，HC 排放重新开始增大。这时是因为混合气过稀导致失火，混合气不能完全燃烧，导致未燃碳氢排放增加。

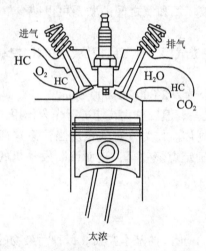

图 1-7　混合气太浓生成 CO_2、H_2O 和 HC

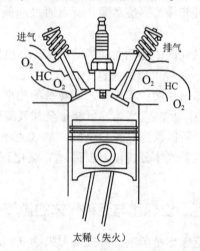

图 1-8　混合气太稀至间断失火时生成 O_2、HC

高的 HC 排放也可能是由燃烧室的"冷激效应"所产生，在汽油机燃烧室中，温度不是均匀一致的。由于金属表面将吸收大量的燃烧热量，汽缸盖和汽缸体附近区域的温度较低（如图 1-9）。在这些冷的区域中，火焰前锋或者熄灭，或者停止传播。由于燃烧的热量不足以保证可燃混合气的充分燃烧，未燃碳氢燃料直接排到大气中产生碳氢污染。发动机设计时可以通过对燃烧室的设计和活塞环位置的设计减少冷激效应所产生的碳氢污染。

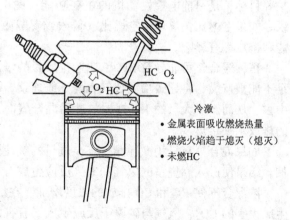

图 1-9　箭头指向为燃烧室中的冷激区域

知识点滴： 正常燃烧发动机排气中 HC 浓度的含量为 50 ~ 150 ppm。

5. 氮氧化物

氮氧化物（NO_x）是一个氮原子和不同数目氧原子反应而成的几种气体的总称。一个氮原子和一个氧原子反应生成一氧化氮（NO），一个氮原子和两个氧原子反应生成二氧化氮（NO_2）。因为有多种氮和氧的化合物，所以统称氮氧化物（NO_x），这里的"x"表示不定数量的氧原子。氮氧化物是燃烧过程的产物，但是它们的形成过程和 CO 和 HC 的形成过程大不相同。

NO_x 对环境是有害的，因为在来自太阳能的紫外辐射作用下，大气中的 NO_x 和 HC 能结合生成光化学烟雾。光化学烟雾为褐色薄雾，刺激眼睛和呼吸系统，它对酸雨的形成也有一定影响。

NO_x 的生成过程依赖燃烧室温度。氮气通常是惰性的，不容易与其他原子结合。但是当温度超过 1 370 ℃左右时（燃烧温度超过 2 200 ℃是很平常的），氮就会和氧反应生成各种氧化物，其中最多为一氧化氮（NO）。

发动机大负荷工况、高压缩比、混合气过稀、点火提前角过大、发动机过热、真空泄漏等都可能导致燃烧高温。所以通过降低燃烧温度，破坏氮和氧之间的联系可以减少 NO_x 的排放。

设计通过降低发动机的压缩比、电脑控制的可变进气门、排气门相位、空燃比控制以及 EGR 系统等可以达到这个目的。

知识点滴： 正常燃烧发动机排气中 NO_x 浓度的含量为 2 000 ~ 2 500 ppm。

CO_2 是温室气体，可能是全球气温变暖的原因之一。但二氧化碳能进行光合作用，生成氧气，所以认为是无污染的，氧气更不能作为污染气体。作为修理人员应当注意这两种气体，五种气体分析仪可以通过二氧化碳和氧气含量确定燃烧效率，进而诊断发动机的工作状态。

四、空燃比与五种气体的排放关系

空燃比是影响三种主要污染物（CO、HC 和 NO_x）形成的基本要素。每种污染物的产生都是由于燃烧过程中不恰当的空燃比所造成的。所以正确控制空燃比是排放控制系统设计的主要目标，是目前电控发动机的主要功能。图 1 - 10 表示的是五种气体与空燃比的关系曲线。如果空燃比偏离理论空燃比（偏浓或者偏稀），可能导致各种不同的后果，对发动机性能和排放都有影响。

稍稀混合气可能导致 HC 和 NO_x 排放量的增加。当混合气过稀时，混合气中由于燃料不足不能被点燃，将导致稀混合气燃烧不能连续。那些没有燃烧的汽油就通过排气管排到大气中去，从而产生大量的 HC 排放。过稀混合气时，有足够的氧用来燃烧所有的燃料，使 CO 的排放水平接近零。

如果混合气只是稍微稀薄一点，过量的氧使得火焰温度很高，进而将导致燃烧温度的增加，结果使进入燃烧室的氮气和氧气反应生成有害的氮氧化物（NO_x）。

浓混合气使 HC 和 CO 排放的浓度增加。在浓混合气中，没有足够的氧气与碳原子反应生成无害的 CO_2，氧气与碳原子反应生成了有害的 CO。

在浓混合气中，因为燃烧室中缺少氧气，降低了最高燃烧温度，NO_x 排放水平不高。

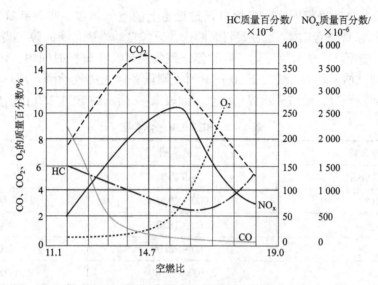

图 1-10 五种气体与空燃比的关系

知识点滴：在五气分析仪上，CO、CO_2、O_2 用百分数浓度表示，而 HC 和 NO_x 则用 ppm 浓度表示，ppm 为百万分之一。以上为质量百分数。

图 1-10 五种气体是发动机排气管中的气体，即未经三元催化器催化之前的气体。在正常空燃比情况下，五气分析仪会得出，三元催化器之前 CO 在 1% 左右，CO_2 在 15% 左右、O_2 在 1% ~ 2%；而 HC 在 50 ~ 150 ppm，NO_x 在 1 000 ~ 2 500 ppm。

经三元催化器催化后正常为 CO 在 0 左右；CO_2 在 10% ~ 12%，数量增加，但比例反而下降；O_2 在 2% ~ 6%；而 HC 在 0 左右，NO_x 在 120 ppm 左右。这五个数据可作为故障分析的基准数据。不同车型应以新车在同一温度和转速下测得的五气数值为标准，即怠速数据与怠速数据相对比，发动机 2 500 r/min 时应与发动机 2 500 r/min 时相对比。不能以任何一本书上的数据为准。

如图 1-11 所示，BOSCH BEA 250 尾气检测仪是德国博世公司依据国际最新机动车排放限制和测量方法设计的，能够对汽油车进行 CO，HC，CO_2，O_2，NO，NO_2 废气检测，适用于新车下线检测及在用车尾气排放检测。

博世（BOSCH）气分析仪。尾气分析仪的详细技术指标如下：

BOSCH BEA 250 暖机时间为 1 min，自动 0 点校正时间 30 s，反应时间短；能够选配 NO、NO_2 传感器；能够按照国家标准和地方标准调整测试程序，进行标准化的双怠速测试（基本配置包括油温，发动机转速传感器）；具有灵活的尾气数据库，可以将测量值与汽车排放标准值、国家排放限值进行比较；外置的过滤器，更换方便；长时间的高精度测量，一年只需标定一次；内置微型打印机，可以自动或手工打印测试结果。

图 1-11 博世（BOSCH）气体分析仪

在每次测试前，设备有 1 min 的暖机时间，在这 1 min 内，设备自动进行回零，自检（通过设备上的空气通道，吸收新鲜空气，对 HC，CO，CO_2 的测试系统进行归零）。在暖机时间内，设备自动检测自身故障，当发现设备有故障时（包括氧传感器），显示故障码，同时停止废气测试。在暖机时间内，设备可进行 HC 残渣检测，当测试前发现 HC 值大于 20 ppm 时，则设备停止废气检测。用户可设置保养和标定日期，当期限到时，设备显示提示信息。如表 1-2 所示的 BEA 250 技术参数。

表 1-2　BEA 250 技术参数

测量参数	测量范围	分辨率
HC/(ppm)	0~9 999	1
CO/%	0.000~10.000	0.001
CO_2/%	0.00~18.00	0.01
O_2/%	0.00~22.00	0.01
λ	0.500~9.999	0.001
油温/℃	-20~+150	0.16
转速/(r·min^{-1})	600~6 000	10

其中 NO_x 测试模块（可选）、油温传感器（可选）。

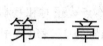

第二章

电控发动机传感器

发动机电子控制系统，必须具备能正确反应发动机状态的各种传感器，发动机控制单元是根据传感器输入信号计算发动机最佳控制结果的电脑控制装置，即电子控制单元（ECU），又称"车载电脑"等，控制发动机供油、喷油、点火、怠速稳定、排放等的执行机构。本章将详细阐述发动机电子控制系统中，传感器的结构和工作原理。图2－1所示为国产大众捷达电控发动机系统的组件。

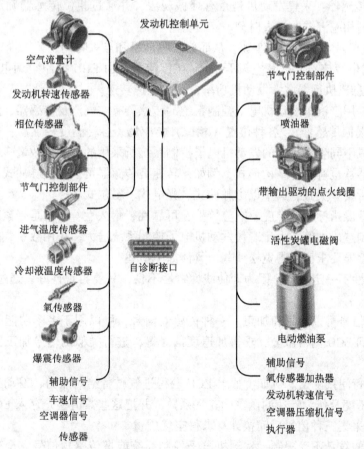

图2－1 国产大众捷达电控发动机系统的组件

1. 电控发动机常用传感器及其作用

（1）空气流量计：通过计算流过空气流量计的空气量，推断每个汽缸中实际中吸入了多少空气。没有空气流量计的车辆，可通过进气压力传感器、进气温度、节气门位置三个信号算出空气流量。通过空气流量计算发动机负荷，从而控制基本点火正时和基本喷油量。

（2）发动机转速传感器：通过发动机曲轴转速，计算出曲轴转1°转角所用的时间，同时也能确定单缸喷油量。信号可从曲轴上采集，也可从凸轮轴上采集。

（3）相位传感器：相位传感器也叫凸轮轴位置传感器，信号仅能从凸轮轴上采集。用于确定喷油时刻和点火时刻。

曲轴上的相位传感器只是辅助凸轮轴上的凸轮轴位置传感器，在自诊断中有很大作用。

（4）节气门位置传感器：反馈司机（节气门带拉线发动机）或反映ECU意愿（节气门不带拉线发动机）控制的发动机功率输出。

（5）怠速节气门电位计：在节气门带拉线发动机上，怠速时，反馈ECU动态控制的发动机功率输出，仅用于怠速控制。相当于旁通气道式怠速步进电机在ECU内的步数。

（6）进气温度传感器：采集进气温度，从而修正喷油量和点火时刻。

（7）冷却液温度传感器：采集冷却液温度，从而修正喷油量和点火时刻。

（8）氧传感器：采集排气管中氧气浓度，从而修正喷油量和点火时刻。

（9）爆振传感器：采集发动机是否有爆振现象，并通过相位传感器确定具体爆振汽缸位置，从而控制相应汽缸的点火时刻。

（10）车速信号：采集汽车车速，从而修正喷油量和点火时刻。

（11）空调申请信号：打开空调开关给ECU信号，由ECU控制空调电磁离合器吸合，同时ECU控制怠速执行器增大发动机功率，稳定怠速转速。

一般来讲，用于汽车发动机电子控制系统的传感器有空气流量传感器、压力传感器、加速度传感器（爆振传感器）、各种位置（相位）传感器、各种温度传感器、气体浓度传感器等，不同型号或不同生产年代的发动机电子控制系统所采用的传感器数量多少不一，即使是同一类型的传感器也有多种结构形式，例如，转速类传感器可以是磁脉冲式、光电式、霍尔式、磁阻式、舌簧开关式，其中以磁脉冲式、光电式、霍尔式居多。

传感器的性能指标包括精度、响应特性、可靠性、耐久性、结构是否紧凑、适应性、输出电压形式和制造成本等。由于现代发动机电子控制系统已大多采用数字式微型计算机，因此对传感器的性能要求已变得宽松一些，具体如下所述：

① 线性特性不一定重要。因为即使线性特性不良，只要再现性好，通过ECU也能修正计算。

② 传感器信号可以共用和加工。一种传感器信号，可以用于多个功能的控制，如可以把速度信号传到ECU内再微分，求得加速度信号等，进行类似的信号加工便形成速度和加速度两个信号。

③ 可以进行间接测量。例如，如果ECU获得进气歧管绝对压力、发动机转速以及由进气温度确定的密度及作为转速的函数的充气系数，并把这些数值事先存入ECU的存储器里，就能通过ECU采集三种信号后间接计算求得空气质量。

④ 传感器的数量不受限制。发动机电子控制系统能把传感器信号完全变成电信号，则无论数量怎样多，也能轻易地处理。

事实上，随着微型计算机在汽车上的应用，传感器的数量已飞速增加。只要把各种传感器的信号送入ECU处理，就可以实行发动机的高精度的控制。

表2-1列出了汽车用传感器所要求的测定范围和精度。

表2-1　传感器的测定范围和精度

测　定　项　目	测　定　范　围	精度要求
进气歧管压力	$10 \sim 100$ kPa	±2%
空气流量	$6 \sim 600$ kg/h	±2%
温度	$-50 \sim 150$ ℃	±2.5%
曲轴转角	$10 \sim 360°$	±0.5°
燃油流量	$0 \sim 110$ L/h	±1%
排气中的氧浓度	$\lambda = 0.4 \sim 1.4$	±1%

第一节　空气流量计

ECU通过瞬时采集空气流量计信号确定在此发动机转速下吸入发动机的空气量,并计算喷油量、点火正时和废气再循环率。

空气流量计能产生与发动机转速和节气门开度同样的负荷信号,它是决定"喷油量"的基本信号,一旦空气流量计信号失效,ECU可根据下述传感器信号计算出一个替代值:

(1) 发动机转速信号;

(2) 节气门位置信号;

(3) 有的车上为了更精确可加上进气温度信号修正。

空气流量计按其结构形式可以分为体积型和质量型两种。

1. 体积型

体积型包括翼片式空气流量计和卡门旋涡式空气流量计。

(1) 翼片式空气流量计于20世纪六七十年代较为流行。图2-2所示为翼片式空气流量计的电控发动机系统。

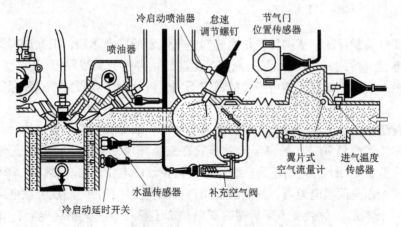

图2-2　翼片式空气流量计的电控发动机系统

(2) 卡门旋涡式空气流量计包括用于丰田凌志400的反光镜型和用于三菱车系的超声波密度型,已淘汰。

2. 质量型

质量型包括热线式空气流量计和热膜式空气流量计。

（1）热线式空气流量计于20世纪80年代初被研制，现在尼桑、通用车、奔驰公司系应用，国内较多应用。

（2）热膜式空气流量计为美国通用汽车公司所研制，应用在大众公司、宝马公司等，有世界应用的趋势。

事实上凌志400早已采用热线式空气流量计，以前反光镜式卡门旋涡空气流量计1995年停用，卡门旋涡式空气流量计在市面上已经消失，流入民办中职学校内的凌志试验台多为卡门旋涡式空气流量计。

一、热线式和热膜式空气流量计

1. 热线式空气流量计的结构和工作原理

图2-3所示是热线式和热膜式空气流量计，图2-4所示是热线式空气流量计的电桥电路。

图2-3 热线式和热膜式空气流量计
(a) 热线式；(b) 热膜式

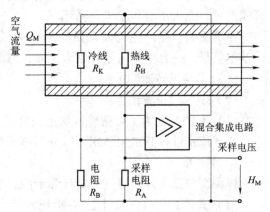

图2-4 热线式空气流量计的电桥电路

热线式空气流量计的基本构件，是由感知空气流量的白金热线、根据进气温度进行修正的温度补偿电阻（冷线）、控制热线电流并产生输出信号的控制线路板，以及空气流量计的壳体组成。根据白金热线在壳体内安装的部位不同，可分为主流测量方式和旁通测量方式两种结构形式。

取样管置于主空气通道中央，两端有金属防护网，取样管由两个塑料护套和一个热线支承环构成，热线为线径70 μm的白金丝，布置在支承环内，其阻值随温度变化，是单臂电桥电路的一个臂 R_H。图2-4所示为热线式空气流量计的电桥电路。热线支承环前端的塑料护套内安装一个白金薄膜电阻器，其电阻值随进气温度变化，称为温度补偿电阻，是单臂电桥电路的另一个臂 R_K。热线支承环后端的塑料护套上粘接着一只精密电阻，并设计成能用激光修整，它也是惠斯顿电桥的一个臂 R_A，该电阻上的电压即产生热线空气流量计的输出电压信号。惠斯顿电桥还有一个臂 R_B 的电阻器，装在控制线路板上面。该电阻器在最后调试试验中用激光修整，以便在预定的空气流下调定空气流量计的输出特性。

热线式空气流量计的电控线路包括电桥平衡电路、烧净电路和怠速混合气调节电位器。电控装置的大多数元件（除 R_H，R_K 和 R_A 外）都配置在这块混合集成电路板上。

热线旁通式空气流量计的结构。它与主流式空气流量计在结构上的主要区别在于：将白金热线和温度补偿电阻（冷线）安装在空气旁通道上，热线和温度补偿电阻是用铂丝缠绕在陶瓷线管上制成的。

热线旁通式空气流量计热线电阻 R_H 置于进气空气流中，在单位时间内损失的热量可表示为

$$H = \left[(A + B)(\rho v)^n \right] \left[T_H - T_A \right]$$

式中　A、B——常数；

ρ——空气密度；

v——空气流速；

T_H——热线电阻 R_H 的温度；

T_A——空气温度。

指数 n 随热线的形状和雷诺数 R_e 而变化，这里取近似值 0.5，A，B 的值与空气物理性质和热线的形状有关。热线产生的热量 Q 可表示为

$$Q = R_H I_H^2$$

在热平衡时，$Q = H$，故当热线和空气流的温度（$T_H - T_A$）为一定时，供给热线的电能就是空气质量流量的衡量尺度。

热线电阻 R_H 和空气温度补偿电阻 R_K 组成单臂电桥。控制电路使热线的温度始终保持比空气流温度高 100 ℃。当空气流量增加时，对热线的冷却作用加剧，电阻减小，从而改变电桥中的电压分布，控制电路立即加大对加热电流 I_H 的修正。因此加热电流 I_H 就是空气质量流量的量度，并以精密电阻 R_A 的端电压 U_M 作为输出信号。空气质量流量 Q_m 与输出电压 U_M 有如下的关系：

$$Q_m = K_1 (U_M - K_2)^2$$

式中　K_1、K_2——常数。

加热电流在 50～120 mA 变化时，为避免精密电阻 R_A 自热，采用温度系数很低的金属薄膜电阻。电桥另一个臂上的电阻高得多，电流只有几毫安，以减少电损耗。其中 R_K 是白金薄膜电阻作为温度补偿。电阻 R_B 在最终调整时要激光修整，以便在预定空气流量下调准空气流量计。

由于这种空气流量计基于热线表面与空气的热传导，热线上任何沉淀物都将对输出信号产生有害的影响，因此控制电路具备自动"烧净"（Burn-OFF）功能。每当发动机熄火 4 s 后，控制电路发出控制电流，使热线迅速升至 1 000 ℃高温，加热 1 s，将黏附于热线表面的污物完全烧净。

热线式空气流量计可直接测得进气空气的质量流量，无需温度和大气压力补偿，无运动部件，进气阻力小，响应特性好，可正确测出进气管空气流量。自 20 世纪 80 年代初研制成功后，这种空气流量计得到了广泛的应用。

在流速分布不均匀的情况下，热线式空气流量计的测量误差较大。

注：热线式空气流量计输出的是电压信号，有的车系在传感器内加了集成电路把电压信号转变成了频率信号后再送至 ECU，频率信号不易被干扰。

　　知识点滴：装有热线式空气流量计的发动机怠速不稳，起步时易熄火，无故障码。在常规检查中，火花塞有蓝火、燃油压力均正常。

　　若测量空气流量计信号时，怠速下进气量少，从而说明发动机怠速不稳、动力不足是因为混合气过稀引起。

　　若拆下空气流量计，用化油器清洗剂喷洗热丝后，装复试车，故障消除，则证明空气流量计是因热丝过脏而引起的信号电压过低。

　　很多热线式空气流量计的尼桑车的自洁功能失效，热丝过脏而引起的信号电压过低及空气滤清器漏杂质等常会引起上述现象。

　　2. 热膜式空气流量计的结构和工作原理

　　热膜式空气流量计的结构如图2－5所示，其结构和工作原理与热线式空气流量计基本相同，只是将发热体由热线式改为热膜式。热膜是由发热金属铂丝固定在薄的树脂上构成的。

图2－5　热膜式空气流量计

　　热膜式空气流量计可使发热体不直接承受空气流动所产生的作用力，增加了发热体的强度，提高了空气流量计的可靠性与寿命。它的金属网用以产生微观紊流，以使测量信号稳定。热膜式空气流量计不采用铂丝，而是将热线、补偿电阻及精密电阻用厚膜工艺镀在一块陶瓷基片上，同时它的分析电路比热线式要简单得多，而启动速度几乎相同。由于测定的加热电流无需修正，可直接作为被吸入的空气质量流量的衡量尺度，故测量误差小，仅为±2%。（图2－6所示为热膜式空气质量流量计电路。）

　　新型热膜式空气流量计的功能：在高负荷率时，活塞引发的逆向气流，会在空气流量计后产生波动，逆向气流产生的波动会降低空气质量流量计的计量精度。新型空气质量流量计仍能精确记录发动机吸入的空气质量，其单位为kg/h。

　　热膜式空气质量流量计的工作原理：由于空气流对热电阻冷却作用不同，因此保持热电阻温度恒定所需的电流不同。所以，保持热电阻温度恒定所需的电流值就是吸入空气量的对应值。另外，由于在不同温度时，气体的密度也不同，冷空气的冷却作用较强，所以需要以空气温度作为修正系数。

　　最新第六代热膜式空气流量计可由热线温度低于冷线温度来记录逆向流，温差是吸入空气质量的直接标志。空气质量流量与

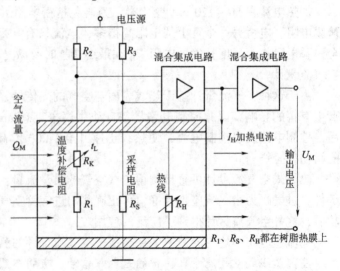

图2－6　热膜式空气质量流量计电路

工作电路产生的电压之间的关系由传感器特性曲线确定（如图 2 - 7 所示），它有顺流和逆流两部分。空气流量与输出电压信号曲线也有助于 ECU 的集中故障诊断，如断路的判断。

    知识点滴：空气质量流量计有自诊断功能。ECU 根据空气流量计计算的负荷决定喷油持续时间，同时 ECU 还通过节气门开度和发动机转速来计算出此时负荷决定的喷油时间。如果 ECU 发现与空气流量计计算的喷油时间差异过大，它首先的反应是储存这个出错记录，因为不能确定节气门是否有故障，所以先不上故障码。

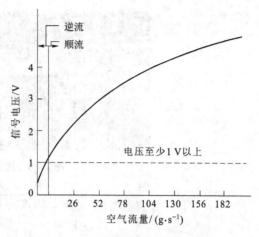

图 2 - 7 空气质量流量计信号电压曲线

    当车辆继续运行时，结合如氧传感器信号，ECU 会判断出具体谁有故障。直到控制单元能清楚地判断哪有故障时，它才会记录下有故障传感器相应的错误代码。

    由于热丝过脏后，散热下降，流经空气流量计热线的电流变小，将造成空气流量计信号减弱，喷油量减少，空气增多，混合气必然变稀，导致发动机动力不足。但热膜式从使用情况看，故障率反而要比热线式高，而且反应也不如热线式，所以实际上很多车系仍旧采用热线式，例如现在的美国通用别克热线式空气流量计，德国奔驰的热线式空气流量计。

三、空气流量计故障和检修

1. VG30E 型发动机空气流量计

拔下空气流量计的导线连接器，拆下空气流量计。

    （1）在空气流量计的端子 D（接地端）和端子 E（蓄电池端）之间加上蓄电池电压，然后用万用表直流电压挡测量端子 B（输出电压端）与 D 之间的电压，标准电压值应为 1.1 ~ 2.1 V，不符合标准表明空气流量计损坏。

    （2）为进一步确定空气流量计是否损坏，用吹风机向其进气口吹气，并继续用万用表直流电压挡测量端子 B 与 D 之间的电压。当在进气口处吹气时，标准电压值应为 2.0 ~ 4.0 V，实测电压值若不符合标准值，且变化不灵敏，表明空气流量计确实损坏。

    常见故障为热线式空气流量计出现故障，不能正确反映正常空气流量，发动机 ECU 不能正确给出喷油脉冲，从而造成发动机工作无力。

2. 捷达五阀

图 2 - 8 所示为大众空气流量计管脚，图 2 - 9 所示为热膜式空气流量计管脚与内电路关系。

    空气流量计 G_{70} 有 5 个管脚：管脚 1 为附加温度传感器（部分车型悬空不用）；管脚 2 为 12 V 加热线电源；管脚 3 为接地；管脚 4 为 5 V 参考电压；管脚 5 为信号输出。管脚 1 原来为进气温度信号，这个温度不是用于测量进气质量的修正信号，热线式和热膜式空气流量计并不需要温度修正，它本身的冷线就是温度传感器。12 V 电源是为了给热线或热膜加热供给电流。通过使用由 ECU 提供的传感器信号参考电压 5 V，即一个稳恒不变的电压源，信号精确度再经电桥放大后可进一步提高。

图 2-8　大众空气流量计管脚

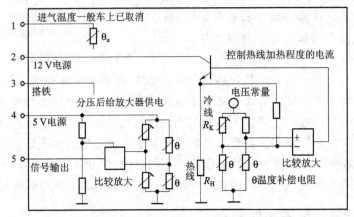

图 2-9　热膜式空气流量计引脚与内电路关系

　　现在的大众车又把原来不用的进气温度信号在某些国产车中恢复，从而不在节气门后加进气温度传感器。奥迪 1.8T 和捷达 1.6L 五阀的空气流量计电路图引脚相同，都是通过 ECU 内部搭铁。图 2-10 所示为热膜式空气流量计的温度传感器。图 2-11 所示为捷达 1.6L 五阀发动机空气流量计电路图。

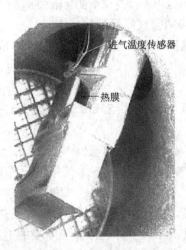

图 2-10　热膜式空气流量计的温度传感器

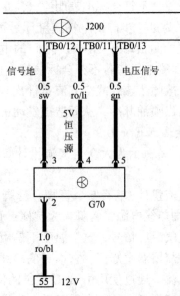

图 2-11　捷达 1.6L 五阀发动机空气流量计电路图

知识点滴：热膜式空气流量计可测量 12 V 电源、5 V 恒压源、搭铁。信号一般不用万用表测量，因为有故障的空气流量计和无故障的空气流量计电压信号差异在万用表上表现不出来，有故障也不能识别，修理中要读取数据流。

例如，捷达五阀的数据流 01 - 08 - 002 组第 4 区，VAG1552 显示。水温 80 ℃ 以后，急速工况，第 4 区急速时进气量应为 2.0 ~ 5.0 g/s。

显示组 002

Read measuring value block　2

　　800 ~ 880 r/min　　1.3 ~ 2.5 ms　　2.0 ~ 5.0 ms　　2.0 ~ 5.0 g/s

第一区：发动机转速

第二区：空气流量计计算的发动机每周喷油器喷油时间（没经其他信号修正）

第三区：发动机每 2 周喷油器喷油时间（经过其他信号再次修正）

第四区：空气流量计信号。小于 2.0 g/s 时，说明在进气管与空气流量计 G70 之间有较大漏气。大于 5.0 g/s 时，发动机有额外负荷。

知识点滴：热膜式空气流量计常见故障有信号过小和信号过大两种。

信号过小时，实际进气量很大，混合气变稀，急速在进气管有轻微回火和在排气管有轻微放炮声，尾气中有浓烈的 NO_x 味道，氧传感器和空气流量计上故障码；数据流中，氧传感器的调节功能要超过上限 +25%，即增加了 25% 喷油量。信号过小一般为热膜变脏所致。

信号过大时，实际进气量小，混合气变浓，排气管要冒一点黑烟，氧传感器和空气流量计上故障码；数据流中，氧传感器的调节功能要超过下限 -25%，即减少了 25% 喷油量。

知识点滴：在电喷发动机各工作参数中，进气量是最重要的参数之一，进气量的多少决定了喷油量的多少，决定了发动机的功率输出。

在自动变速器各工作参数中，发动机负荷是一个重要的参数，即发动机负荷大，输出扭矩大，这就要求自动变速器提高控制油路压力，以避免换挡执行元件过分打滑。自动变速器在无发动机负荷信号的情况下，为了避免换挡时执行元件的打滑，而增大了换挡油压，使得执行元件接合过快，造成动力传递系统负荷突增，引起车辆在起步、倒车时发闯一下。

奔驰 S320 的空气流量计信号不正常也会引起变速器换挡油压不正常故障。

知识点滴：发动机电控系统空气流量计有较严重的故障时，为了最大限度地保护发动机，以减轻发动机的负荷，会关闭空调压缩机。空调系统中压缩机一旦关闭，由于蒸发箱的结构原因，空调进气会受到高温暖风水箱的影响，导致出风口温度高于环境温度。在高速行驶时，空调吹出热风，停车后再起步发现车辆闯车，开空调，不制冷。

知识点滴：空气流量计信号过大时，冒黑烟。

显示组 002

Read measuring value block　2

　　800 ~ 880 r/min　　1.3 ~ 2.5 ms　　2.0 ~ 5.0 ms　　2.0 ~ 5.0 g/s

仅急速时冒黑烟，氧传感器判定为混合气过浓，减少喷油量以形成适宜的混合气，喷油量减少 25% 不能再减少，进而冒黑烟。电喷发动机的喷油时间主要决定于发动机进气量和发动机转速，而氧传感器仅在一定范围内对喷油量进行修正。

观察数据流，若发现四区进气量大于 5.0 g/s，而在急速下标准值为 2.0 ~ 5.0 g/s，其值明显偏大。二区为曲轴一周内的理论喷油时间，三区为发动机一个工作循环的实际喷油时间。实际喷油时间是在理论喷油时间的基础上经过修正而来，大约是理论喷油时间的2倍。若相差无几，这能证明空气流量计信号过大，理论喷油时间较长，而经修正后实际喷油时间明显变短导致两者相差不多。但由于修正超过了极限，仍不能形成适宜的混合气。

车辆一般情况下在怠速工况运行时间较短，怠速时混合气过浓，对油耗影响并不大。整车油耗基本正常。

1.6L发动机和3.2升发动机怠速进气量的检测仪数据是差不多，还是大约2倍，为什么？

第二节　进气管压力传感器

节气门开度和发动机转速确立的负荷可以单独用进气歧管的真空度，或者说进气管绝对压力反映，所以进气管绝对压力是反映发动机负荷的参数。因此也可以根据进气歧管的真空度和发动机转速可以计算出汽缸的充气量。

这种传感器的优点是结构简单，体积小和成本低，但在发动机急加速和急减速时，其测量精度比直接测定法要差一些，所以在发动机急加速时发闷、响应慢，低速时遇阻力易熄火。

进气管绝对压力信号反映发动机的负荷状态，进气压力传感器输出的电压信号与转速信号一起输送到ECU，作为决定喷油器基本喷油量（发动机负荷）的最主要依据。

进气压力传感器种类较多，就其信号产生原理可分为半导体压敏电阻式、电容式、膜盒传动的可变电感式和表面弹性波式等。其中电容式和半导体压敏电阻式进气压力传感器在当今发动机电子控制系统中应用较为广泛。膜盒传动的可变电感式和表面弹性波式，在实践中见不到。

一、半导体压敏电阻式进气压力传感器

进气压力传感器通常用一根橡胶管连通至需要测量其中压力的部位处，也可把传感器直接安装在节气门体后的歧管体上，图2-12所示为进气压力传感器位置。

图2-12　进气压力传感器及安装位置

进气压力传感器利用的是半导体的压阻效应，因其具有尺寸小、精度高、成本低和响应快、再现性、抗振性较好等优点，如今得到了广泛的应用，其结构如图2-13所示，由压力转换元件和放大输出信号的混合集成电路等构成。

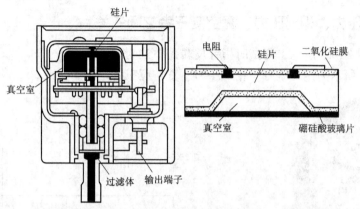

图2-13 半导体式进气歧管压力传感器的内部结构

该传感器的主要元件是一片很薄的硅片，外围较厚，中间最薄，硅片上下两面各有一层二氧化硅膜。在膜层中，沿硅片四边，有四个应变电阻。在硅片四角各有一个金属块，通过导线和电阻相连。在硅片底面黏结了一块硼硅酸玻璃片，使硅膜片中部形成一个真空窗以感传感压力，如图2-14（a）所示。硅片中的四个电阻连接成惠斯登电桥形式，如图2-14（b）所示，由稳定电源供电，电桥应在硅片无变形时调到平衡状态。当空气压力增加时，硅膜片弯曲，引起电阻值的变化，其中R_1和R_3的电阻增加，而R_2、R_4的电阻则等量减少。这使电桥失去平衡而在桥臂上端形成电位差，从而输出正比于压力的电压信号。

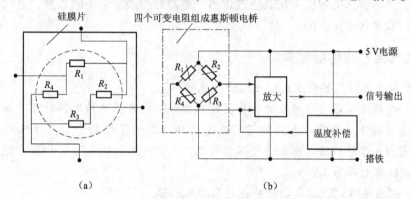

图2-14 压敏电阻式进气压力传感器工作原理
（a）硅膜片；（b）电路示意图

根据气体摩尔公式，进气量空气分子数计算公式

$$Q = pV/(273.15 + T)$$

从公式中可以看出分母有温度T，这种传感器需要温度传感器才能计算进气量，而体积V和进气管绝对压力与发动机转速和节气门开度确定的空气柱体积有关。

进气歧管真空度传感器通常安装于发动机舱内，通过软管与进气歧管相连，传感器与计算机用三根线连接，一根5 V基准电压，一根信号搭铁线，一根信号输出线，大多数进气管压力传感器的接线是相同的。当进气歧管真空度变化时，传感器会向计算机发出一个随真空度变化的电压信号。在典型的进气管压力传感器中，信号电压从怠速时的1~1.5 V变化到节气门全开时的4.5 V。

二、绝对压力、相对压力、真空度三者之间的关系

真空表如图2-15所示，测试时指针反转，单位为MPa。

如图2-16所示为绝对压力、相对压力、真空度三者之间的关系。

图2-15 真空表

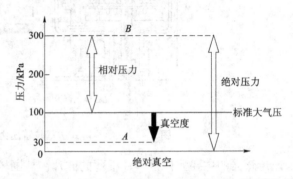

图2-16 绝对压力、相对压力、真空度三者之间的关系

绝对压力、相对压力、真空度三者之间的区别：以绝对真空为基准的压力数值为绝对压力；以大气压为基准的正向压力为相对压力；以大气压为基准的负向压力为真空度。例如，B点的相对压力为200 kPa，而绝对压力为300 kPa，B点不能用真空度表示。A点的绝对压力为30 kPa，真空度为-70 kPa，A点不能用相对压力表示。

进气压力传感器压力数值可用真空度也可用绝对压力表示，不同车系，进气压力传感器的压力数值在检测仪中也不同。

三、进气压力传感器检查

例1 皇冠3.0的压敏电阻式进气压力传感器

如图2-17所示为歧管绝对压力传感器输出曲线。检查压力传感器时可以将真空管从发动机进气歧管上拔下，用真空表的枪嘴接在压力传感器的橡胶软管上，对压力传感器抽真空。例如：皇冠3.0的压敏电阻式进气压力传感器真空度为-80 kPa时相当于进气绝对压力20 kPa，对应输出电压为1.2 V。

例2 原装奥迪A6 2.6L发动机的绝对压力传感器

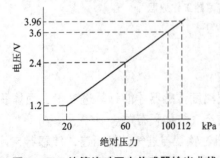

图2-17 歧管绝对压力传感器输出曲线

大众公司原装奥迪A6 2.6L发动机的绝对压力传感器集成在ECU内（从1999年国产化后，国内奥迪发动机皆采用热膜式空气流量计）。通过一根软管与进气管相连，可测出进气管内的绝对压力（kPa）。传感器监测范围为2~115 kPa（20~1 150 mbar）。图2-18所示为集成在ECU的印制电路板上的压力传感器。

下面对原装奥迪A6 2.4升发动机的绝对压力传

感器数据流进行分析。

大众车的元件检测数据很少，并不是技术保密原因，而是因为大众车系ECU拥有先进的数据流在线功能。如果怀疑压力传感器有故障，可以通过读取怠速时压力传感器的数据流与标准值对比，相差很大时，可以通过更换部件的方法排除。奥迪A6 2.4升发动机的绝对压力传感器数据流位置01－08－001组，下面为显示内容，绝对压力传感器数据见第2区。

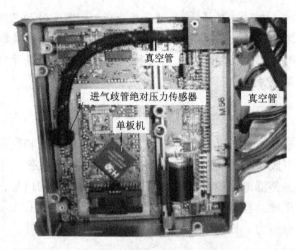

图2－18　压力传感器集成在ECU的印制电路板上

显示组001

Read measuring value block　1

　　发动机转速　　进气歧管压力　　计算的点火提前角　　怠速控制阀N71步数

以下为数据流分析的具析含义，初学者只要知道绝对压力传感器数据在第2区即可，不必分析下面内容。

第一区：发动机转速。

第二区：进气歧管压力，显示单位为百分数，100% = 1 022 mbar，32% = 327 mbar怠速时为29% ~ 59%；若超出范围，可能由于怠速不稳，怠速稳定阀N71卡滞，怠速负荷过大或怠速开关故障，电器装置打开，方向盘转到最大位置，应检查喷油嘴或火花塞，读取故障码，关闭所有电器装置，将方向盘置于中间位置。

第三区：计算的点火提前角。

第四区：四线怠速步进电机N71步数，怠速时为18 ~ 75步，若超出范围，可能是N71卡滞/动作不灵活，应进行执行元件检查。

例3　大众公司捷达1.6L二阀发动机绝对压力传感器

大众公司捷达1.6L二阀发动机采用的绝对压力传感器位置如图2－19所示。压力传感器和进气温度传感器集成于一体，位于进气歧管上。

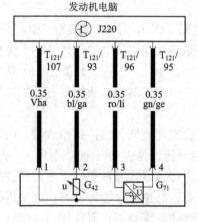

图2－19　压力传感器和进气温度传感器

数据流显示单位mbar（毫巴），急速时为280～340 mbar；若超出范围，可能由于急速不稳、节气门体过脏、急速负荷过大或急速开关故障、电器装置打开、方向盘转到最大位置等原因。关闭所有电器装置，应将方向盘转置于中间位置，并检查喷油嘴或火花塞，读取故障码。

四、电容式进气压力传感器

电容式进气压力传感器是使氧化铝膜片和底板彼此靠近排列形成电容，电容大小根据上下膜片距离而改变的性质，获得与压力成比例的电容值信号。把电容连接到混合集成电路的振荡器电路中，电容大小控制输出的频率的信号，其输出信号的频率与进气歧管绝对压力成正比。其频率因电容电源和电容大小不同，ECU根据输入信号的频率可确定进气歧管的绝对压力。如图2-20所示为电容式压力传感器。

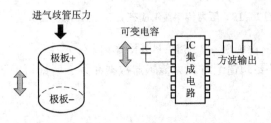

图2-20 电容式压力传感器

福特汽车公司的绝对压力传感器为电容式。这种传感器把进气歧管压力变为频率变化的数字电压信号，当节气门开度增大即发动机负荷增大时频率增加。进气管压力传感器实际上感知的是大气压力与进气歧管绝对压力之间的压力差。发动机急速时，最高进气管真空度约为-450 mmHg（一个大气压为760 mmHg），这时进气管压力传感器信号频率在95 Hz左右，在节气门接近全开的情况下，进气管真空度在-50 mmHg左右，进气管压力传感器频率约为160 Hz。电容表达式为：

$$C = 4\pi\xi S/d$$

式中　ξ——电容间空气的介电常数；
　　　S——电极板的面积；
　　　d——电极板的距离。

知识点滴：对于电容式绝对压力传感器在检测的时候不宜将电压表直接与其输出端相连，否则将会有损坏绝对压力传感器的可能。车用示波器是检测此类器件的首选。

五、大气压力传感器

大气压力传感器与进气管压力传感器的原理相同，作用不同，安装在ECU内或空气流量计内，不测量进气管节气门后的压力。它的作用是向发动机控制单元传送一个海拔高度修正信号，该值取决于海拔高度。涡轮增压发动机的控制单元可以据此计算出一个新的增压压力，也是废气再循环的海拔高度修正信号，翼片式、卡门旋涡式、压力传感器式空气流量计的修正信号。

在读取电喷系统数据流或看资料的诊断分析时会发现大气压力传感器数值。由于大气压力传感器在ECU内部，则可通过读取在地面上的绝对压力是否是一个大气压。

对热膜式、热线式、翼片式、卡门旋涡式、压力传感器式五种空气流量计的性能进行比较，结果为响应特性仅压力传感器较差，但不易损坏；急速稳定性都良好；废气再循环适用性都良好；翼片式、卡门旋涡式、压力传感器式要海拔高度修正；翼片式、卡门旋涡式、压力传感器式要进气温度修正。

六、绝对压力传感器影响因素和故障

实际上压力传感器很少损坏，但即使传感器本身并没有损坏，影响绝对压力器信号的因素仍然有许多。排除故障时发现压力传感器在怠速下压力超标时，应先查找影响压力传感器信号的因素。

用绝对压力传感器测量进气量的喷射系统也称 D 形喷射系统或称速度密度型喷射系统，由于 D 形喷射系统是通过进气压力传感器间接测量发动机进气量的，所以它和直接测量发动机进气量的质量流量型喷射系统的故障现象有所不同，在故障诊断时也应该注意到它的特殊性。很多因素可以影响进气压力传感器传递给发动机控制模块进气量的信息，因此空燃比也容易受到影响。

影响进气歧管真空度主要有点火时间过迟、配气相位不正常、进排气系统泄漏和堵塞因素。

1. 点火时间过迟

（1）电喷发动机的燃油质量不好时，爆振修正后，点火角推迟过多；

（2）带分电器的电喷发动机点火正时调节得过晚；

（3）带分电器的发动机配气正时不正确导致分电器内信号轮位置不正确，可以影响点火正时。

知识点滴：点火时间过迟会造成发动机动力不足，排气管冒黑烟。点火时间过迟造成发动机动力不足时，驾驶员就会加大节气门的开度来弥补发动机动力不足，以加快车速，由于节气门开度的加大，进气歧管真空度就会过多降低，导致进气压力传感器传给 ECU 进气量很大的信息。但因点火角原因，发动机转速仍低，ECU 认为上坡或重载，将导致 ECU 计算喷油器的喷油时间会长，从而导致混合气过浓、排气管冒黑烟，也就造成了发动机动力不足，排气管冒黑烟是由于混合气过浓而造成的假象。

点火时间过迟导致的混合气过浓、排气管冒黑烟在直接测量空气流量中是没有的，在诊断时要加以区别。

2. 配气相位不正常

（1）配气相位不正常会造成发动机动力不足，进气管真空度过低，致使控制系统增加喷油量引起混合气过浓的假故障现象。

（2）配气相位不正常还会引起无分电器点火发动机的凸轮轴位置传感器信号和曲轴位置传感器信号不同步，导致发动机启动困难、性能变差。

3. 进排气系统泄漏和堵塞

进气歧管漏气会引起发动机怠速高，但是不会影响混合气浓度。如果转速达到 1 500 r/min 以上，就会出现发动机转速在 1 000~1 500 r/min 之间，这是因为 ECU 执行了减速断油功能。

这一现象和质量流量型空气流量计是相反的。因为质量流量型进气歧管漏气，就会使一部分空气不经过空气流量计进入发动机，致使混合气过稀，发动机就会怠速不稳转速下降。如果废气再循环系统和曲轴通风管泄漏，D 形和质量流量型喷射系统的故障现象是一样的，因为废气再循环系统和曲轴通风系统漏进去的是几乎不可燃气体，所以发动机就会怠速不稳加速无力，真空度过低，进而影响 ECU 的空燃比控制。进气门密封不好，漏气，也就会使

进气歧管内的真空度降低，从而影响空燃比。

知识点滴：排气管内的三元催化器堵塞或冬天的冰堵，排气不畅，也会造成发动机无力。进气歧管真空度过低（绝对压力过高）致使混合气过浓，进气压力传感器与进气歧管之间的胶管漏气或插错，也会造成混合气过浓。

从上面的分析可以看出，D形喷射系统的空燃比控制除系统本身故障外，主要是受到点火正时和机械部分的影响，所以在诊断D形喷射系统时，一定要使用真空表测量进气歧管真空度，用真空表测得的实际真空度与进气压力传感器传给ECU的数值进行比较，如果两个数值不相符，说明进气压力传感器本身有问题；如果两个数值相符，说明传感器没问题，问题出在其他方面。正常的进气歧管真空度怠速为 -60~68 kPa，发动机的真空度是对发动机综合性能评定的一项重要指标，它能反映出发动机点火时间是否正常，机械系统是否正常，可以防止因错误诊断而造成的不必要损失，测量进气歧管真空度对质量流量型发动机的故障诊断同样重要。

知识点滴：绝对压力传感器有故障，其现象是启动时能着车，且很好启动。但启动后多则5 s，少则1~2 s就熄火。

如果观察数据流，你发现进气压力传感器信号不变化，一直为0 V。控制单元检测到进气压力传感器信号电压为0 V时，误认为此时没有进气，发动机处于静止状态，也就停止喷油了。不喷油，当然运转不了。

换一个进气压力传感器后，启动着车，一切正常。测数据如下：怠速时，信号电压为1.15 V；慢慢加速可达3 V左右；急加速时，瞬间电压可达4 V。

注：启动时电脑程序不用压力信号来调节喷油量，所以能着车。

这种故障现象有很多原因，压力传感器出故障的几率很低，所以应先做其他检查。如先检查启动后是否有火，为此在进气管口喷入化油器清洗剂，若又能着几秒，说明有火；检查防盗锁死，仔细观察仪表上各指示灯，是否发现有防盗指示，无则不是防盗造成的，检查不供油，启动发动机时油泵有电，油泵继电器应该没有问题。接好汽油压力表，测量油压为250 kPa，正常，且发动机熄火后，仍能保持油压，不是油泵问题了，也不是油压不足引起熄火了。

知识点滴：燃料或水分堵塞软管和软管漏气：与进气管压力传感器连接的真空软管故障可能引起动力性问题，如燃料经济性差、加速迟缓、停机及怠速不稳。所以必须确保传感器到进气歧管真空管这条路畅通。检查软管时，要注意以前是否替换过软管；软管过长会在某位置下垂；夏天，燃料或水分沉积于软管内较低位置，导致进气管压力传感器与进气管内压力变化不同步；如果是冬天水分沉积于软管内较低位置结冰则现象更严重。

软管周围小的漏气孔会导致燃料经济性差、怠速过高，并且常常给发动机电脑设置故障码。若是硬管则因风化，可能易碎而漏气。

第三节　节气门位置传感器和油门踏板位置传感器

节气门位置传感器安装在节气门体内，传统方式是由驾驶员操纵油门踏板上的拉索来控制进气量。当油门踏板踩下时，节气门开度增大，进气量也随之增大。与此同时，空气流量计测量的空气流量也随之增大，喷油量也相应增多，混合气总量变大。

节气门位置传感器一方面用来确定节气门的开度位置，反映发动机所处工况。另一方面反映节气门开闭的速度，在急加速或急减速时，空气流量计由于惯性或灵敏度影响使其反应没那么快，这样会影响汽车的动力性能和燃油经济性，空气流量计这个缺陷可由节气门位置传感器弥补，故节气门位置传感器也是喷油量控制的一个重要信号。

用于电喷车上的节气门位置传感器承担"电子加速泵"的作用。如果节气门位置传感器拆除或存在故障，发动机仍能正常工作，但加速迟缓。在一些装有自动换挡装置的车辆上，节气门位置传感器主要控制换挡点和变矩器的锁止和阀板的主油压。

一、传统节气门体

如图 2 – 21 所示为传统节气门控制方式。传统节气门控制系统具有如下特点：

（1）在传统节气门体上，节气门的开度由油门踏板上的拉索来直接控制，动力输出完全取决于人，这种动力输出有时是不利的，甚至是有害，主要优点是成本低，由控制系统控制。

（2）传统节气门体难于控制怠速转速、巡航控制、车身稳定控制的功能，所以车上要实现以上三种功能需要另有三个系统，而使结构更为复杂。

传统节气门位置传感器的怠速执行机构有旁通式和直动式两种

（1）旁通式的怠速执行机构分四线有怠速开关式和三线无怠速开关式；

（2）直动式怠速执行机构是由大众车系 2005 年前专用。

丰田汽车大多采用由一个怠速触点和一个电位计组成的四线节气门位置传感器，图 2 – 22 为节气门位置传感器，这样的车将被淘汰。

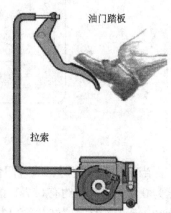

图 2 – 21　传统节气门控制方式

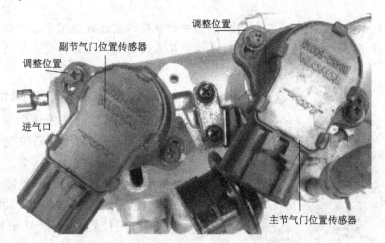

图 2 – 22　四线节气门位置传感器

（一）四线节气门位置传感器

主节气门用于控制发动机加速喷油控制和工况识别。副节气门在地面附着力较小（冰雪路面）或油门踩得过大时，即牵引力大于地面的附着力打滑时，TRC牵引力控制系统ECU控制步进电机关闭节气门，降低牵引力，副节气门位置传感器反馈一个关闭节气门的位置信号给ABS & TRC ECU，以反馈副节气门电机控制位置。

主节气门位置传感器安装在节气门体中，发动机ECU用它检测节气门的开度和油门踏板踏下的加速度，利用它修正实际喷油量、急加速时修正实际喷油量和断油控制等的条件之一。如图2-23所示为凌志400主节气门位置传感器电路接线示意图。

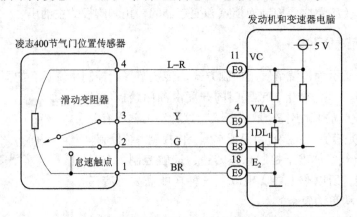

图2-23　凌志400节气门位置传感器电路接线示意图

当节气门全闭时，节气门位置传感器中的触点IDL闭合，所以在ECU的端子IDL上电压为0 V。这时，约有0.7 V的电压加在ECU的端子VTA$_1$上。当节气门打开时，IDL触点断开，于是，大约为5 V或12 V的电压加到ECU的端子IDL上。加到ECU端子VTA上的电压随节气门的开度角呈比例地增加。当节气门全开时，电压大约为3.5~5.0 V。ECU根据从端子VTA$_1$和IDL输入的信号来判断汽车驾驶状况。

VTA$_1$电路中开路或短路或在IDL触点接通的情况下，VTA信号输出超过1.45 V，ECU上码41。

注：较老的车型有嵌在节气门位置传感器中的节气门怠速开关用于怠速识别，有的节气门还有全开开关用于自动变速器降挡或节气门做基本设定用，全开开关也可放在节气门位置传感器外部。

图2-24　三线节气门位置传感器节气门体

（二）三线节气门位置传感器

三线节气门位置传感器（TPS）是一个电位计。它将节气门位置信息转换成电压信号发送给ECM。另外。该传感器还检测节气门打开与关闭的速度。并以电压信号的形式传送至ECM。发动机怠速运转时的节气门位置是由ECM根据收到的节气门位置传感器信号决定的，TPS控制着发动机的运转，如断油功能。图2-24所示为三线节气门位置传感器节气门体，表2-2所示为三线节气门位置传感器数据。

表2-2　三线节气门位置传感器数据

节气门状态	电压/V
完全关闭（急速）	0.35 ~ 0.65
部分打开	0.65 ~ 3.50
完全打开（油门踩到底）	3.50 ~ 4.70

（三）大众车专用带拉索的节气门体

1997—2005 年国产大众车的节气门部分是拉索控制，部分是没有拉索的电子节气门控制。我们把带拉索控制的节气门位置传感器称为半电子节气门位置传感器。图2-25 为捷达半电子节气门位置传感器。2005 年以后捷达采用电子节气门。

知识点滴：半电子节气门内有三个弹簧，一个阻止开大的回位弹簧，一个阻止关小的弹簧，一个应急弹簧。

大众节气门体代码为（J_{338}）。节气门体也叫节流阀体，它是一个传感器和执行器结合的一个组件，它由急速直流电机 V_{60}、急速节气门电位计 G_{88}、节气门电位计 G_{69}、急速开关 F_{60}、应急弹簧等组成。图2-26 所示为捷达半电子节气门位置传感器电路示意图。其电路功能如下所述：

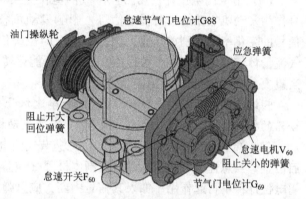

图2-25　捷达半电子节气门位置传感器

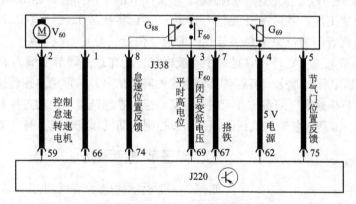

图2-26　捷达半电子节气门位置传感器电路示意图

1. 急速控制

急速开关闭合，发动机控制单元判明发动机进入急速工况，节气门电机 V_{60} 在急速控制范围内对节气门开度起控制作用。司机踩油门时，拉索对节气门起控制作用，急速开关 F_{60} 断开，电机断电。

2. 应急功能

若电机控制急速失效，即电机不能控制节气门关小，应急弹簧将节气门拉回到应急运转开度（1 500 r/min），怠速不会下降为 840 r/min。此时驾驶员仍可通过油门踏板拉动节气门，两者互不干预。

3. 关闭缓冲功能

驾驶员迅速将脚抬离油门踏板时，节气门迅速回落到怠速控制范围内的最大开度上（即应急开度），此时 F_{60} 闭合，节气门控制单元根据怠速开关或两电位计的信号关闭节气门，直至发动机达到最适宜的怠速转速。

按技术要求，节流阀体外壳不能打开检修，也不允许人工调整，可用大众公司专用故障诊断仪 VAG1551 和 VAG1552 或 VAS5051 和 VAS5052 的 O4 功能"基本调整"来对 G_{69} 作基本设定（也可用其他非专用诊断仪作基本设定）。对于发动机只能对 G_{88} 怠速节气门电位计作基本设定。

（1）节气门电位计（G_{69}）：节气门电位计反映了节气门在全部开度范围的位置，此信号作为发动机主要的负荷辅助信号，影响发动机急加速喷油量和点火角，ECU 根据节气门信号的变化率来识别加减速工况。当节气门位置信号中断时，ECU 用发动机转速信号和空气流量计信号计算出一个替代值，发动机仍能运转。对于自动变速器节气门电位计 G_{69} 则相当重要，G_{69} 是主要的降挡控制信号。

知识点滴：节气门电位计（G_{69}）和车速信号 G_{68} 共同来控制变速器的升降挡及锁止离合器的锁止，所以节气门电位计（G_{69}）既与发动机有关，又与变速器有关。

（2）怠速节气门电位计（G_{88}）：怠速节气门电位计向控制单元 J_{220} 提供节气门的当前开启位置。当怠速节气门到达调节范围内极限（应急开度），如果节气门继续开启，怠速节气门电位计将不再起作用。如果其信号中断，应急弹簧将节气门拉动进入机械应急运转状态，发动机怠速转速将有所提高，与发动机有关。

（3）怠速开关（F_{60}）：怠速开关在整个怠速调节范围内闭合，ECU 通过怠速开关的闭合信号来识别怠速工况。若怠速开关信号中断，ECU 将比较节气门电位计和怠速节气门电位计的值，根据两者的相位关系判别节气门的怠速位置，与发动机有关。

（4）怠速调节电机（V_{60}）：它是一个直流电机，能在怠速调节范围内通过齿轮驱动来操纵节气门开度。ECU 不断地采集转速传感器送来的转速信号并与理论怠速转速进行比较，如果存在偏差，ECU 将根据节气门电位计当时的位置信息，在怠速范围内通过控制怠速直流电机来调节节气门开度，实现对怠速进气量的调节，以控制发动机怠速转速，与发动机有关。

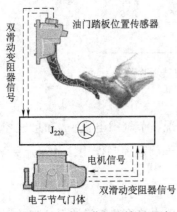

图 2 - 27　电子节气门控制系统

二、电子节气门系统

如图 2 - 27 所示为电子节气门控制系统。电子节气门控制系统中包括以下元件：油门踏板位置传感器、ECU、电子节气门体，图中箭头代表输入和输出。

在电子节气门系统中，节气门不是通过油门踏板的拉索来控制的。节气门体与油门踏板间无机械式连接装置。

油门踏板位置传感器应用在直动式电子节气门上，用来反映驾驶员操纵油门踏板位置和加速度情况的传感器，它的广泛应用打破了发动机动力仅由油门踏板来控制。应用电子节气门后，发动机的扭矩可由发动机 ECU 内的程序控制电子节气门实现。

电子节气门系统中的位置传感器可分为接触式和非接触式两种：接触式为滑动变阻器式；非接式为霍尔式和电涡流式。

电子节气门体的结构如图 2-28 所示，各元件的作用如下。

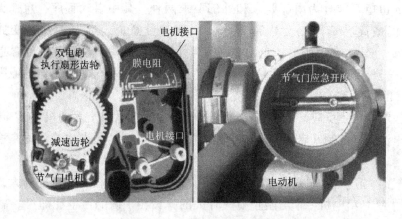

图 2-28　电子节气门体的结构

1. 油门踏板位置传感器

油门踏板位置传感器安装在油门踏板支架上，采用双输出冗余信号，产生司机意愿信号。在正常情况下，ECU 根据此信号控制电机，电机控制节气门开度呈正比例比于油门踏板位置传感器，即司机踏下油门越深，电机控制节气门开度越大，这与传统节气门的拉索作用相同。

2. 节气门位置传感器

节气门位置传感器位于节气门体上，它将节气门电机控制的实际节气门位置反馈给 ECU，在 ECU 内此信号与在此工况下 ECU 内存储的标准位置相比较，标准位置相比较由"特定扭矩"值决定。若与在此工况下 ECU 内存储的标准位置相比较相等则采用当时的占空比控制电流与弹簧相平衡即可。

3. 电脑

如图 2-29 所示为电子节气门控制系统工作原理示意图。

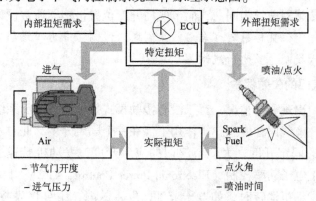

图 2-29　电子节气门控制系统工作原理示意图

电子节气门（E-Gas）的功能：发动机管理系统根据内部和外部的扭矩需求产生一个"特定扭矩"。"实际扭矩"是根据发动机转速、负荷信号和点火提前角计算而来的。发动机控制单元会比较实际扭矩和特定扭矩这两个值，如果这两个值不相等，系统会采取控制电机开度的办法来使实际扭矩值与特定扭矩值相互匹配。

发动机的扭矩要求分为内部要求和外部要求两种：其中启动程序、急速调节、lambda控制、发动机最高转速限制为内部要求。而驾驶员意愿、巡航控制、变速器的需求、ABS/ESP需要、安全/舒适需要、自动空调等为外部控制因素。油门踏板位置是反映驾驶员意愿的元件，是外部控制因素。这是电子节气门应用油门踏板位置传感器的原因。

4. 节气门控制电机

节气门控制电机是反应灵敏和能耗低的永磁可逆直流电机。发动机ECU通过控制通过电机电枢的电流方向控制开启和关闭，通过高频的占空比信号控制电流强度来稳定气门阀的开度。

需要节气门大于应急开度时，需要增大占空比来控制电机向大的方向开大，想稳定在某个位置时，用ECU给电机一个与阻止节气开大的弹簧相平衡的占空比即可。需要节气门小于应急开度时，需要反向电流增大占空比来控制电机向小的方向关小，想稳定在某个位置时，用ECU给电机一个与阻止节气关小的弹簧相平衡的占空比即可。

（一）电子节气门的故障诊断

传感器为更好地进行自诊断通常采用冗余设计，冗余即意味着多余。

节气门开度传感器是节气门状态的唯一检测元件，加速踏板位置传感器是反映驾驶员操作意愿的检测元件。从控制的角度讲，各只需一个位置传感器，多余设计可大大增加识别硬件故障的可靠性，并保证车辆行驶的安全性，电子节气门系统采用两个节气门开度传感器和两个加速踏板传感器。

这些传感器可以是接触式也可以是非接触式的线性电位计，每两个传感器由同一电源供电，设计成输出电压值"同向或反向"变化。反向即一个电压值增加时另一个电压值减小，其输出电压成互补的方式，两个传感器输出电压信号的和始终等于供电电压5V，这样可保证当其中一个传感器出现故障或电源电压低于规定值时及时识别。同向时，两个信号间的差值不允许超过一定范围，否则也视为故障。

油门踏板位置传感器通常为同向，而节气门开度位置传感器通常设计成反向输出。

知识点滴： 节气门位置传感器可采用四线制或六线制，多为四线制。油门踏板位置传感器可采用四线制或六线制，多为六线制。

（二）电子节气门的失效保护

如果电子节气门出现异常情况，对于没有慢驶模式拉杆的节气门系统，如大众车系，节气门电机被断电后，节气门在应急弹簧作用下停在一个固定开度，此时发动机的动力输出就是应急弹簧作用下的固定开度。大众节气门的应急开度，发动机转速一般为1 500 r/min。大众车系组合仪表上电子功率控制（Electronic Power Control, EPC）灯，也叫电子节气门控制系统警报灯，在发动机运转时，如电子节气门发生故障，组合仪表将接通EPC警报。图2-30所示为大众EPC警报灯在仪表中的位置。

（三）大众接触式电子节气门位置传感器

半电子节气门会在未来几年淘汰，取而代之的是全电子节气门。全电子节气门能实现多种控制功能，结构如图2-31所示。电子节气门的节气门体由节气门、驱动电机、减速齿轮、回位弹簧、节气门开度传感器等组成。驱动电机通过两级减速齿轮带动节气门运动，在怠速时节气门并不完全关闭，而是由两只扭簧定位在应急开度位置，并通过驱动电机的双向转动进行控制，通过与节气门轴相连的滑片式线性电位器采集节气门开度。

图2-30　大众EPC警报灯在仪表中的位置

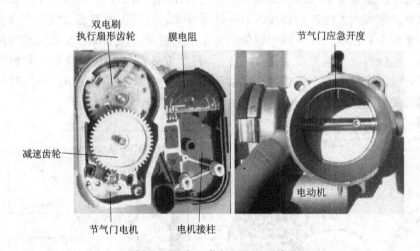

图2-31　电子节气门实物示意图

知识点滴：电子节气门省略了怠速触点，怠速工况识别不在节气门位置传感器上，而转移到油门踏板位置传感器上，电机反向电流可使节气门在应急开度向小关闭，实现怠速区域的自动控制。电机正向电流可使节气门在应急开度向大开启，保证正常行车控制。

电机的输出力矩与回位弹簧力矩平衡时，节气门开度才能保持不变；占空比增大时，电机驱动力矩大于回位弹簧阻力矩，节气门开度增加；当占空比减小时，电机驱动力矩小于回位弹簧阻力矩，节气门开度减小，占空比越小节气门开度也越小。在减小节气门开度时，为了克服由于电机磁滞造成的节气门换向滞后现象，采用在PWM驱动信号中加反向电压脉冲的办法保证响应快速、动作灵敏。与节气门轴相连的开度传感器将节气门开度信号反馈给电控单元，构成闭环位置控制系统。节气门开度不仅由加速踏板控制，而且也要由其他控制系统控制，最终按照发动机的扭矩需求精确调节节气门开度。现在许多电子节气门产品已将节气门控制器与发动机ECU集成为一体，从而使系统的结构进一步简化，可靠性也进一步提高。图2-32为宝来电子节气门电路示意图。

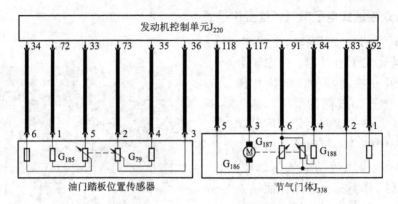

图 2-32　宝来电子节气门电路图

ECU 主要根据油门踏板位置传感器 G_{79} 和 G_{185} 信号控制电机 G_{186}，同时 G_{187} 和 G_{188} 把信号反馈给 ECU 以利于更精确地控制。

节气门位置传感器是节气门状态检测元件。从控制的角度讲，只需一个位置传感器，若采用双传感器，则可大大增加识别硬件故障的可靠性。这些传感器都是线性电位器，两个传感器由同一电源 5 V 供电，设计成电阻值同向或反向变化，反向即一个电阻值增加时另一个减小，其输出电压成互补的方式（图 2-33），两个传感器输出电压信号之和始终等于供电电压，这样可保证当其中一个传感器出现故障或电源电压低于规定值时及时识别。同向时，两个信号间的差值不允许超过一定范围，否则也视为故障。

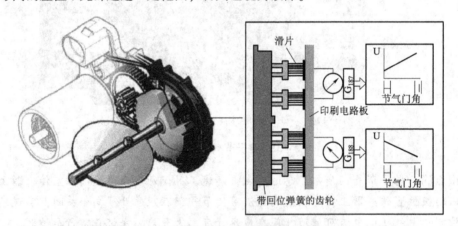

图 2-33　节气门位置和怠速节气门位置信号输出相反

油门踏板位置传感器 G_{185} 和 G_{79} 安装在油门踏板支架上，油门踏板位置传感器将油门踏板移动量转换成带有不同输出特性的两类电子信号。然后信号被输入发动机 ECU。

ECU 主要根据油门踏板位置传感器 G_{79} 和 G_{185} 信号识别司机是否正在踩油门踏板，如果输出电压低于一个限定值，ECU 自动识别怠速，ECU 控制电机 G_{186} 在怠速控制范围内控制节气门。如果电输出电压高于一个限定值，ECU 自动识别非怠速，ECU 控制电机 G_{186} 在大于怠速控制范围内控制节气门。节气门位置传感器 G_{187} 和怠速节气门位置 G_{188} 用于把信号反馈给 ECU，以利于更精确的控制。

知识点滴：节气门位置传感器和油门位置传感器都为双滑动变阻器，节气门位置传感器只需四根线，油门位置传感器则需六根线。

节气门信号的传输：发动机 ECU J_{220} 根据节气门电位计 G_{69} 提供的发动机负荷信息确定换挡时刻和调整主油路油压（该油压与挡位有关）。ECU 还根据节气门电位计提供的油门踏板操纵速度信息调整换挡点。

节气门电位计失效时，ECU 取一适中的发动机负荷作为节气门电位计的替代信号，用于确定换挡点，同时将变速器操纵油压根据相应的挡位调整至全负荷油压。

当 G_{69} 出现故障，J_{217} 不进入应急状态，此时以中等负荷信号（50%）来进行工作，但此时停止逻辑控制。锁止离合器停止工作（变速箱此时不再锁止）。信号通过发动机控制单元传递至自动变速箱控制单元。

一个传感器信号失真或中断，而另一个传感器正处于怠速位置，则发动机进入怠速工况；如果另一个传感器正处于负荷工况，则发动机转速上升缓慢。若两个传感器同时出现故障，则发动机高怠速（1 500 r/min）运转。

（四）丰田"霍尔式"加速踏板位置传感器和节气门位置传感器

普通靠滑动的滑臂和电阻元件之间的相互接触工作元件，因相互接触寿命变短。采用非接触式的位置传感器，其寿命可大大提高。常用的非接触式位置传感器是利用霍尔元件制成的。2003 年，丰田 GX470 节气门位置传感器和油门踏板位置传感器全由接触型改为非接触型。图 2 – 34 为丰田 GX470 非接触型油门踏板位置传感器实物、图 2 – 35 为丰田 GX470 非接触型油门踏板位置传感器信号输出。

如图 2 – 34 所示，与加速踏板联动的轴上装有磁铁。当轴旋转时，改变了轴与霍尔元件之间的相对位置，从而改变了作用在霍尔元件上的磁场强度，结果使霍尔元件的输出电压也发生变化。测量此电压可知油门踏下角度。

根据霍尔电压公式

$$U_{\mathrm{H}} = R_{\mathrm{H}} IB/d$$

式中　H——霍尔（人名）；

　　　R_{H}——电阻；

　　　d——直径；

　　　I——电流；

　　　B——磁感应强度。

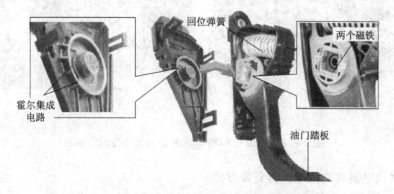

图 2 – 34　丰田 GX470 非接触型油门踏板位置传感器实物

从公式可知，霍尔电压 U_H 与输入电流 I 和磁感应强度 B 都呈线性关系，这种线性关系便构成三种传感器的应用方式。

（1）当输入控制电流 I 保持不变时，传感器的输出与磁感应强度成正比。因此，凡是能转化成磁感应强度 B 变化的物理量，都可以测量，如位移、角度、转速。

（2）当磁感应强度 B 保持不变时，传感器的输出则与输入控制电流 I 成正比。因此，凡是能转化为电流变化的物理量，都可以进行测量。

（3）由于传感器的输出与输入电流 I 和磁感应强度 B 的乘积成正比，所以凡是可以转化为乘法或功率方面的物理量，均可测量。

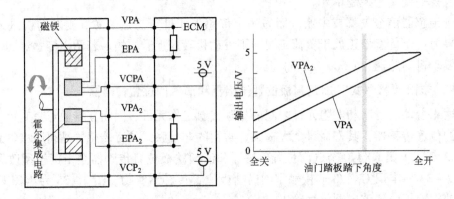

图 2 – 35　丰田 GX470 非接触型油门踏板位置传感器信号输出

霍尔元件式加速踏板位置传感器利用的正是上述第一种特性。一般而言，霍尔元件本身输出电压与磁场具有良好的线性关系。只要放大器有很好的线性，就能获得良好的线性集成霍尔传感器。

图 2 – 36 为丰田 GX470 非接触型节气门位置传感器；图 2 – 37 为丰田 GX470 非接触型节气门位置传感器信号输出。

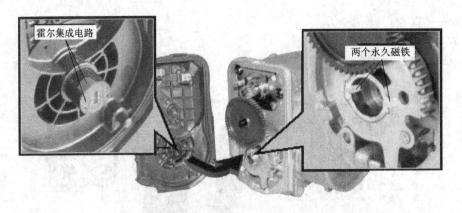

图 2 – 36　丰田 GX470 非接触型节气门位置传感器

（五）大众电涡式油门踏板位置传感器

大众 CADDY（开迪）上装了新型的电涡式加速踏板位置传感器。如图 2 – 38 所示，加

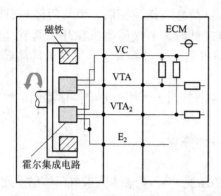
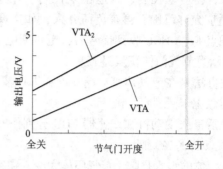

图 2-37 丰田 GX470 非接触型节气门位置传感器信号输出

速踏板控制薄金属片在有交变电场的印制电路板上平动来产生电压信号，电压信号识别加速踏板位置。

其工作原理如图 2-39 所示。发动机控制单元向发射线圈内通交变电流，在线圈外产生交变电磁场。

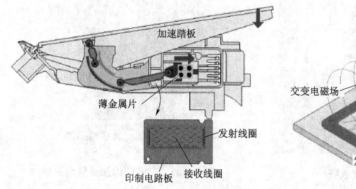

图 2-38 电涡式加速踏板位置传感器

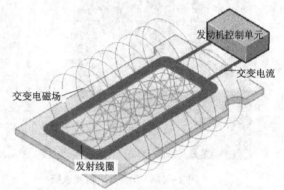

图 2-39 发射线圈形成的交变电磁场

薄金属片在交变电磁场内产生电涡流，电涡流又产生二次交变电磁场。两个磁场同时作用在接收线圈上，产生交变电压，交变电压经过整流处理后输出直流电压，如图 2-40 所示。

薄金属片的位置移动对原电磁场和二次交变电磁场没有什么影响，但接收线圈内部结构决定在同样磁场变化，薄金属片在不同位置时，接收线圈内产生的感生电压不同，所以最终整流输出的直流电压也不同。

三、节气门体故障

1. 节气门体过脏超过自适应上限

众所周知，大众节气门体有自学习功能，在节气门体脏污后，节气门体会

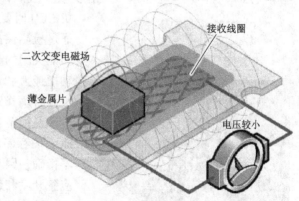

图 2-40 薄金属片内电涡形成的磁场

自动开大保持启动控制、怠速稳定控制、外界负荷介入提速控制。节气门体过脏时，超过 ECU 自适应允许范围，再有负荷介入，如空调打开时，节气门电机在开大调节过程中会断开怠速触点 F_{60}，ECU 收到信号后，电机断电节气门不能继续开大，发动机抖动或熄火。图 2-41 所示为节气门体积炭过脏。

解决办法是在节气体脏后超 5 度，即可清洗节气门，不要让积炭液体渗到节气门轴中造成节气门轴犯卡。

清洗后进入发动机和变速器 ECU 分别作 O4 基本设定。

2. 发动机高温故障

节气门体的水管是防止节气门体太冷，导致结冰，节气门轴卡在节气门体里。此种大众车在加防冻液时，有的修理人员拔下水温传感器，防止缸体内存空气，但高位空气也没见放出，也正常使用。其实大众车节气门体通加液罐的花皮软管可以把缸盖上积存的空气排出，加液时可见气泡从罐内翻出，所以只管加液即可。图 2-42 所示为节气门体加热管内部堵塞。

图 2-41　节气门体积炭过脏

图 2-42　节气门体加热管内部堵塞

节气门体在使用过程中，少有的节气门体加热管内部堵塞，导致缸盖上空气不能排出，发动机才高温。

3. 基本设定的意义

图 2-43　节气门应急开度和最小开度

半电子节气门或全电子节气门在更换节气门体、发动机、变速器、变速器 ECU、发动机 ECU 时要作基本设定。作基本设定时，修理人员通过检测仪控制发动机 ECU 或变速器 ECU 找到节气门能关闭的最小位置和能开大的最大位置，ECU 自动把最大和最小位置存储，以便下一次启动时根据水温自动找到启动时节气门开度。

更换节气门体、变速器 ECU 和发动机 ECU 时，ECU 内存储的位置值与元件不相符合，会导致控制不精确，因此要作基本设定。图 2-43 所示为节气门应急开度和最小开度。

更换新发动机和变速器时，发动机动力性发生改变，变速器无磨损。若不作基本设定恢复出厂设置值，会导致 ECU 用旧发动机和旧变速器的磨损自学习值控制。所以也要作基本设定。

对于半电子节气门，发动机 01 – 04 – 098 或 060，此时应看到电机平稳关到最小。变速器 02 – 04 – 000 踏下油门到底保持 3 s。对于电子节气门因无拉索，所以电机会从应急开度关到最小，反过来再开到最大，其方法根据修理手册给的通道号作即可。

4. 节气门电机 V_{60} 扫膛

半/全电子节气门，因电机工作中总受力，而且电机轴也受弯矩，所以电机轴承套损坏的几率很高，导致电机齿轮与减速齿轮顶齿或啮合不上，电机对节气门控制失灵，基体设定做不了。

对半电子节气门而言，V_{60} 电机扫膛只影响怠速，导致怠速过高，且怠速不稳，节气门体内有电机齿轮和减速齿轮不正常啮合的咔咔声；对于电子节气门会影响各个工况。作基本设定时听见不正常啮合的"咔咔"声，同时车不见好转，即可更换新节气门体，重新在无故障码存储和水温 80 ℃以上作基本设定。如图 2 – 44 所示为节气门电机 V_{60} 扫膛。

实践中多为电机轴铜套损坏，电机很少损坏。一般可更换电机轴铜套或电机解决，也可更换节气门解决，别忘对发动机和变速器分别作基本设定。

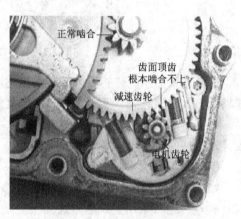

图 2 – 44　节气门电机 V_{60} 扫膛

第四节　温度类传感器

温度类传感器有水温传感器和进气温度传感器两种。

1. 水温传感器

为了判定发动机的热状态，需要精确地测量冷却水温度来控制启动喷油量、控制暖机高怠速向怠速过渡的进气量；修正点火时刻（温度高，点火角小）。信号中断后冷车时启动困难，发动机暖机工作不良，油耗升高，排放值不正常，低温时阻止自动变速器升入超速挡。

2. 进气温度传感器

为了计算体积型空气流量计的空气质量流量，需要精确地测量进气温度。进气温度信号用于修正喷油量、修正点火时刻、修正怠速，信号中断影响不明显。此传感器功能要比冷却液温度传感器弱得多。

一、发动机水温和进气温度传感器

汽车发动机水温和进气温度传感器性能指标：–50 ℃ ～ +120 ℃（满量程 150 ℃）。

温度传感器有绕线电阻式、热敏电阻式、扩散电阻式、半导体晶体管式、金属芯式和热电耦式等，应用较多的是热敏电阻式温度传感器。

这种传感器是利用半导体的电阻随温度变化而改变的特性，其灵敏度高，有（负温度系数 NTC）和（正温度系数 PTC）两种，实际应用的多为负温度系数。虽然灵敏度高，但线性差，使温度限于300 ℃以内。不过，也有像氧化锆那样的高温型热敏式传感器。热敏式传感器的响应特性优良，因而被广泛地运用于检测冷却水和进气温度。图2-45所示为热敏电阻式温度传感器。

图2-45   热敏电阻式水温传感器

负温度系数水温传感器内部的热敏电阻阻值随冷却液温度而变化。具体地说，冷却液温度越低，其阻值越大，反之，冷却液温度越高，其阻值则愈小。

在丰田车系中，ECU根据该信号，冷车时增大启动初始喷射量，以利于启动，着车后改善暖机特性。

1. 传感器的信号采集原理

如图2-46所示为丰田车系水温传感器电路示意图。水温传感器或进气温度传感器与ECU相连，通常采用上拉电阻式接法。

丰田车ECU的5 V电源电压从THW或THA（TH = Thermal 热量；温度，A = Air 空气，W = Water 水；冷却液）端子经电阻 R 加至水温传感器。亦即 R 与传感器串联，当传感器电阻随着冷却液温度变化而相应地变化时，THW端或THA端电位也改变了。

进气温度传感器单独装在进气管上，新型空气流量计车辆把进气温度又回装到热膜式空气流量计上。电路与水温传感器电路原理相同。

2. 水温传感器的自诊断功能

图2-47所示为水温传感器的自诊断。

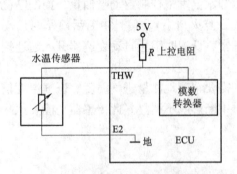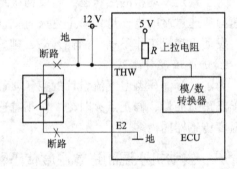

图2-46   丰田车系水温传感器电路示意图   图2-47   水温传感器的自诊断

（1）如图正极线与搭铁相连造成信号电压太弱，称为对负极短路；

（2）如图正极线与电源相连造成信号电压太强，称为对正极短路；

（3）如图正极线或负极线断线造成信号电压为5 V，称为断路；

以上三种类型是ECU对线路故障的自诊断上码。

另外，还有一种故障是：ECU 根据启动后，发动机的运行时间判断水温传感器信号不可靠。

这种故障的一种原因为水温传感器水垢多，插头松动、锈蚀、水介入产生隔离电阻、水温传感器损坏显示水温过低；另一种原因为节温器内石蜡流光造成节温器打不开，只有小循环，在启动后的一段检测时间内，水温过高。如果故障码表中除以上前 3 种故障码类型外（通常 3 种类型上一个故障码），还有故障码内容为水温信号不可靠时就有此项功能。

3. 温度传感器替代功能

丰田车系若水温传感器电路短、断路超过 0.5 s，ECU 记录下诊断码 "22"，无不可靠信号故障码。ECU 启动失效安全功能，ECU 使用冷却液温度传感器在 ECU 内的替代温度值为 80 ℃。现象为启动困难，怠速抖动。

若进气温度传感器断、短路达 0.5 s 或更长时间，ECU 记录下诊断码 "24"，若 ECU 记录下诊断码 "24"，ECU 启动失效安全功能，使用进气温度传感器在 ECU 内的替代温度值 20 ℃。

4. 温度传感器的测量

对于温度传感器本身的损坏，可以用测量电阻法。表 2－3 列出了汽车用负温度系数发动机用水温和进气温度传感器的温度和阻值关系，只要传感器类型为负温度系数热敏电阻，本表即适用。

表 2－3 水温或进气温度传感器的温度和电阻的关系

水温或进气温度/℃（F）	电阻/kΩ	电压/V
－20	16.0	4.3
0（32）	5.9	3.4
20（68）	2.5	2.4
40（104）	1.2	1.5
60（140）	0.6	0.9
80（176）	0.3	0.5
100（212）	0.2	0.3

知识点滴：实际只要测常温 20 ℃和高温 80 ℃两个温度下的传感器阻值，一般就可以确认水温传感器的好坏。例如，大众水温传感器和进气温度传感器两个传感器电阻特性相同，同为负温度系数，随温度变化的规律也相同。20 ℃为 2 000～3 000 Ω；80 ℃为 275～375 Ω。

5. 检测仪检测

01－02 读取故障码；

02－01－08－004－3 区显示 G_{62} 发动机冷却水温度；

01－08－004－4 区显示 G_{42} 进气温度，如果温度明显不正确或温度值不变动则有故障。

水温传感器近年来有新增功能。水温传感器一旦出现故障，这时计算机内的逻辑电路会用其他相关传感器的测量值来测定此传感器的测量值是否超出范围。例如，将发动机冷却液温度传感器拔下，计算机采集到的冷却介质温度显示是 －40 ℃。计算机微处理器中的逻辑电路会忽略这一明显的错误读数，并用一个值80 ℃替换冷却介质温度值。然后存储错误代码并使故障灯亮，告诉驾驶员计算机检测到故障。正常发动机风扇由发动机在散热器上的水温开关或空调的压力开关控制，有的车还能在水温传感器断路时，由发动机计算机控制打开冷却风扇2挡，并保证发动机运行时一直工作，从而避免发动机过热。

　　知识点滴： 有些美国汽车的生产商采用双线程ECT传感器电路，从而提供一个更加精确的发动机温度判定的方法。当温度较冷时，这个电路从一个高电压值开始，并随着温度的升高而降低。当电压达到一个预定值（如1.25 V）后，PCM会使用一个程序控制的晶体管电子开关，使一个1 kΩ的电阻与10 kΩ的电阻相并联。因电阻并联后为909 Ω左右，这使得电压读数再次升高并提供第二组输入。

　　在冷却液温度传感器（Engine Coolant Temperature，ECT）和进气温度传感器（Intake Air Temperature，IAT）电路中采用双线程技术。计算机在大约120 °F（49 ℃）温度时对10 KΩ电阻进行转换。图2-48所示为采用双线程技术的温度传感器。

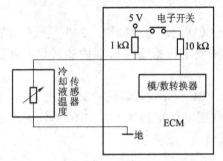

图2-48　采用双线程技术的温度传感器

　　表2-4列出了汽车用发动机水温和进气温度传感器的温度和电压关系。

表2-4　双线程技术温度传感器与输出电压关系

电子开关断开仅1 kΩ电阻起作用		电子开关闭合1 kΩ和10 kΩ电阻并联	
温度/°F（℃）	电压/V	温度/°F（℃）	电压/V
-20（-29）	4.7	110（43）	4.2
0（-17）	4.4	130（54）	3.7
20（-7）	4.1	150（66）	3.4
40（4）	3.6	170（77）	3.0
60（16）	3.0	180（82）	2.8
80（27）	2.4	200（93）	2.4
100（38）	1.8	220（104）	2.0
120（49）	1.25	240（116）	1.62

　　安装在发动机上的ECT或IAT双线程技术温度传感器可以通过在传感器接线端连接一个电压表测出传感器两端的电压降。电压应该随着发动机温度的升高，表现出从高电压（发动机冷时大约为4 V）到低电压的平稳变化。如果传感器采用双线程技术，在某个特定的电压1.25 V或者温度49 ℃时，电压值应该变为一个较高的数值。如果没有出现这种突变，则说明PCM内电子开关出现了故障。

第五节　爆振传感器和爆振控制

　　如图2-49所示的是某压电式的爆振传感器，装配于发动机缸体上敏感部位，用于感应发动机产生的爆振。ECU 通过爆振传感器探测爆振强度，进而修正点火提前角，对爆振进行有效控制，并优化发动机的动力性、燃油经济性和排放水平。

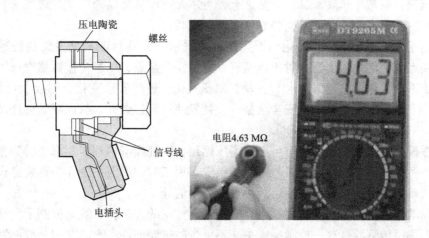

压电陶瓷
螺丝
信号线
电插头
电阻4.63 MΩ

图 2 -49　某压电式爆振传感器

由于传感器信号相对较弱，为防止干扰，接线端子引线应采用屏蔽线。ECU 对接收的信号过滤后判断是否是发生爆振。

某压电式的爆振传感器产品特性：

频响范围：3 ~ 18 kHz；

电容：25 ℃，1 480 ~ 2 220 pF（1 000 Hz）；

电阻：25 ℃，1 MΩ 以上。

一、什么是爆振

在某些条件下，如汽缸内积炭导致压缩压力变高、达到炽热点和混合气温度过高等会使发动机在火花塞未点火之前，汽缸内发生自燃或汽油质量低劣的不正常燃烧，其特征为"敲缸"或"金属撞击"声。

这种不正常的燃烧现象是点火提前超过极限的标志，当火焰前锋到达之前，新鲜混合气自发燃烧的早燃就产生了爆振。激发爆振的通常形式是：活塞压缩力产生的温度和压力峰值引发混合气自燃。在爆振过程中火焰传播速率可能会超过 2 000 m/s，而正常燃烧时仅为 30 m/s。这种粗暴的燃烧导致压力急剧升高，压力波破坏缸壁上新鲜气体构成的淬冷层，不断地撞击汽缸壁，不再主要推动活塞。

知识点滴：这就如一门大炮装快速燃烧的火药（2 000 m/s）和缓慢燃烧的火药（30 m/s）一样。快速燃烧的火药在炮桶内爆炸时，向四方产生力，压力来不及沿炮桶方向过渡，炮桶炸开，并没有把炮弹推出多远。

缓慢燃烧的火药在炮桶内爆炸时，爆炸力有时间沿炮桶方向过渡，压力作用在炮弹上，可将炮弹推出很远。

另一更好的例子是，在缸盖抬下的发动机上，用手向下按活塞曲轴可以转动，用锤子快砸活塞，曲轴不仅不能转动，反而会砸坏活塞。

淬冷层的破坏导致燃烧室、缸壁、活塞顶迅速升温，温度超过 270 ℃ 左右，在压力的作用下，铝质件开始变形，持续早燃会导致汽缸垫窜气、窜油、窜水，活塞变形、熔化，气门周围由于压力脉冲和高温应力产生烧平或孔状漏气。

　　知识点滴：涡轮增压发动机，如果点火能量不足，喷油器滴油，导致进气管和燃烧室内大量积炭时，尽管有爆振传感器，仍会爆振烧活塞顶。

　　尽管电子控制点火正时（如化油器为捷达的霍尔点火系）能根据发动机转速、负荷率来精确调整点火提前角，但运行时仍然留有一定的安全余量，以避免接近爆振极限。为防止发动机处于不利条件下发生爆振（如发动机缸压变化，燃油质量变化，温度变化等），有必要设置安全余量。但留有一定的安全余量，会使发动机延迟点火，从而导致油耗增加和转矩损失。

　　采用爆振控制发动机，设计时可以提高压缩比，燃油经济性和转矩都能得到相当大的提高。使用该系统，不必再以兼顾最差工况来确定点火正时。爆振控制作为确定点火正时的主要因素，这就使得每个汽缸都在接近最大点火角限值处工作。

　　电控发动机系统中已广泛应用了点火时刻闭环控制的方法，有效地抑制了发动机爆振现象的发生。爆振传感器是这一控制系统中必不可少的重要部件，它的功用是检测发动机有无爆振现象，并将信号送入发动机电脑（ECU）。

　　发动机爆振的检测方法有汽缸压力、发动机机体振动和燃烧噪声三种。

　　根据汽缸压力的检测法，其精度最佳，但存在着传感器的耐久性差和难以安装的问题；根据燃烧噪声的检测法，由于是非接触式的，其耐久性很好，但精度和灵敏度偏低。目前，最常用的检测方法是采集发动机机体振动的方法。

二、爆振传感器的类型

　　采用发动机机体振动检测法的爆振传感器有磁致伸缩式和压电式两种类型。压电式有共振型和非共振型两种结构，其中共振型又分为窄幅和宽幅共振电压式传感器

　　振动检出型爆振传感器安装在发动机上，旨在将发动机振动频率转换成电压信号，以检测爆振强度。当发动机发生设定的爆振强度时，爆振传感器输出最大的电压信号用以表示发动机由于爆振而产生使机体异常振动的频率。

　　1. 磁致伸缩式爆振传感器

　　磁致伸缩式爆振传感器是应用最早的爆振传感器，现已经淘汰，市面上根本见不到。

　　该传感器的结构为高镍合金组成的磁芯外侧设有永久磁铁，在其周围缠绕着感应线圈，磁芯受振偏移致使感应线圈内磁力线发生变化，依据电磁感应原理，通过线圈的磁通变化时，线圈将产生感应电动势，此电动势即为爆振传感器的输出电压信号。输出电压信号的大小与发动机振动的频率有关，当传感器固有振荡频率与设定爆振强度时发动机的振动频率产生谐振时，传感器将输出最大电压信号。

　　2. 非共振型压电式爆振传感器

　　非共振型压电式爆振传感器是以接收加速度信号的形式，来判别爆振是否产生。它由两个压电元件同极性相向对接，配重将加速度变换成作用于压电元件上的压力。所用的配重由一根螺丝固定于壳体上，输出电压由这两个压电元件的中央取出，构造简单，制造时无需调整。

　　发动机振动时，安装在发动机缸体上的爆振传感器内部配重因受振动的影响，而产生加

速度，因此，在压电元件上就会受到加速时惯性力的作用，而产生电压信号。在爆振发生时的频率及其附近，此种传感器产生的输出电压不会很大，不像磁致伸缩式爆振传感器在爆振频率附近产生一个较高的输出电压，用以判断爆振的产生。而是具有平的输出特性，图2-50 为非共振型压电式爆振传感器输出电压与频率的关系。

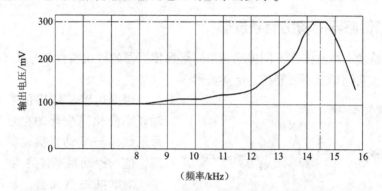

（频率/kHz）

图2-50　非共振型压电式爆振传感器输出电压与频率的关系

因此，必须将反应发动机振动频率的输出电压信号送至识别爆振的滤波器中，判别是否有爆振信号产生。传感器的感测频率范围设计成由零至数十千赫兹，可检测具有很宽频带的发动机振动频率。用于不同发动机上时，只须将滤波器的过滤频率调整即可使用，而不需更换传感器，此为非共振型压电式爆振传感器的突出优点。

3. 窄幅共振型压电式爆振传感器

此种形式的爆振传感器是利用产生爆振时的发动机振动频率，与传感器本身的固有频率相符合，而产生共振现象，用以检测爆振是否发生。该传感器在爆振时的输出电压比非共振（无爆振）时的输出电压高得多，因此无需使用滤波器，即可判别有无爆振产生。

共振型压电式爆振传感器的结构为压电元件紧密地贴合在振荡片上，振荡片则固定在传感器的基座上。振荡片随发动机振动而振荡。波及压电元件，使其变形而产生电压信号。当发动机爆振时的振动频率与振荡片的固有频率相符合时，振荡片产生共振，此时压电元件将产生最大的电压信号（如图2-51 所示）。

4. 宽幅共振电压式传感器

现在采用最多的是宽幅共振电压式传感器，其输出特性如图2-52 所示。

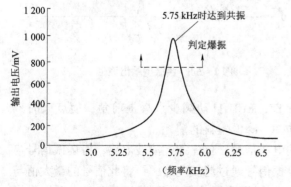

（频率/kHz）

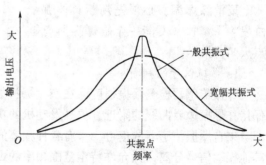

图2-51　共振型压电式爆振传感器
　　　　输出电压与频率的关系

图2-52　宽幅共振式爆振传感器的特性

虽然其输出的峰值电压较低，但可在较大的振荡频率范围内，检测共振电压。当发动机发生轻微爆振时，此传感器就可输出较大的电压信号，使ECU及早检测到发动机爆振的产生。由于宽幅共振式爆振传感器具有感测频率范围较广的优点，因此它适应于检测随发动机转速变化而产生不同爆振频率及不同发动机所具有的不同的爆振频率。

三、爆振传感器的输出信号波形

以上波形是发动机缸体在不同振动频率时爆振传感器的输出特性信号波形，不是实际车上产生的波形，实际车上不可能产生上述波形。

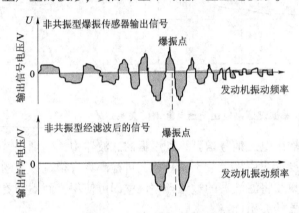

图2-53　非共振型输出波形

爆振传感器输出信号是随发动机振动频率变化而变化的电压脉冲信号，信号的频率与发动机振动频率一致，其电压幅值与振动频率有关。

对非共振型而言，发动机爆振和不发生爆振时相比，传感器输出电压无明显增大，但信号在低频段随发动机振动频率的增高输出电压也升高，低频和高频的输出电压信号不具有对称性。非共振型输出波形如图2-53所示。

非共振型爆振是否发生是依据滤波器检出传感器输出信号中有无爆振频率段来判别的。

对于共振型而言，发动机爆振（共振频率）时，输出电压最大，而在低频和高频时电压较小，低频和高频的输出电压信号具有对称性。共振型输出波形如图2-54所示。

知识点滴：非共振型爆振传感器在低频段至爆振频段信号电压上升明显。而共振型爆振传感器在低频段信号上升不明显，它只在爆振点附近有明显电压上升。

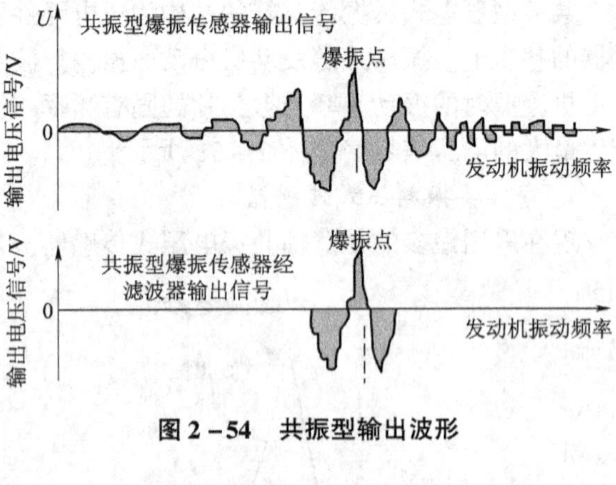

四、爆振控制

要消除爆振，必须先判断具体哪个缸发生了爆振，不能一个缸爆振所有缸点火角都推迟。

图2-54　共振型输出波形

1. 爆振信号的判断

爆振传感器检测爆振强度，在产生爆振之前，ECU自动减少点火提前角，使点火时刻保持在爆振边界曲线的附近，提高发动机的功率，降低燃料的消耗。

来自爆振传感器的信号，含有各种频率的电压信号，首先须经滤波电路，将爆振信号与其他振动信号分离，只允许特定范围频率的爆振信号通过滤波电路，再将此信号的最大值与爆振强度基准值进行比较，如大于设定基准值，则将爆振信号电压输入ECU，表示发生爆振，由ECU进行处理。

2. 爆振缸判别功能

发动机的振动频繁而剧烈，为了只检测爆振信号，防止发生错误的爆振判别，因此判别爆振信号，并非随时进行，它有一个"相位判别范围"（见图 2 – 55），只限于辨别发动机点火后爆振可能发生时的振动，在这个范围内，爆振传感器的信号才被输入比较电路。

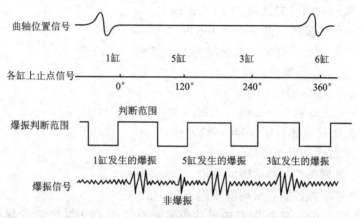

图 2 – 55　丰田 6 缸发动机爆振判断的范围

ECU 运用这种算法发现每一汽缸刚出现的爆振。当 ECU 进行闭环控制时，当某一缸产生爆振时，ECU"立刻"减少一定的点火提前角。依据点火顺序，这个缸在下一循环点火时又产生爆振时，同样再减少点火提前角，每次逐渐减少点火提前角，一般点火角减小（推迟）不大于15°。当发动机不产生爆振时，在一定的时间内，维持当前的点火提前角，在此期间内，若有爆振产生，也同样减少点火提前角；若无爆振产生，则"一定时间内"又逐渐地增大点火提前角，一直到产生爆振时。如图 2 – 56 所示，点火提前角减小一次达3°或2°，但引导回到标准点火提前角为每次1°。

试验表明，当发动机的负荷低于一定值时，一般不出现爆振（如 LS400 在1 600 r/min 以下），这时不宜采用控制爆振的方法来调整点火提前角，可采用开环控制方案控制点火提前角，即此时ECU 不再检测分析爆振传感器输入信号，只按 ROM 中存储的信息及有关传感器修正控制点火提前角的大小。

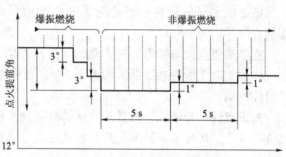

图 2 – 56　点火提前角减小和点火提前角增大控制

要判断在某一时刻究竟应采用开环控制还是闭环控制，可由 ECU 对反映负荷的传感器（空气流量计或进气压力传感器）送来的信号进行分析即可实现。

3. 爆振缸点火角推迟

爆振缸识别后要推迟爆振缸的点火角。实际上发动机缸内的压缩压力和炽热点不同，不同汽缸有不同的点火推迟角，不能因单缸爆振各缸都相等推迟，只能针对爆振汽缸的点火正时进行推迟。因此为了使点火推迟角能反映在不同汽缸，每一个汽缸的点火推迟角应分别存储。本例为高尔夫 A4 的发动机数据流分析结果。

显示组 03：基本功能——点火提前角：

Read measuring value block　3

　　xxxx rpm　　xx. x ms　　x <　　xx. x °BTDC

显示区 1：发动机转速（怠速时 740…820 rpm）

显示区 2：喷油时间（怠速时 2.0…5.5 ms）

显示区 3：节气门开度（怠速时 0°…6°）

显示区 4：实际点火提前角（怠速时为上止点前 0°…12°）

显示组 22：点火——爆振控制

Read measured value block　22

　　xxxx rpm　　xxx%　　xx. x <　　xx. x <

显示区 1：发动机怠速转速（740…820 rpm）

显示区 2：发动机负荷（15% …35%）

显示区 3：1 缸爆振控制点火时间推迟（0°…15°）

显示区 4：2 缸爆振控制点火时间推迟（0°…15°）

把 1 缸和 2 缸放在一起是为了知道此信号是从 1 缸和 2 缸之间的爆振传感器传来的信号。

显示组 23：点火——爆振控制

Read measured value block　23

　　xxxx rpm　　xxx%　　xx. x <　　xx. x <

显示区 1：发动机怠速转速（740…820 rpm）

显示区 2：发动机负荷（15% …35%）

显示区 3：3 缸爆振控制点火时间推迟（0°…15°）

显示区 4：4 缸爆振控制点火时间推迟（0°…15°）

把 3 缸和 4 缸放在一起是为了知道此信号是从 3 缸和 4 缸之间的爆振传感器传来的信号。

有的车里点火角推迟后并不显示点火推迟角，而是显示本缸的功率（kW）损失，道理是一样的。对于所有缸推迟值均大于 15°，则可能是因为爆振传感器失效；插头锈蚀；发动机附件振动。

知识点滴：带爆振传感器的发动机即使使用低辛烷值的汽油也能正常运行，不过此时点火角要推迟。反过来各缸点火角都推迟也成为我们判别汽油质量好坏的一个方法。

五、爆振传感器自诊断

例如，LS400 发动机转速在 1 600 ~ 5 200 r/min 时，1 号和 2 号爆燃传感器线路中出现开路或短路时分别上码 52 和 55。1 600 ~ 5 200 r/min 是自诊断程序设定的，因为发动机在此转速内发生爆振才有控制意义。图 2 - 57 所示是 LS400 发动机爆振传感器位置示意图。

若 ECU 检测到上述故障码，故障保护起作用，这时点火延迟角设定在最大值，发动机功率下降，油耗升高。图 2 - 58 为 LS400 发动机爆振传感器电路示意图。

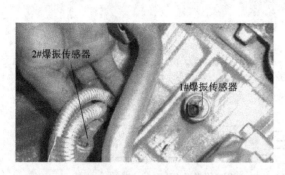

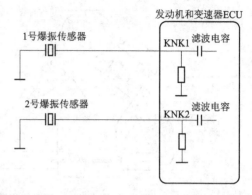

图 2-57 LS400 发动机爆振传感器位置示意图　　图 2-58 LS400 发动机爆振传感器电路示意图

爆振传感器本身在实践中很少发生故障，发生故障时多为爆振传感器拧紧力矩不对，标准为 20 N·m，过大过小都会产生故障。插头锈蚀，有水，爆振传感器本身内部摔裂损坏，线束或插头损坏。

知识点滴：大多数车的爆振传感器信号线为银线，为了防止外来干扰又都加了屏蔽线，屏蔽线是与地相通的。如果信号线与屏蔽线相通则屏蔽失去意义，且信号消失为与地相等位。

一旦发生故障时因点火角推迟，动力下降，司机为保证车速，油门踩下深度增加，导致燃油消耗增加。对于 D 型系统会造成进气歧管压力与正常工况的进气压力相差很大，而发动机转速不高，这样单缸的喷油量又会增加，动力性和排放性下降。

对于单缸爆振推迟点火角，则可能因为插头锈蚀、发动机某缸内压缩比变化、发动机附件松动。而各缸点火角都推迟可能是燃油问题。观看数据流中有无点火角推迟或使用正时则看实际点火角是否比正常小，点火推迟角成为判别汽油质量、各缸压缩压力和缸内有炽热点的主要方法。

第六节　催化转换器和氧传感器

一、催化转化器

为了减少 HC、CO 和 NO_x 这三种气体的排放，利用三元催化器（Three Way Catalyst，TWC）内贵重金属铂、钯、铑作催化剂将排气中的 HC、CO 氧化成二氧化碳（CO_2）和水（H_2O），将 NO_x 还原为氮气（N_2）。如图 2-59 所示为三元催化器的催化转化过程。

知识点滴：三元催化器的转化效率与空燃比关系极大，当混合气偏离标准空燃比时，转化效率变得很低。

1. 催化转化器的结构和类型

催化转化器由金属外壳、载体和活性催化催化剂层组成。

现在主要有两种不同的载体装置，即陶瓷单体式和金属单体式。

（1）陶瓷单体式。陶瓷材料为耐高温的镁铝硅酸盐，这种单体结构对机械应力特别敏感，所以需要将它装在一个金属壳内。壳体内壁与载体之间是直径约为 0.25 mm 的高合金

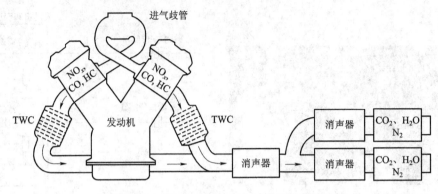

图 2-59   三元催化器（TWC）的催化转化原理

钢丝缠绕成的柔性金属网。金属网必须是柔性的，以弥补汽车行驶底盘碰撞挤压产生的机械应力。陶瓷单体是现在使用得最频繁的陶瓷转化器载体，这种结构已被欧洲所有的制造商采用，并且大部分替代了美国和日本早期的颗粒结构。

（2）金属单体式。金属单体仅是有限地使用，它们主要用作预催化（启动催化器），装在紧靠发动机的位置，这样发动机冷启动后就可以更快地进行催化转化。使用中的主要问题是它的价格比陶瓷单体昂贵。

涂在陶瓷单体或金属单体表层上的活性催化物质都为稀有金属铂和钯或铂和铑。活性催化物质依附在氧化铝的洁净表面上，这个载体表层使催化转化器的有效表面积增大了几千倍。

在氧化型催化转化器中，用作活性催化层的是稀有金属铂和钯。铂和铑用于三元催化转化器。铂加速碳氢化合物和一氧化碳的氧化反应，铑能促进氮氧化物的还原反应。每个催化转化器的稀有金属用量一般为 2～3 g。

2. 催化转化对象

（1）双床催化转化器。双床催化转化器由两个串联的催化单元组成，因此命名"双床"。这种方案只用于发动机在浓混合气（$\lambda < 1$），即空气不足的场合。废气在进入氧化催化转化器之前，先通过一个催化转化还原装置还原氮氧化物，然后又有空气喷在两个转化器之间。第二级催化氧化碳氢化合物和一氧化碳。

因为只有在浓混合气条件下才能工作，所以从燃油经济性的角度来看，双床原理是缺乏吸引力的。它的优点是能够使用在没有电子控制的简单的混合气形成系统中。它的一个很大的缺点是，在稀混合气的条件下还原氮氧化物的过程中会生成氨气（NH_3），一部分氨气在随后的空气喷射中会再次氧化变化氮氧化物。

（2）三元催化转化器。三元催化也叫单床转化器。优越性主要在于它能将三种污染物都除去一大部分。催化高效率的条件是发动机吸入的混合气始终保持在理论空燃比附近。所以三元催化转化器必须和氧传感器组成的闭环控制结合在一起，才能达到最有效的污染净化系统，这就是最严格的排放限制要求使用这种系统的原因。

（3）NO_x 储存式催化转化器。缸内直接喷射的稀燃发动机排出 NO_x 的浓度明显高于传统的动力装置。NO_x 储存式催化转化器利用稀废气中的氧气将氮氧化物氧化为硝酸盐，聚集在转化器的活性物质表面。当催化剂的能力快要耗尽时，储存催化剂必须能再生。再生的方法是将发动机的工况暂时切换到均匀的浓混合气状态，这时所提供的大量的 CO 促使硝酸盐还原成氮气。发动机管理系统的 ECU 根据已存储的数据来评价转化器的吸收和释放性能，以此来控制储存和再生状态。装在催化转化器前后的两只氧传感器共同监测排放值。

知识点滴：国内车现在多用三元催化转化器，而不用双床催化转化器。对于 NO_x 储存式催化转化器是针对稀燃发动机的，尚没有应用。

3. 催化转化器的工作条件

温度是催化转化器的一个很重要的影响因素。有效转化污染物的最低温度是 250 ℃，而要达到转化率高且寿命长的理想状况，温度应为 400 ℃ ~ 800 ℃。当温度达到 800 ℃ ~ 1 000 ℃ 时，稀有金属会烧结在 AL_2O_3 载体的表面上，减小了有效催化接触面积，并加速催化剂的热老化。温度超过 1 000 ℃，会使催化剂迅速变质，很快就变得无用。

考虑过热失效大大限制了安装位置的选择范围，最终只能采取折中方式。通过改善涂层的热稳定性（临界温度达到 950 ℃）有望缓解这种局面。催化转化器在良好的工作条件下，至少能运行 10 万千米。另外，若发动机工作不正常，如失火，可能使催化剂的温度达到 1 400 ℃ 以上，则会将载体材料烧熔而使转化器完全损坏。

知识点滴：防止高温出现的主要方法是发展极度可靠的缸内失火识别系统。电控点火系的失火识别功能为达到这些标准做出了很大贡献。

另一个能保证长期可靠工作的条件是发动机使用专用的无铅汽油，铅的生成物沉积覆盖在活性催化剂表面微细小孔的内部和上方，减少了小孔的数量。事实上我国早已没有含铅汽油。发动机的残余机油也会使催化转化器"中毒"。

二、氧传感器

三元催器必须是混合气在理论空燃比 14.7 附近才有高效率，使 CO、HC 的氧化作用与 NO_x 的还原作用同时进行，具有向 CO_2、H_2O、O_2、N_2 无害化充分转化的能力。若实际空燃比不在 14.7 附近，排出的 CO、HC、NO_x 在排气中的混合比例不对，比如混合气过稀时生成 NO_x 较多，生成 CO、HC 较少，则 CO、HC 氧化成 CO_2、H_2O 与 NO_x 还原成 O_2、N_2 也能少量进行，但剩下的大多数 NO_x 不能被还原。反之，混合气过浓时生成 CO、HC 较多，生成 NO_x 较少，则 NO_x 的还原作用也能少量进行，但剩下的大多数 CO、HC 不能被氧化。

为了有效地利用三元催化反应器，充分净化排气，就要提高空燃比的控制精度，使其维持在理论空燃比为中心的非常狭窄的范围内，就需要通过氧传感器监测尾气氧气浓度来判别空燃比大小，以修正实际喷油量。

（一）氧传感器的类型

根据监测混合气浓度的范围，氧传感器可分为窄带式和宽带式两种。

早期的氧传感器只能监测浓稀两种状态，不能确定空燃比偏离理论空燃比的程度，所以称窄带型氧传感器，窄带型又分为氧化锆式和氧化钛式两种氧传感器。

目前监测空燃比范围为 10.0 ~ 60.0 的新型氧传感器已实际应用，因能确定空燃比偏离理论空燃比的程度，所以也称宽带型氧传感器。已经在 2002 年开始在中高档汽车上广泛应用。

1. 窄带型氧传感器的结构和工作原理

传统陶瓷是以氧化物为主，主要是天然硅酸盐矿物的烧结体，而新型陶瓷还有氮、碳、硼和砷的氧化物。现在，陶瓷（Ceramic）是指经高温烧结而成的一种各向同性的多晶态无机材料的总称。多晶态之间往往还有玻璃体和气体，所以陶瓷一般由晶相、玻璃相和气相组成，其中晶相是主成分相，玻璃相为副成分相。陶瓷性能主要由其组成和微观结构的特点而定。结构和显微组织的多样性决定了陶瓷具有多种功能和广泛用途，这里只介绍功能性陶瓷材料。

功能性陶瓷材料是通过各种物理因素如声、光、热、电、磁、气作用而显示出独特功能的材料。例如，ZrO_2（二氧化锆）、TiO_2（二氧化钛）的高温电子陶瓷，对于氧气浓度差显示出优良的敏感特性。

ZrO_2 陶瓷对氧离子浓度特别敏感。在内外有氧离子浓度差时，氧离子由高浓度向低浓度扩散时形成电池，这是窄带型氧传感器的原理。图 2-60 所示为窄带型氧化锆式氧传感器和输出信号。

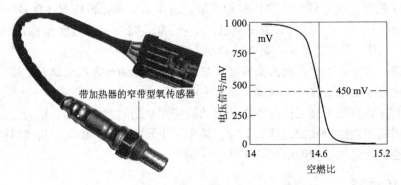

图 2-60 窄带型氧化锆式氧传感器和输出信号

1）氧化锆式氧传感器

氧化锆式氧传感器的基本元件是专用陶瓷体，即二氧化锆（ZrO_2）固体电解质。陶瓷体制成试管式的管状，亦称锆管。锆管固定在带有安装螺丝的固定套中，其内表面与大气相通，外表面与废气相通。锆管内外表面都覆盖着一层多孔性的铂膜作为电极。氧传感器安装于排气管上，为了防止废气中的杂质腐蚀铂膜，在锆管外表的铂膜上覆盖有一层多孔的陶瓷层，并且还加装一个防护套管，套管上开有槽口。氧传感器的接线端有一个金属护套，其上开有一孔，用于锆管内表面与大气相通，电线将锆管内表面铂极经绝缘套从传感器引出。

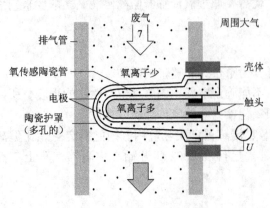

图 2-61 氧传感器工作原理

图 2-61 所示为氧传感器工作原理。锆管的陶瓷体是多孔的，允许氧渗入该固体电解质内，温度较高时，氧气分子发生电离变成氧离子。若陶瓷体内（大气）外（废气）侧氧离子含量不一致，即存在着浓差时，在固体电解质内部氧离子从大气一侧向排气一侧扩散，结果，锆管元件成了一个微电池，在锆管两铂极间产生电压。当混合气稀时，排气中所含氧多，两侧氧浓度差小，只产生小的电压；而当混合气浓时，排气中氧含量少，同时伴有较多的未完全燃烧的产物，如

CO、HC、H_2 等，这些成分在锆管外表面的铂催化作用下，与氧发生反应，消耗排气中残余的氧，使锆管外表面氧气浓度变成零，这样就使得两侧氧浓度差突然增大，两极间产生的电压也突然增大。

图 2-60 所示的是氧传感器在 600 ℃工作温度下的两种状态时，氧传感器的电压曲线。氧传感器产生的电压将在过量空气系数 $\lambda = 1$ 时产生突变，$\lambda > 1$ 时，氧传感输出电压几乎为零，一般为 0.1 V，$\lambda < 1$ 时，氧传感器输出电压接近 1 V 或 0.9 V。在发动机混合气闭环控制的过程中，氧传感器相当于一个浓稀开关，根据空燃比变化向 ECU 输送脉冲宽度变化的电压信号。

知识点滴：由于信号只在空燃比 14.7 附近突变，其他空燃比范围信号差别不大，所以只能利用它在 0.45 V 上下的两态信号判断浓稀，而不能具体知道空燃比的大小。

2）氧化钛式氧传感器

氧化钛式氧传感器是利用二氧化钛（TiO_2）材料的电阻值随排气中氧含量的变化而变化的特性构成的，故又称电阻型氧传感器。

二氧化钛是在室温下具有很高电阻的半导体。但当排气中氧含量少（混合气浓）时，氧分子将脱离，使其晶体出现缺陷，便有更多的电子可用来传送电流，材料的电阻亦随之降低。此种现象与温度和氧含量有关，因此，欲将二氧化钛在 300 ℃ ~ 900 ℃的排气温度中连续使用，必须做温度补偿。

氧化钛式氧传感器具有两个二氧化钛元件，一个是具有多孔性用来感测排气中氧含量的二氧化钛陶瓷，另一个则为实心二氧化钛陶瓷用来作加热调节，补偿温度的误差。该传感器外端以具有孔槽的金属管作为防护套，一方面让废气可以进出，另一方面防止里面二氧化钛元件受到外物撞击。传感器接线端以橡胶作为密封材料，防止外界气体渗入。它一般安装于排气歧管或尾管上，同时可借助排气高温将传感器加热至适当的工作温度。

氧化钛式氧传感器的优点是结构简单，造价便宜，抗腐蚀抗污染能力强，经久耐用，可靠性高。

知识点滴：二氧化钛式氧传感器的输出特性与水温传感器的输出特性差不多，所以线路图与水温传感器相同。

知识点滴：二氧化钛式氧传感器与二氧化锆式相比信号有差别，原因是它们的变化趋势正好相反，即混合气浓时二氧化钛式氧传感器电压变低，二氧化锆式电压变高。

3）氧传感器的两个功能

（1）混合气浓。输出电压大于 0.45 V 时，ECU 收到信号后减少喷油量；混合气稀时输出小于 0.45 V，ECU 收到信号后增加喷油量，从而控制空燃比。

（2）监测催化转化器的效率。这个监测过程要根据安装在转化器后端的副氧传感器，它是作为装在转化器前端的主氧传感器的补充。因为一个处于转化效率高的催化转化器会在还原 NO_x 时放出更多氧气，这些氧气在氧化 CO、HC 时是用不了的，所以多余的氧气会削弱氧传感器的波动。

随着催化剂的老化，催化转化效果逐渐恶化，最终，来自主副两个氧传感器的信号曲线会聚一点。因此两个氧传感器发出信号的比值可作为评估催化转化器工作状况的依据。当探测到催化转化器中的故障时，仪表三元催化器故障灯将会提醒驾驶者。

4）氧化锆式氧传感器和加热器

氧化锆式氧传感器输出信号的强弱与氧传感器内腔通大气端的工作温度有关，内腔通大

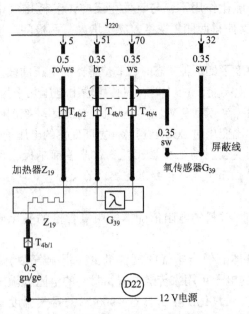

气端的工作温度越高氧离子数目越多，输出信号越明显。所以有些氧传感器采用加热式的方法来保证其工作温度，称之为加热式氧传感器。加热后，氧化锆这种陶瓷通渗性更好。

加热式氧传感器的结构原理与不加热式的相同，只是在传感器内部增加了一个陶瓷加热元件加热。早期的加热器不受ECU控制，温度不准，大气端的氧离子数目不恒定，信号不精确，且不能进行自诊断。

现在轿车的加热器负极端由ECU控制，ECU通过检测电流（过热时电阻大，电流小）来确定加热器的温度，控制温度更精确。其优点是使氧传感器安装灵活性大，不受极端升温的影响，同时，也扩大了混合气闭环控制的工作范围。图2-62为大众窄带型氧化锆式氧传感器电路示意图。

图2-62 大众窄带型氧化锆式氧传感器电路示意图

知识点滴： 电脑识别氧传感器加热器加热温度的方法是加热温度过高时，Z_{19} 电阻变大，回路的电流会变小，电脑改变通电状态为频率状态，频率状态。

5）氧传感器的万用表检查

丰田车系氧传感器可以用检测仪检查，没有检测仪时可用万用表检查。这里主要介绍万用表检查。图2-63为丰田LS400发动机自诊断插座。

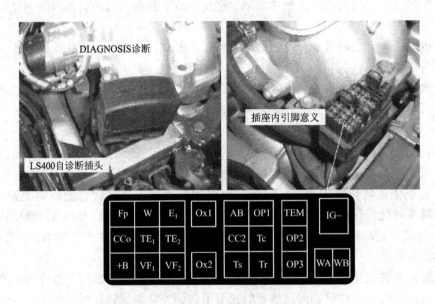

图2-63 丰田LS400发动机自诊断插头

测量检查连接器的端子 VF_1 和 VF_2 与 E_1 之间的电压

（1）暖机至发动机正常工作温度。

（2）用短接线短接自诊断插头的端子 TE_1 和 E_1。

（3）将红表笔接至检查连接器的端子 VF_1 和 VF_2，而黑表笔接至检查连接器的端子 E_1。使发动机在 2 500 r/min 下运转约 2 min，加热氧传感器。然后，保持发动机在 2 500 r/min 下运转，数一数伏特表指针在 0 ~ 5 V 的摆动次数。新传感器每 10 s 指针摆动 8 次正常，即高电位 0.9 V 为 4 次，低电位 0.1 V 为 4 次。电压始终为 0 V 或始终为 5 V 不正常。

暖机至发动机正常工作温度。发动机加速到节气门部分开度，2 500 r/min，测量检查连接器端子 OX1 和 OX2 与 E_1 之间的电压。电压在 0.1 ~ 0.8 V 交变。

2. 宽带型氧（λ）传感器

窄带型氧传感器在内外有氧离子浓度差时，氧离子由高浓度向低浓度扩散时形成电池；反过来对 ZrO_2 陶瓷加电流时，会在 ZrO_2 陶瓷内外形成氧离子浓度差而形成氧气泵，且加电流方向决定氧离子的扩散方向，利用这个原理把 ZrO_2 陶瓷加电流做成泵气的单元泵。

宽带型氧传感器恰恰是利用了窄带型氧传感器和单元泵的工作原理合二为一的、测量范围变大的气体浓度传感器。

窄带型氧传感器发出的是混合气稀或浓的交替跃变信号，不能直接确定浓稀偏离程度，偏离程度由多次修正才能在电脑内得出。而宽带氧传感器可以通过废气流来确定浓稀偏离程度。

在图 2 - 64 宽带氧传感器的原理示意图中，废气流通过气室，只有当"气室氧浓度"是标准空燃比 14.7 时，窄带型氧传感器信号才在 0.45 V，这时电脑控制泵单元不泵也不排出气室内的氧气，信号电压在 1.5 V 左右。

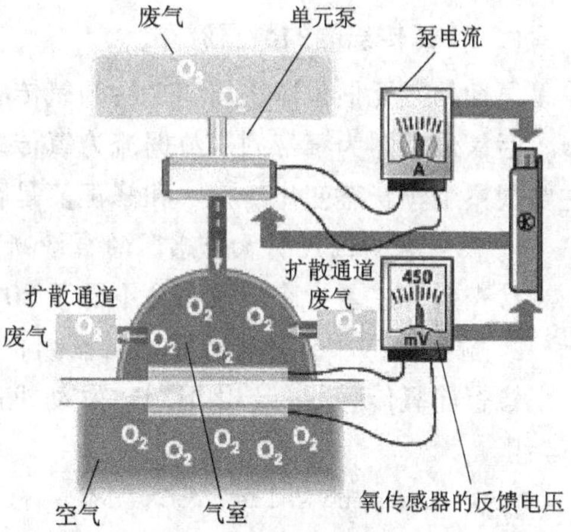

当混合气浓时，气室中的氧气浓度会低，电压高于 0.45 V 时，电脑识别后让泵电流改变方向，这时向气室中泵入氧气，电流越大，泵入氧气越多，气室中氧气变多，浓度恢复到窄带型氧传感器电压为 0.45 V 时，泵电流大小即可反映废气中氧的浓度，信号电压为 1.0 ~ 1.50 V。

图 2 - 64　宽带氧传感器的原理示意图

当混合气稀时，气室中的氧气浓度会高，电压低于 0.45 V 时，电脑识别后让泵电流改变方向，电流越大，排出越多，气室中氧气变少，浓度恢复到窄带型氧传感器电压为 0.45 V 时，泵电流大小即可反映废气中氧的浓度，信号电压为 1.5 ~ 2.0 V。

例如：国产化奥迪、宝来、迈腾等宽带氧传感器装在三元催化反应器前。插头为 6 脚。调整更精确、更精细。图 2 - 65 为迈腾前宽带型氧传感器 G_{39}（后窄带型 G_{130}）。

在宽带型氧传感器 G_{39} 内的窄带型氧传感器只起反馈是否是 0.45 V 的作用，信号是由泵电流所在线路通往电脑内的上拉电阻采集。

泵电流的曲线走势见图 2 - 66。废气稀时得到正的泵电流，而废气浓时则得到负的泵电流。它可以监测的空燃比范围为 10.0 ~ 60.0，是正常发动机因故障造成稀燃和未来稀燃发动机监测空燃比的必需传感器，所以它是发展趋势。

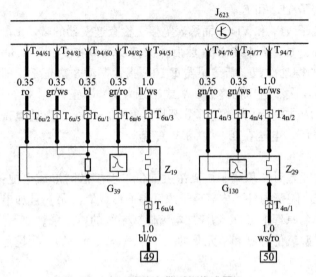

图 2－65　迈腾前宽带型氧传感器 G39
（后窄带型 G130）

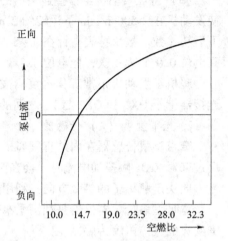

图 2－66　宽带氧传感器内的
泵电流与空燃比的关系

因宽带氧传感器可以通过废气流来确定浓稀偏离程度，使空燃比修正更加迅速、精确。

（二）氧传感器的数据流

早期的三元催化器之前和之后的氧传感器均为窄带型。现在汽车一般前氧传感器为宽带型，后氧传感器为窄带型。数据流为氧传感器工作状态和修正偏离值。在工作条件满足时，主要观察工作状态变化的频率和修正值是否超限。

1. 以宝来为例说明氧传感器的自诊断

检查条件主要为冷却液温度不低于 80 ℃，且排气系统无泄漏。

2. 前氧传感器的自诊断（老化检测）

检查前氧传感器的老化情况：发动机高怠速运转，进入发动机控制单元 08，读数据流 034 组。

Read measuring value block　34

　1 800～2 200 r/min　　MIN350 ℃　　MAX2.5 s　　B1—S10K

第一区：发动机转速；

第二区：是从转速和发动机负荷计算出的值；

第三区：周期表示传感器两次电压跳变（如浓—稀—浓）的时间。因此可用来表示传感器的老化状况，如果超出规定时间 2.5 s，说明已经老化。

第四区：先是从 test OFF 变为 test ON，经过一段时间的检测，变为 B1—S10K，显示区 4 显示 B1—S1 ni.o 说明已经老化。

3. 检查加热器（01 - 08 - 041）。

041 组：

Read measuring value block　41

　前加热器电阻　　Htg.bc.on/off　　后加热器电阻　　Htg.bc.on/off

第一区：前加热器电阻，加热器电阻 2.5 ~ 10 Ω。

第二区：Htg. bc. on/off，加热器通电情况，on 为通电，off 为断电。

第三区：后加热器电阻，加热器电阻 2.5 ~ 10 Ω。

第四区：Htg. bc. on/off 加热器通电情况，on 为通电，off 为断电。

知识点滴：1.6 L 排量的宝来无后氧传感器。

4. 检查氧传感器 G_{39}

进入发动机系统 01 - 08 - 030 组

030 组（前后部宽、窄型氧传感器状态监测）

```
Read measuring value block  30
   111            110
```

第一区为前氧传感器，规定值：111。第一位：λ 加热器已接通为 1；第 2 位：λ 调节已准备好为 1；第 3 位：λ Lambda 调节在工作为 1，调节有效。这 3 位数的第一位在 0 和 1 之间来回变动表示前传感器加热器为频率调节状态，3 位数的第三位在部分负荷及废气温度较高时被置为 1。

第二区为后氧传感器 λ 状态 110，前两位与前氧传感器相同，后氧传感器是用于检测三元催化器的效率，不是用于调节混合气浓度，所以为 0。

如果达到规定值，进入 32 组，检查第一区和第二区。

032 组：

```
Read measuring value block  32
   -10.0%  ~10.0%      -10.0%  ~10.0%
```

第一区：- 10.0% ~ 10.0%（怠速时的自学习值）

第二区：- 10.0% ~ 10.0%（部分负荷时的自学习值），超过 - 10.0% ~ 10.0% 表示偏离很大，最大值为 - 25.0% ~ 25.0%。

如果达到规定值：进入 033 组，检查第一区和第二区。

033 组（后部窄型氧传感器电压状态）

```
Read measuring value block  33
   -10.0%  ~10.0%      1.0%  ~2.0
```

第一区：催化转换器前 λ 调节器 - 10% ~ 10% 并以至少 2% 的幅度在 0 左右波动第二区：前 λ 电压值 1.0 ~ 2.0　1.0 ~ 1.5 V 为混合气过浓、1.5 ~ 2.0 V 为混合气过稀。第二区：若恒定 1.5 V 为断路；恒定为 4.9 V 对正极短路；恒定为 0 V 对地短路。电压应以 20 次/min 的幅度波动（因正常氧传感器周期为 2.5 ~ 3.0 s）。

036 组（后部窄型氧传感器电压状态）

```
Read measuring value block  36
   0.0—1.0    B1—S2 OK
```

规定值：第一区：0.00 ~ 1.00 V（可稍微波动）若恒定为 0.4 ~ 0.5 V 为断路、10.5 V 以上为对正极短、0 V 为对地短路。

第二区 2 规定值：B1—S2 OK，显示区 2 变为 B1—S2 OK 可能需要几分钟的时间。如果显示 B1—S2 NOOK，清除传感器上的沉积物。再次检查如果未达到规定值，检查线路。

（三）检查前/后部的氧传感器加热器

检测条件：熔断丝正常，蓄电池正常，油泵继电器正常。

前氧传感器加热器为 Htg. bc. ON/OFF，后部的氧传感器加热器状态为 Htg. bc. ON/OFF，根据发动机不同的工况，加热器可能接通或关闭，显示区出现 on 或 off 交替变化。

加热器加热为脉冲电流，此脉冲电流可用万用表测得。图 2-67 为宽带型和窄带型氧传感器的母插头。

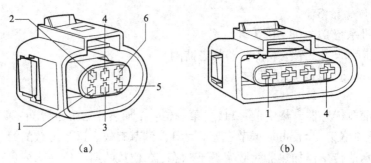

图 2-67　宽带型和窄带型氧传感器的母插头
(a) 宽带型；(b) 窄带型

宽带型氧传感器母插头测量 3 和 4 之间的电压，ON 时，应为 11.0~14.5 V，on/off 交替显示，规定值为 0~12 V 波动。

窄带型氧传感器母插头测量 1 和 2 之间的电压，ON 时，应为 11.0~14.5 V，on/off 交替显示，规定值为 0~12 V 波动。

三、空燃比反馈控制

为了获得三元催化反应器所要求的空燃比，必须十分精确地控制喷油量。有如下情况：

(1) 如喷油器漏油或堵塞时会造成实际混合气过浓或过稀；

(2) 点火系统缺火或火花能量不足会造成混合气（HC 和新鲜空气）直接进入三元催化器燃烧，造成动力性、经济性和排放性下降；

(3) 气门正时不对，混合气（HC 和新鲜空气）也直接进入三元催化器燃烧；

(4) 空气流量计后漏气会造成生成 NO_x 过多或空气流量计有故障后的输出曲线有偏差；

(5) 水温传感器输出曲线有偏差（水温传感器是控制喷油量的传感器及氧传感器主要开环和闭环控制的控制传感器）；

(6) 燃油系统喷油压力调节机构失效；

(7) 进气温度传感器信号输出曲线有偏差等。

以上这些情况仅凭空气流量计测得进气量信号是达不到这么高的控制精度的，都会造成燃烧后排出的 CO、HC、NO_x 在排气管中的混合比例不对，三元催化器效率下降，排放污染增多。因此必须借助安装在排气管中的氧传感器送来的反馈信号，对理论空燃比进行反馈控制。

如图 2-68 所示，大众车系 ECU 控制的喷油量主要由空气流量计 G_{70} 和发动机转速传感器 G_{28} 决定，实际喷油量因元件损坏有偏差，喷油量确定的空燃比会偏离 14.7 时，前氧传感器 G_{39} 对空燃比进行负反馈控制，后氧传感器 G_{130} 用于监测三元催化器的催化效率。

根据氧传感器的输出特性，氧传感器输出电压信号在过量空气系数等于 1 时或者在理论空燃比 14.7 处发生跃变。ECU 有效地利用这个空燃比反馈信号，将其信号电压与基准电压

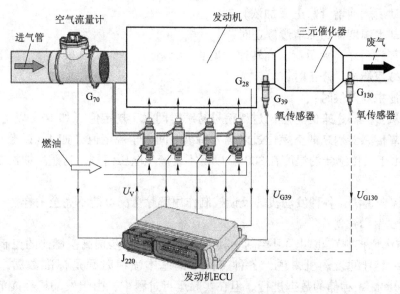

图 2 - 68　喷油量的确定和修正

0.45 V 进行比较，判定混合气的浓稀程度以进行控制。若比理论空燃比浓，则缩短喷油时间；反之，若过稀，则延长喷油时间，这就是空燃比反馈控制。

图 2 - 69 为空燃比、氧传感器输入 ECU 的电压信号和空燃比反馈控制信号三者之间的波形关系。

ECU 根据氧传感器的输入信号，对混合气空燃比进行控制的方法称为闭环控制。它是一个简单而实用的闭环控制系统。这个控制系统需要经过一定时间间隔，控制过程才能响应，即从进气管内形成混合气开始，至氧传感器检测排气中的含氧浓度，需要经过一定时间。这一过程的时间包括混合气吸入汽缸、排气流过氧传感器，以及氧传感器的响应时间等。由于存在迟后时间，要完全准确地使空燃比保持在理论空燃比 14.7 是不可能的，因此实际控制的混合气的空燃比总是保持在理论空燃比 14.7 附近的一个狭窄范围内。

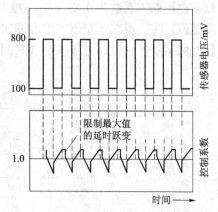

图 2 - 69　氧传感器数字化后电压信号和空燃比反馈二者之间的关系

1. 反馈控制的实施条件

采用氧传感器进行反馈控制即闭环控制期间，原则上供给的混合气是在理论空燃比附近。但在有些条件下又是不适宜的，如发动机启动时以及刚启动未暖机时，由于发动机冷却水温度低，这时需要较浓的混合气，如按反馈控制供给的混合气在理论空燃比附近，发动机可能会熄火。又如发动机在大负荷、高转速运转时（实际在高速公路，车速超 130 km/h，风阻很大，要保证高车速必须大油门才能维持发动机高转速高扭矩，发动机转速高，车速才能高）也需要较浓的混合气，如按反馈控制供给的混合气也在理论空燃比附近，则发动机会运转不良。所以在有些情况下应停止反馈控制，即进入开环控制状态。一般地，反馈控制作用解除有以下情况：

（1）发动机启动时；

（2）启动后燃油增量修正（加浓）时；

（3）冷却水温度使燃油增量修正时；

（4）节气门全开（大负荷、高转速）时；

（5）加减速燃油量修正时；

（6）燃油中断停供时；

（7）从氧传感器送来的空燃比过稀信号持续时间大于规定值（如10 s以上）时；

（8）从氧传感器送来的空燃比过浓信号持续时间大于规定值（如4 s以上）时；

此外，由于氧传感器的温度在300 ℃以下不会产生电压信号，当然反馈控制也不会发生作用。

以上为综合说法，各种发动机的反馈控制作用解除情况可能不完全一样。

2. 学习空燃比控制

"学习空燃比控制"也叫学习控制。其目的是为了进一步提高空燃比的控制精度。

对于某一型号的发动机来说，各种工况下的基本喷射时间是标准数据，它们都按照ECU存储器ROM中存储的数据进行。但在实际运行过程中，由于发动机性能的变化，如空气系统、供油系统的性能变化，可能会造成实际空燃比相对于理论空燃比的偏离不断增大。空燃比的反馈修正可以修正空燃比的偏差，但偏差大时，总是需要一段时间才能找到浓稀的跃变点，导致控制不精确。

为了在下次运行时直接找到跃变点附近，提高控制精度，ECU记录上一次运行时的空燃比的修正值，下一次运行时直接使用。修正范围是有限的，如图2-70所示，一般闭环控制空燃比修正系数为0.80~1.20或0.75~1.25，在解码仪里显示为±20%或±25%。如果反馈修正时，反馈修正值的中心偏向稀或浓的一边，当修正值超出修正范围时，就会造成控制上的困难，此时相对应混合气只能为过稀或过浓，不再修正调节。

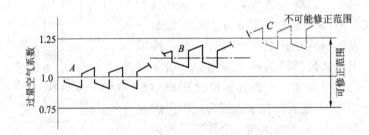

图2-70 学习空燃比控制修正范围

学习控制过程如下（图2-71所示为学习空燃比控制过程）。例如，由于某种原因，造成实际空燃比偏离理论空燃比，致使混合气偏浓。氧传感输出高电压0.9 V，ECU修正空燃比1%，即ECU控制喷油量减少1%，再监测仍是混合气偏浓；ECU修正后空燃比到2%，即ECU控制喷油量再减少2%，如此反复10次后，监测仍是混合气偏浓；ECU修正后空燃比到10%；第11次后，ECU监测到氧传感器信号才变为高0.9 V和低0.1 V之间交变时，说明实际空燃比和理论空燃比相差10%，修正值为负10%，即减少喷油量10%，修正后ECU控制空燃比按90%的标准喷油量喷射，实际在汽缸内得出的正好是标准空燃比。

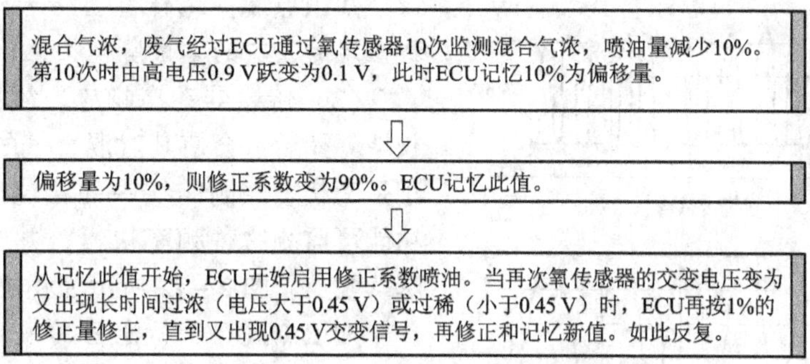

混合气浓，废气经过ECU通过氧传感器10次监测混合气浓，喷油量减少10%。第10次时由高电压0.9 V跃变为0.1 V，此时ECU记忆10%为偏移量。

⇩

偏移量为10%，则修正系数变为90%。ECU记忆此值。

⇩

从记忆此值开始，ECU开始启用修正系数喷油。当再次氧传感器的交变电压变为又出现长时间过浓（电压大于0.45 V）或过稀（小于0.45 V）时，ECU再按1%的修正量修正，直到又出现0.45 V交变信号，再修正和记忆新值。如此反复。

图2-71　学习空燃比控制过程

这样有个缺点，在下次打点火开关时，由于故障未排除混合气仍浓，ECU 还得重新修正 10 次才能使实际排出的 CO、HC、NO_x 在排气中的混合比例正确，这样不利于排放控制。

要想下次反馈控制时直接就减少 10% 的喷油量，方法只能是反馈修正值的中心位置由原 1.0 修正为 0.9 的位置（即减少 10%）。此时 ECU 控制的过量空气系数偏离标准过量空气系数 0.1，事实上按 0.9 配制的混合气在缸内就是 1.0，且直接可以使用。

以上是氧传感器调节混合气浓度步进是 1% 的学习控制，实际中在氧传感器检测时每次喷油量的步进不一定是 1%，也可能每次喷油量的步进是 2%，这个依据控制软件的设置。步进越大时，纠正混合气浓度到跃变点的时间越短，但到跃变点修正值已确定后，每次喷油量微调的误差也相对变大。

ECU 求出学习"修正值"后，将该值存入存储器中（读数据流时可以读出），在下次行车过程中，把当前条件的"学习修正控制值" 0.9 立即反映到喷射时间上。如再发生其他故障，在此基础上可以继续修正。由于学习控制修正值能在故障未消除之前，立即反映到喷射时间上，提高了空燃比的控制精度，在三元催化器的催化配合下，把 CO、HC 氧化成 CO_2、H_2O 与 NO_x 还原成 O_2、N_2 得以充分进行。

ECU 中存储学习控制修正值的存储器为 EEPROM 或 RAM，存储器不同，换电瓶后的现象也不同。若存储器是 EEPROM（电擦写只读存储器，相当于家用 U 盘），ECU 电源断电后，内部存储的信息不丢失；若存储器是 RAM（相当于家用电脑内的内存条），ECU 电源断电后，内部存储的信息会丢失。两者的差别是对于存储器为 RAM 的，换电瓶时，RAM 中的自适应数据丢失，换电瓶着车后发动机一段时间内空燃比会不正常，甚至有回火或放炮现象，但一段时间内，ECU 会重新找到新的修正值，这段时间内发动机的性能会由差变好，EEPROM 则不存在这种现象。

若是发动机故障消除，初始运行过程，空燃比因旧修正值的影响混合气反而不正确，但过一会儿就会修正过来。

知识点滴：氧传感器的修正自适应值数据在检测仪的数据流中非常重要。

四、电脑根据由以下这些因素来诊断氧传感器故障

（1）电信号的可信度。系统不断地评估传感器信号的可信度。系统对不可靠信号（如信号线与加热器电源或搭铁之间短路）的反应是关闭与氧传感器控制相关的功能，与此同时，故障记录里会插入相应的故障代码。

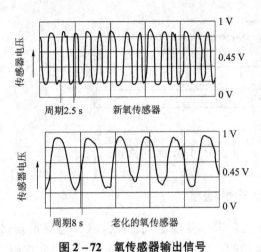

图 2 - 72　氧传感器输出信号

知识点滴：氧传感器信号线与加热器线正极短路时，有的车系烧电脑。

（2）传感器动态响应。氧传感器在高温中长期暴露后，会使其对混合气的变化反应迟钝。于是两状态控制曲线中的相位周期延长。诊断功能可监测这种频率快慢，并触发诊断灯以提醒驾驶员，图 2 - 72 所示为相位周期。

知识点滴：氧传感器的波形测试或氧传感器高低电压的跃变时间是在没有检测仪时判别混合气浓度不正确和氧传感器好坏的最好方法。好的氧传感器在 2.5 ~ 3.0 s 时就发生浓稀信号交变。

（3）主副氧传感器的信号比较。每只排气管装有两个氧传感器，这就可以用催化转化器后端的传感器检测其前端的传感器在其有效响应范围内的漂移量。

（4）加热器。系统要检测氧传感器的加热器电阻的电流，从而确定加热器的工作温度。

第七节　怠速提升信号

怠速有负荷介入时，要控制发动机的扭矩提升，不过一般我们仍习惯于称怠速转速提升。怠速提升的前提条件是：首先确认是怠速工况。

（1）有怠速开关的四线节气门位置传感器内的怠速开关闭合。

（2）没有怠速开关的三线节气门位置传感器输出电压低于 0.6 V 时，电脑也识别为怠速。

（3）对于电子节气门的车辆，怠速状态识别不在节气门位置传感器内，而在油门踏板位置传感器上，即不踏油门时，电脑通过传感器电压确认为怠速工况。在踩制动踩板时，电脑默认为怠速工况。图 2 - 73 为怠速开关 IDL 闭合识别怠速。

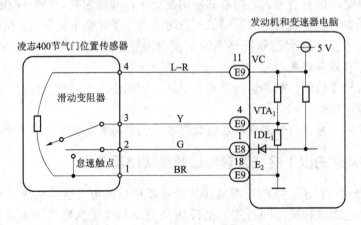

图 2 - 73　怠速开关 IDL 闭合识别怠速

一、发电机负荷信号

当因开启大灯、雾灯、鼓风机等用电量较大的电器设备导致发电机负荷而增大时，为防止励磁电流在饱合时仍发电量不足，或因励磁电流增大时发动机转速下降导致发电量不足，在有用电负荷时应向 ECU 输入此信号，电脑以此作为点火提前角与进气量控制的修正信号，控制过程为先增大点火提前角，如果效果不明显时，怠速控制系统增加进气量，空气流量计监测到后，自动改变喷油量，这样设计有利于排放控制。

注：早期大众电脑通过检测电脑电源线电压识别发电机负荷，没有专用电脑接口及接线。

下面是捷达五阀的数据流分析。在打开大的用电设备时，蓄电池电压在读数据流 003 组第二区时瞬间变小，在读数据流 006 组第四区时点火角会变大。

显示组 003：

```
Read measuring value block  3
    800～880 r/min    12～15 V    80～110 ℃    XX ℃
```

显示区 2 为电瓶电压。小于 12 V 时，故障为发电机损坏；蓄电池亏电严重；启动机后短时间内蓄电池由于充电电流小和有额外负荷；发动机控制单元 J220 的正极或负极有接触电阻；关闭点火开关时有耗电。大于 15 V 时，发电机电压调节器损坏，或辅助启动或快速充电器而使电压过大。

显示组 006：

```
Read measuring value block  6
    800～880 r/min    －10%～+10%    －10%～+10%    6°～12°V. OT
```

显示组 006：显示区 4 为点火提前角，怠速时为 6°～12°。

汽车发电系统有故障时可通过 003 组 2 区电瓶电压过大、过小分析找出故障点。

汽车发电系统无故障时，开启大灯、雾灯、鼓风机等用电量较大的电器设备导致发电机负荷而增大时，数据流 003 组 2 区电瓶电压相对刚才的数值要下降（仍大于 12 V）。关闭这些用电器，进入 006 组看第四区点火提前角，重新打开用电器，会发现点火提前角会瞬间增大。这说明电脑软件有控制发电机负荷增大的功能，不过这只能说车好，对修理来说一般没意义，因为这个功能是电脑软件的功能，如果实际中没有这个功能，那只能是电脑有故障。电脑有故障，很多功能都不能实现，不过反过来讲，功能丢失也成为判断电脑故障的一个方法。

带端子 M 的 IC 调节器端子 M 的作用。图 2-74 丰田车的发电机负荷信号 M，对于有 PTC 电加热器的车辆，如果在发电机怠速情况下使用 PTC 电加热器，那么耗电总量大于发电机的发电量。装上 M 端子后，端子 M 经过与调节磁场电流的 Tr1 同步的 Tr3 将发电机的发电状态发送到发动机 ECU。

发动机 ECU 根据来自 M 端子信号控制发动机怠速提升和 PTC 电加热器。PTC 电加热器：当加热器的作用不够时（装在加热器芯中），它加热发动机的冷却液。

大众在 2005 年以后的车型中采用电子节气门系统，发电机上多了一个端子 DFM 励磁调节反馈信号，DFM 内传输占空比形式的发电机负荷信号，当占空比超过 70% 时，发动机控制单元控制电子节气门系统怠速开始提升。这样的设计对蓄电池非常有利，可保证蓄电池处

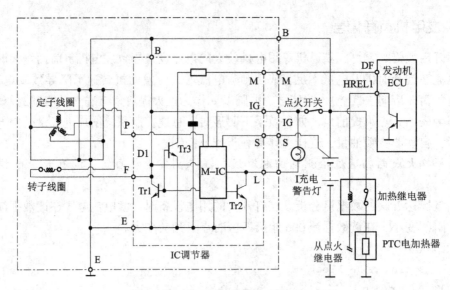

图2-74　丰田车的发电机负荷信号 M

于充饱状态，延长了蓄电池使用寿命。同时在外界用电量特别大时，即发电机转子线圈内电流饱和时，发电机发电电流不能再增大，这时提高发电量的唯一方法就是提高发动机转速，这一点在现在用电设备越来越多、发电机却不变的轿车上非常实用。

丰田车系对发电机负荷的控制采用信号输入确认的方法，见图2-75，打开除雾开关或大灯及雾灯开关时信号通过相应的继电器输出线给电脑一个确认信号。

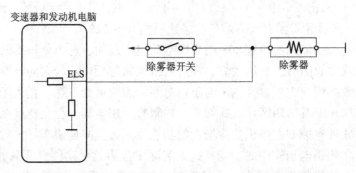

图2-75　丰田车的发电机负荷信号

二、空调作用信号（A/C）

当空调开关打开，空调压缩机进入工作，发动机负荷加大时，由空调开关向ECU输入空调作用信号，作为对喷油量及点火提前角控制的修正信号。

如图2-76所示的空调作用信号（A/C）电路。空调控制总成的MGC端子在电脑内搭铁时，发动机电脑内的A/C端子由5 V变为0 V，发动机开始怠速提升（实际转速并未增加，只增加了发动机的转矩）。也就是说丰田车的怠速提升是先有外来输入信号再提升发动机转速。

大众也有这样的一根线（有CAN功能时，申请信号可在CAN线中传输），在打开空调前先通知发动机电脑控制稳速提升，然后空调才正式打开。这是因为空调这个负载太大，电脑仅根据转速进行反馈控制，调节较慢，是不切合实际的。所以都是有信号先进入电脑，先提升发动机扭矩后，空调再打开，可避免发动机转速下降。

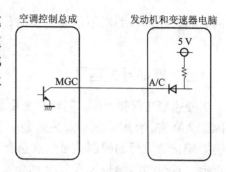

图 2-76　空调作用信号（A/C）电路

三、空挡位置开关

1. 空挡位置开关又叫多功能开关

自动变速器由 P 或 N 挡挂入其他挡位时，发动机负荷将有所增加，挡位开关向 ECU 输入信号，作为对点火提前角及进气量的修正信号。当挂入 P 或 N 挡时，空挡位置开关提供 P 或 N 挡位置信号 NSW，如图 2-77 所示为空挡位置开关 NSW 信号。

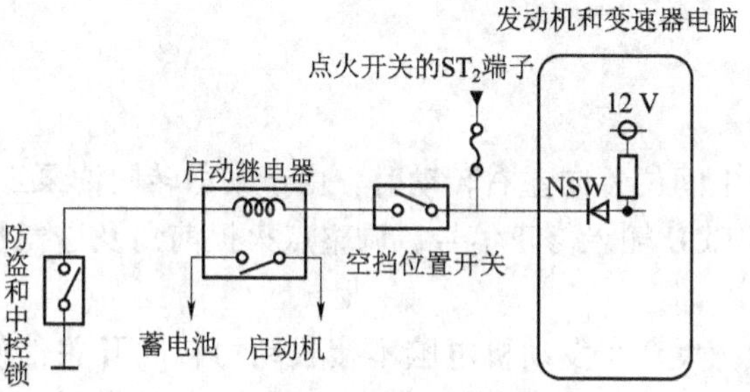

图 2-77　空挡位置开关 NSW 信号

在打启动（ST₂ 供电）时，手柄由在 P 或 N 挡时开关闭合允许发动机启动，电脑 NSW 管脚电压被 ST₂ 的 12 V 供电控制在 12 V。在行驶中时，ST₂ 不供电，手柄在空挡时，NSW 管脚变为低电位，手柄移至 D 或 R 挡时电脑 NSW 管脚变为高电位 12 V。

大众车发动机电脑不接收空挡开关信号，这是因为挂挡这个负载不大，而且是慢慢加到发动机上的，电脑仅根据转速进行反馈控制就来得急。所以没有信号先进入电脑，发动机动力紧跟阻力提升即可。

四、离合器开关信号

在手动变速器上，离合器开关信号相当于自动变速器的空挡位置开关信号，在离合器接合和分离过程中，由离合器开关向 ECU 输入离合器工作状态信号，作为控制启动，切断巡航，挂挡时增大点火提前角及进气量控制的修正信号。图 2-78 为管脚上的开关电路。

开关信号不具有上码功能，因为电脑不知道开和关是人为触发的还是故障状态。但在开关上并联一个电阻，即可有如安全气囊碰撞开关传感器的上码功能。一般电路图中不画此电阻，想知道开关是否有上码功能，只需要查故障码表是否有开关信号的故障码。上码的开关有短路和一定电阻两种状态，没有断路状态。

例如，奥迪 A6L 手动变速器离合器开关信号，为常闭型。当启动车前仪表提示要求先踩下离合器，开关断开，但线路仍为一定电阻状态。开关进水，开关因绿铜锈变厚而使开关处在踩下离合器时仍为闭合且电阻很小

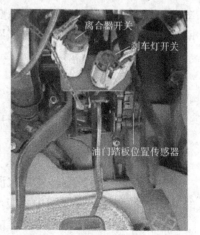

图 2-78　管脚上的开关电路

的状态，所以启动机不运转。这时用拔下开关让此线断路也是启动不着车的，只能换新开关。

五、制动开关信号

变速器在行驶挡位，制动时变速器内涡轮瞬间停止会给发动机加一个运转阻力，发动机因此会降速。此时由制动开关向 ECU 提供制动信号，作为对点火提前角、进气量、自动变速器锁止解除等的控制信号。在急刹车时，右脚从油门踏板位置传感器迅速放到刹车踏板上，这时油门踏板还没完全回位，此时控制单元命令迅速关闭电子节气门，禁止动力输出，此时即可利用一点发动机制动，又可增大进气管的真空度，以利于真空助力器的助力作用。

知识点滴：现在轿车的刹车开关通常一开、一闭两组开关，踩刹车时变成一闭、一开，若不同步则上故障码。刹车开关在电子节气门车辆有解除发动机电脑的巡航功能和识别怠速功能。

六、动力转向开关信号

采用动力转向装置的汽车，当转向盘由中间位置向左右转动时，由于动力转向油泵工作而使发动机负荷加大，此时动力转向开关向 ECU 输入修正信号，调整点火提前角及进气量。图 2-79 为动力转向压力开关电路。

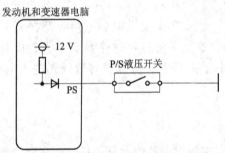

图 2-79　动力转向压力开关电路

大众车发动机电脑不接收动力转向开关信号，这是因为转向这个负载不大，而且也是慢慢加到发动机上的，电脑仅根据转速进行反馈控制就来得急。所以没有信号先进入电脑，发动机动力紧跟阻力提升即可。如果大众车在打动力转向时发动机转速下降，只能说明节气门体 J338 有故障，或发动机本身动力就不足。

日本车的动力转向的怠速提升，需要开关信号的输入，当打转向时，动力转向系统油压升高，发动机阻力增大，转速下降大约 100 r/min，当油压升至开关闭合时，电脑内 PS 脚由 12 V 高电位降为 0.7 V 低电位，电脑识别动力转向开关闭合后，怠速提升回至 750 r/min。

第八节　转速类信号和位置类信号

根据信号轮的设计和 ECU 的判定，信号可分为转速类信号和位置类信号。

一、电磁感应式传感器

电磁感应式传感器通常用来测量旋转部件的转速和位置，它们是根据电磁感应原理工作的（磁通的变化将在线圈中感应出电动势）。

大多数的电磁感应式传感器的输出电压近似正弦波。信号电压的幅值取决于磁通的变化率（通常由包括转速、齿数和传感器与旋转部件齿之间的间隙在内的原始设计决定）。这种传感器工作时输出电压将随转速的增加而增加。通常使用施密特触发器将电磁感应式传感器的输出信号转变成数字信号，该数字信号是幅值恒定但频率变化的方波信号。图2-80所示为电磁感应式传感器外形，图2-81所示为电磁感应式传感器结构图。

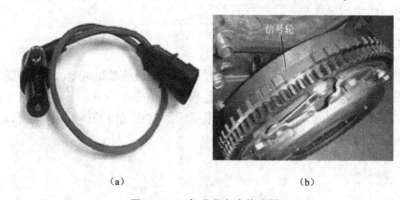

（a）　　　　　　　　　　　　　　（b）

图2-80　电磁感应式传感器

（a）磁感应传感头；（b）信号轮

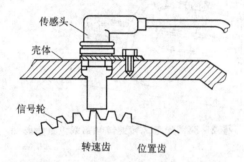

图2-81　电磁感应式传感器结构图

二、霍尔效应传感器

霍尔效应首先由 E. H. 霍尔（E. H. Hall）博士发现。如果将通电的晶体放在磁场中，在与电流垂直的方向将产生一个电压，电压的高低取决于电流的大小和磁场的强度。图2-82所示为霍尔效应原理，图2-83所示为用于捷达分电器的霍尔效应传感器，其工作原理是使用叶轮控制磁场。传感器的输出是一个幅值几乎恒定的方波。

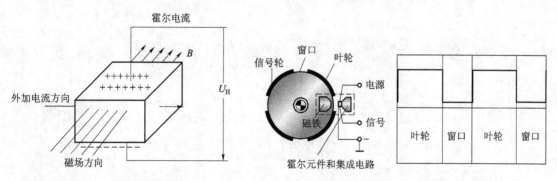

图2-82　霍尔效应原理　　　　　**图2-83　用于捷达分电器的霍尔效应传感器**

霍尔效应也可以用于测试在电缆中流动的电流。电缆周围的磁场强度与电缆中流动的电流呈比例关系，也可用在电动汽车电路中检测蓄电池输出电流。

由于在检测速度时能直接产生一个恒定幅值的方波信号，并且具有良好的可靠性，霍尔效应传感器的应用越来越广泛。

三、光电式转速传感器

用于检测转速和位置的光电式转速传感器是一个比较简单的装置。光电式转速传感器的结构和原理图如图2-84所示。光电式转速传感器包括一个发光二极管和一个光敏晶体管，如果将发光二极管发出的光以非常狭窄的光束不断照射在光敏晶体管上，电路的输出将是一个频率与转速成正比的方波信号。

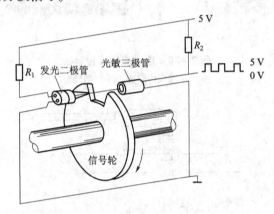

图2-84　光电式转速传感器或位置传感器

第三章

点火系统

第一节　早期的点火系统

　　火花塞跳火的原理利用的是变压器的升压原理，如第一章所述，不过何时断开初级绕组（原线圈），以及初级线圈充入多少能量，并没有详述。这里我们简介一下早期点火是如何控制的，这部分内容当汽车文化去学即可，目的主要是学习微机控制的点火系统。

一、机械触点点火

1. 机械触点点火系的结构

　　如图 3 - 1 所示，机械触点点火系统由分电器（实际又包括分电器、断电器、真空离心装置）、点火线圈、高压线、火花塞、点火开关组成。如图 3 - 2 所示，分电器轴在发动机凸轮轴的驱动下转动，分电器的下轴和上轴采用由转速控制的离心飞块实现上轴与下轴角度上的错位，不同转速上轴和下轴错位的角度不一样，发动机转速越高上轴超前下轴角度越大，上轴和凸轮是一体的，凸轮上有跟发动机缸数相等的凸轮用于顶开断电臂，如图 3 - 3 所示的断电器结构，从而产生触点的开闭，控制初级线圈通断电。

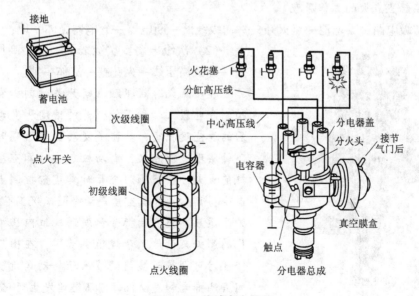

图 3 - 1　传统点火原理

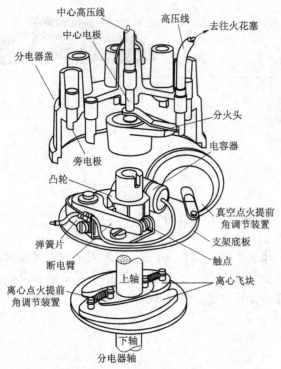

图 3-2 分电器构造（电容器多放在分电器壳体外部）

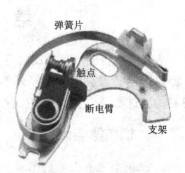

图 3-3 断电器结构

真空调节机构是个真空膜盒，膜盒上有根通往发动机节气门后的真空管，发动机节气门后真空度大时，膜盒拉杆拉动断电器支架逆时针转动，使断电臂提前被凸轮顶开，实现断电。电容器可以防止烧触点。

在点火线中感应出的电压经中心高压线至分火头，分火头转动时把高压电分至旁电极的分缸高压线，至火花塞，从缸体搭铁构成回路。

2. 机械触点点火的工作原理

（1）初级电路：蓄电池—点火开关—初级线圈—断电器—分电器壳体—地；

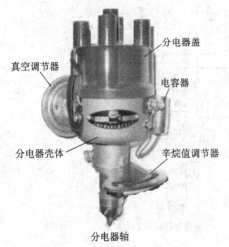

图 3-4 分电器壳体上的辛烷值调节器

（2）次级电路：次级线圈—中心高压线—分火头—分缸高压线—火花塞—缸体—地。

注：点火时刻即触点断开关时刻由发动机转速控制分电器上轴和下轴错开的角度和发动机节气门后的真空度决定，具体是发动机转速高时上轴超前下轴实现提前点火，发动机怠速时真空度大也实现提前点火，在节气门全开时真空盒控制点火角达到最小，离心角和真空角是两个随工况变化的动态角。为了适应不同汽油标号和发动机缸内压缩比发生变化的影响又设计了辛烷值调节器，在出厂或修理厂修理时可调节辛烷值调节器稍转动角度，以适应不同汽油标号和发动机缸内压缩比发生变化。

如图 3-4 所示为分电器壳体上的辛烷值调节

器。分电器壳体上的辛烷值调节器是个长条孔，用螺丝固定分电器在发动机缸体上，在调初始点火角时修理人员把油门踩到底，同时转动分电器，听发动机缸体内刚有点爆振声音时，用螺丝锁死分电器壳体即可。可见

传统点火提前角 = 辛烷值调整器确定的初始角 + 离心机构和真空机构确定的动态角

知识点滴：辛烷值调整器。分电器下面的调整螺丝松开后，允许转动分电器以适应不同的汽油，所以也叫辛烷值调整器。

知识点滴：发动机转速高，离心调节装置超前于其下部凸轮轴顶开白金触点，点火提前角提前。发动机进气管真空度大时，真空调节器拉动底板上的白金触点接近凸轮，点火角变大。

最明显的例子，在发动机空载急踩油门时，正时枪下的点火角变化为先减小后增大。在急踩油门时，空气质量轻，惯性小，迅速占领进气管，使进气管绝对压力上升，点火角变小，稍后一会儿，发动机转速上升后，使进气管绝对压力下降，点火角又向大方向变化，加之离心角变大，整体点火角也变大。

传统点火系统点火能量即初级线圈的充磁时间，也可通过调节支架在支架底板上的位置实现，但范围较窄，特别是多缸发动机可能提供的充磁时间不够。传统点火系也不能在发动机低速时实现初级线圈内电流的最大限制。

图 3 – 5 所示的是机械式点火提前角数字化后的脉谱图。

在怠速时，进气管真空度大，绝对压力小，即负荷小，真空角大，但发动机转速很低，两者决定的最后点火角较小。

发动机在部分负荷时，节气门开度小，发动机转速高，进气管真空度较大，点火角较大，加之发动机转速很高，离心角大，两者决定的最后点火角也最大。

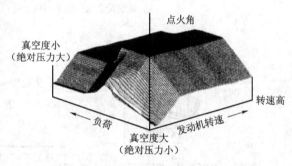

图 3 – 5 机械式点火提前角数字化后的脉谱图

发动机在上坡时，进气管真空度小，绝对压力大，真空角小，但发动机转速较高，两者决定的最后点火角较大。

二、电磁点火或霍尔点火

1. 结构

传统点火系有机械触点损坏较快，点火能量较低等诸多缺点。被后来出现了电磁点火或霍尔点火取代。电磁点火和霍尔点火是在分电器凸轮上把分电器内凸轮做成信号轮，信号轮轮齿或窗口个数与发动机缸数对应。当分电器转动时，信号轮扫描传感头产生磁脉冲信号或霍尔信号，信号给点火模块，点火模块控制末级功率晶体管控制初级线圈断开关完成点火。点火提前角由分电器内的离心机构和真空机构控制，也有辛烷值调节器。

在点火模块内增加了低速恒流控制、闭合角控制、停车初级线圈断电控制等。转速信号由霍尔信号提供给点火模块，以用于闭合角控制。恒流和停车断电保护是点火模块设计的一个功能。

磁脉冲式从分电器内分出两根线，要注意正负。霍尔式则分出三根线，出口管脚以 +、

0、－标定，分别为霍尔电源、信号输出和地。

图3－6 (a) 所示为磁感应点火传感头和信号轮和 (b) 化油器捷达点火模块。

图3－7 所示为磁感应点火系统的组成。

图3－8 所示为霍尔点火系统的组成。

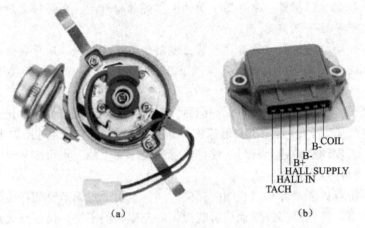

（a）   （b）

图3－6 磁感应点火传感头和信号轮和化油器捷达点火模块

（a）磁感应点火传感头和信号轮；（b）化油器捷达点火模块

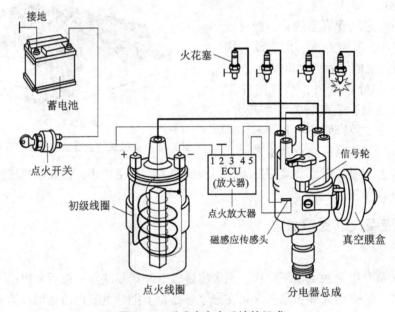

图3－7 磁感应点火系统的组成

2. 工作原理

1）磁感应点火系统的工作原理

首先考虑供电：点火开关向点火线圈和点火模块供电，磁感应传感器的传感头受分电器轴上的信号轮扫描，产生近似正弦的信号输出，点火模块接收信号后，控制内部末级三极管，末级三极管控制点火线圈负极端导通或截止。

磁感应点火系点火模块内虽增加了闭合角控制、恒流控制等，并大大提高了点火系统的

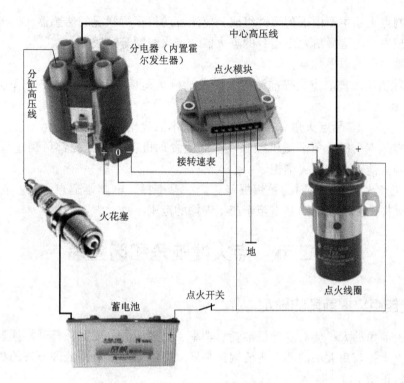

图 3 – 8　霍尔点火系统组成

性能，但磁感应点火系点火提前角仍采用真空和离心机械式点火提前机构进行控制，仍有辛烷值调整器。

2）霍尔点火系统的工作原理

首先考虑供电：点火开关向点火线圈和点火模块供电，霍尔传感器由点火模块供电，分电器轴转动，扫描霍尔传感器，信号由霍尔传感器 0 脚输出，点火模块接收霍尔信号后，控制内部末级三极管，末级三极管控制点火线圈负极端导通或截止。

霍尔点火系点火模块内虽增加了闭合角控制、恒流控制等，并大大提高了点火系统的性能，但霍尔点火根前角仍采用真空和离心机械式点火提前机构进行控制，仍有辛烷值调整器，其主要缺点为：

（1）点火提前角的控制不精确，考虑影响点火提前角的因素（如发动机水温）不全面。

（2）为了避免大负荷时的爆振，必然采用妥协方式降低点火提前角。

（3）仍脱离不开机械控制范围造成点火提前角脉谱图上山顶较平缓。

在 1997 年国内开始大量采用电控发动机控制的微机点火系统，截至 2001 年 9 月国内不再有霍尔点火系统。

以上内容都是点火系统的历史。

注：现代微机控制点火系统只是在点火正时控制上更加精确，闭合角控制、恒流控制、停车断电皆有。只是来自发动机电脑（微机）的信号控制点火模块。

微机控制的点火系统则能解决以上缺点。它除能随发动机转速控制初级线圈的通电时间外，还可以通过电子手段控制发动机各工况时的点火提前角，使发动机在功率、经济性、加速性和排放等方面达到最优。

微机控制点火系主要由下列元件组成：监测发动机运行状况的传感器；处理信号、发出指令的微处理机；响应微机发出指令的点火器、点火线圈等组成。

该点火系主要有以下优点：

（1）废除真空、离心点火提前装置，由发动机负荷信号和发动机转速信号代替控制基本点火角。

$$实际点火角 = 初始点火角 + 基本点火角 + 修正点火角$$

动态的实际点火提前角由微机控制，从而使发动机在各种工况都可最佳地调整点火时刻，而不影响其他范围的点火调整。

（2）修正点火角中最主要的是爆振修正。一旦爆振，电脑推迟点火角，它保证在各种工况下将点火提前到发动机刚好不至于产生爆振的范围。

第二节　点火提前角和闭合角

一、最佳点火提前角的确定

因点火提前角的大小会对发动机油耗、功率、排放污染、爆振、行驶特性等产生较大影响；而影响点火提前角大小的两个主要因素是发动机的转速和负荷，即原来的离心角和真空角，其他为修正量。

根据汽车实际运行状况及不同工况的各种要求，在实验室中将获得各种工况下的最佳点火提前角，数据写在微机的存储器中。

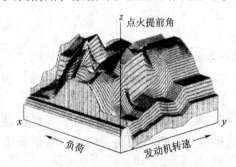

图3-9　标准的三维点火特性曲线图

例如，在怠速时，最佳点火提前角就是使有害气体排放量最低，运转平稳和油耗最小的点火提前角；而在部分负荷范围，主要要求提高行驶特性和降低油耗；而在大负荷工况，重点是提高最大扭矩，避免产生爆振。

图3-9所示的是存于存储器中标准的三维点火特性曲线图。图中三个轴分别代表发动机转速、负荷和点火提前角。如已知转速和负荷，就可以从图中z轴找出相应的最佳点火提前角，即z轴方向的高度。

知识点滴：发动机的真空度为负荷，若车有进气歧管压力传感器，则负荷由压力传感器确定。若有空气流量计，则由空气流量计确定。根据空燃比公式，进气量可以推出基本喷油量，所以也用基本喷油时间代表负荷。

但是基本点火提前角不能直接用作点火提前角。如果直接用这个角，与传统的真空和离心机构确定的点火提前角就没什么分别了。基本点火提前角从存储器中取出后，实际点火角的确定依据厂家不同，其控制方法也不相同，不过仅是在图3-9上稍有变化；若要感觉点火提前角规律，则参见图3-9。

下面分别以丰田汽车电控点火系统为例，讲述其实际点火提前角的控制规律。

丰田汽车依据为

$$实际点火提前角 = 原始设定点火提前角 + 基本点火提前角 + 修正点火提前角$$

1. 原始设定点火提前角

其也称为固定点火提前角，其值为上止点前10°。

对于丰田汽车的发动机，实际点火提前角为直接使用固定点火提前角，而不用再加基本点火提前角和修正点火提前角。

2. 基本点火提前角

基本点火提前角存储在微机的存储器（ROM）中。它分为怠速的基本点火提前角和平常行驶时的基本点火提前角两种。

怠速的基本点火提前角是指，节气门位置传感器的怠速触点闭合时的基本点火提前角。其值又根据空调是否工作而略有不同，空调工作时其基本点火提前角为8°，不工作时其值为4°。也就是在同样怠速运转时，空调工作时，其实际点火提前角将从上止点前14°增加到18°，以防因空调负荷使发动机运转不稳。

平常行驶的基本点火提前角是指，节气门位置传感器怠速触点打开时的基本点火提前角。其值是微机根据发动机的转速和负荷（用进气量表示），从微机的 ROM 中进行查表，选出最佳点火提前角。

3. 修正点火提前角

原始设定点火提前角加上基本点火提前角所得的点火提前角，必须根据相关因素加以修正。修正的点火提前角具有暖机和稳定怠速两种点火提前特性，分述如下：

（1）暖机点火提前是指在节气门位置传感器怠速触点闭合时，微机根据发动机冷却水温进行修正点火提前角。当冷却水温较低时，必须增大点火提前角，以促使发动机尽快暖机。

（2）为了使怠速稳定运转，如开空调或转向时，微机可增大点火角。

点火提前角的修正值除上述暖机修正和怠速稳定性修正外，其他点火提前角的修正信号还包括空燃比反馈修正和爆振修正。

（1）空燃比反馈修正。装有氧传感器的电子控制燃油喷射系统，微机根据氧传感器的反馈信号对空燃比进行修正。随着修正喷油量的增加和减少，发动机的转速在一定范围内波动。为了提高发动机转速的稳定性，在反馈修正油量减少时，点火提前角应适当地增加。

（2）爆振修正。爆振修正如图 3－10 所示，在通过曲轴和凸轮轴位置传感器及爆振传感器确定某缸爆振后，实际点火提前角会快速推迟，不爆振时再缓慢提前。读数据流观察点火推迟角，点火提前角有推迟说明爆振传感器的信号传给电脑后正在进行爆振修正。

发动机实际点火提前角就是上述三项点火提前角之和。发动机每旋转一周后，微机就可计算并输出一次点火提前角的调整数据，因此当传感器测出发动机的转速和负荷有变化时，微机就使点火提前角做出相应的改变或称为刷新。但当微机计算出的实际点火提前角超过最大或最小点火提前角的允许值时，则微机以最大或最小点火提前角的允许值进行调整。其他车系的点火提前角确定参考尼桑和丰田车系即可。

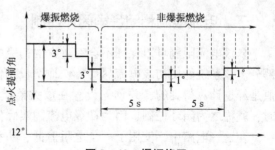

图 3－10 爆振修正

如图 3-11 所示为最佳点火设置的逻辑选择流程图。

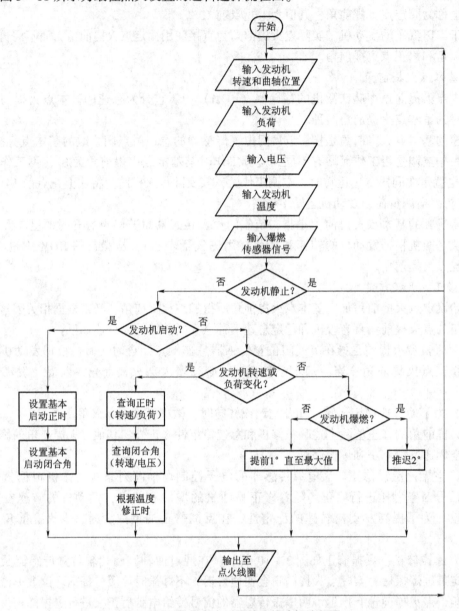

图 3-11　最佳点火设置的逻辑选择流程图

二、电流限制和闭合角闭环控制

初级电流限制可以保证不会有过大的初级电流损坏系统，同时它也是恒定能量系统的一部分。该系统能使初级电流尽可能快地增长到预设的最大值，然后保持这一数值。这一电流值是经过计算得到的，并预先设置在放大器模块中。当这一技术和闭合角控制结合在一起时，就称之为闭环控制，因为初级电流的实际值被反馈到了电路的控制级。

在这一电路中，使用了一个电阻值低、功率值精度高的电阻器，该电阻器与功率晶体管以及点火线圈串联。有一个电压传感电路跨接在这一电阻器上，可以获取预设电压（与电流成正比），这将使输出级保持电流值不变。图 3 - 12 所示为闭合角闭环控制系统的框图。

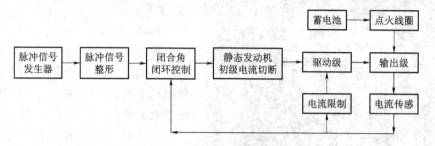

图 3 - 12　闭合角闭环控制系统

静态发动机初级电流切断电路在点火开关接通但发动机不工作时起作用，通常由一个简单的定时电路就可以达到这一目的，这种定时电路会在 1 s 后自动切断输出级电流。

闭合角的控制即点火线圈初级大功率晶体管导通时间的控制方法。有的车系是点火模块根据电源电压，从点火模块内存储器中查得导通时间。发动机运转时转速越高，发电电压在调节范围内越高，所以电压可以反映发动机转速。这样设计是考虑发动机转速和初级线圈的电感抗都与电瓶电压有关系，可简化设计。

第三节　微机控制点火系

我们以大众捷达控制点火的方法为例，其他发动机控制方式相同。发动机要控制点火正时，首先得先知道在此工况下点火提前角应用多大为最佳，比如说是 30°；其次要在点火角之前由凸轮轴位置传感器产生一个比点火角大的上止点前 72°信号；最后要利用曲轴转速计算出在此速度下，曲轴转动 1°曲轴转角需要多少计算机内部时间，由 72 - 30 = 42，推出当微机收到 72°后，再等 42 个计算机时间即可点火。

下面以大众车型的例子说明点火时刻控制。如图 3 - 13 所示为点火时刻控制图。电脑的工作步骤如下：

第一步：确定点火提前角。在某种运转状态下，电脑综合发动机转速信号（决定离心点火提前角）、发动机负荷信号（决定真空点火提前角）、从存储器中选出最适当的点火提前角，这个点火提前角称为基本点火提前角，这个基本点火角经其他如发动机水温、节气门怠速开关状态、氧传感器的反馈信号、外加负荷如空调介入、动力转向介入、挂挡介入、用电器负荷介入等修正信号修正。如果有爆振发生，最后还要经过爆振传感器确定的爆振推迟角修正，假设最后这个工况最佳点火提前角为 30°。

第二步：确定压缩上止点前 72°信号。由于点火在压缩上止点前发生，所以凸轮轴向电脑反映 1 缸压缩上止点前 72°的信号出现的时刻必须要比点火提前角要早。

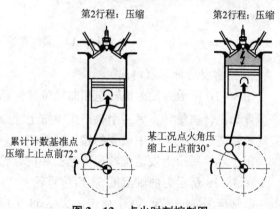

图 3 - 13　点火时刻控制图

图3-14　凸轮轴位置传感器 G_{40} 位置

注：曲轴是不能产生压缩上止点前72°信号的。

1998 年以来，一汽大众生产的大众电喷车直接采用无分电器点火系统，大众无分电器的点火系统分为双缸同时点火式和单缸独立点火式两种方式，捷达为双缸同时点火方式。

1. 1 缸压缩上止点前72°信号

图3-14 所示为凸轮轴位置传感器 G_{40} 位置。凸轮轴和进气门、排气门所处的位置关系是确定的，且由曲轴转两周，凸轮轴转一周的特点，凸轮轴信号轮位置信号可确定 1 缸压缩上止点提前角72°信号，设计上，信号轮安装在凸轮轴上；当活塞位于压缩上止点前72°时，信号轮扫描霍尔传感头即可。

图3-15 所示为霍尔传感器 G_{40} 的工作原理。霍尔式传感器 G_{40} 由电脑供电，随凸轮轴一起旋转的触发轮控制触发三极管，从而拉低电脑内高电位。具体地说，三极管不导通时，信号线为高电位（根据电脑内电源高低而定），一旦饱和，导通信号线则为低电位。高低电位变换反映凸轮轴位置。

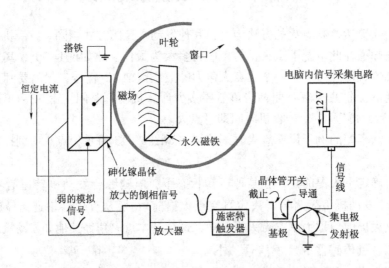

图3-15　霍尔传感器 G_{40} 的工作原理

2. 1°需要的计算机时间

图3-16 所示为发动机转速和曲轴位置传感器 G_{28} 位置，G_{28} 传感器有两个作用：一个是产生发动机转速信号，另一个是产生 1 缸上止点前72°（不是 1 缸压缩上止点前72°信号）。发动机转速是电控系统中重要的输入变量之一。

图3-17 所示为发动机转速传感器和信号轮。

图3-18 所示为曲轴上的 58 齿信号轮。

曲轴信号轮一周有 60 个齿位，实际 58 个齿，微机采集到的每个齿形的正向波形或负向波形均代表曲轴转过3°（60×6°=360°），经转化变成曲轴转1°需要的计算机时间，称为1°时间。如72-30=42，计算机延时42个1°时间开始点火。

曲轴信号轮少两齿部分会在1缸上止点前72°扫过G_{28}，因缺口较大，会产生突变信号。

图3-16 发动机转速和曲轴位置传感器G_{28}位置

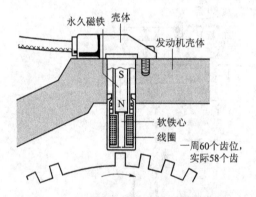

图3-17 发动机转速传感器和信号轮

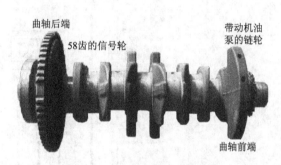

图3-18 曲轴上的58齿信号轮

3. G_{40}和G_{28}信号相位关系

如图3-19所示为凸轮轴和曲轴信号的波形与点火对应关系（4缸机）。

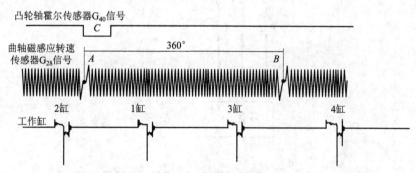

图3-19 凸轮轴和曲轴信号的波形与点火对应关系（4缸机）

G_{40}和G_{28}信号的波形。

在G_{40}和G_{28}信号重合时为1缸压缩上止点前72°。事实上，单独G_{40}信号出现就确定了1缸压缩上止前72°，因此G_{28}信号单独出现时确定4缸压缩上止点前72°，这一点很重要。

注：如果点火系统采用分电器点火，分电器中的分火头将自动指向对应的汽缸，ECU不需要曲轴的位置信息。只需要凸轮轴位置和曲轴转速即可。

4. 双缸同时点火方式

图3-20所示为捷达双缸同时点火系统电路示意图。

图3-21所示为双缸同时点火系统点火线圈和点火模块。

图3-22所示为点火模块和点火线圈的内部连接。

图3-23所示为点火模块和点火线圈内部示意图。

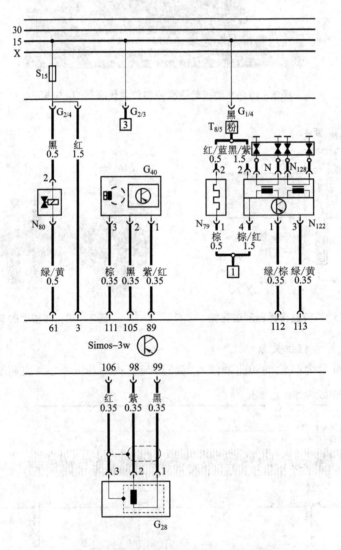

图3-20　捷达双缸同时点火系统电路示意图

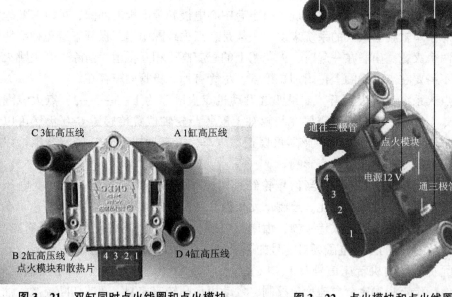

C 3缸高压线　　　　　　A 1缸高压线

B 2缸高压线
点火模块和散热片　　　　4 3 2 1　　D 4缸高压线

图 3 - 21　双缸同时点火线圈和点火模块

次级线圈　　初级线圈　　初级线圈　　次级线圈

通往三极管
点火模块
4
3　　　　电源12 V　　通三极管
2
1

图 3 - 22　点火模块和点火线圈的内部连接

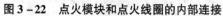

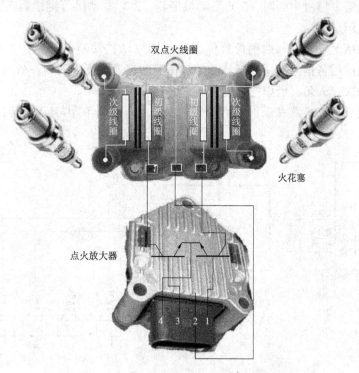

双点火线圈

次级线圈　初级线圈　　初级线圈　次级线圈

火花塞

点火放大器

4 3 2 1

图 3 - 23　点火模块和点火线圈内部示意图

双缸同时点火线圈和点火模块。两个汽缸合用一个点火线圈，即一个点火线圈有两个高压输出端，分别与一个火花塞相连，负责对两个汽缸点火。汽缸配对选择时，应注意当一个汽缸处于压缩行程时，另一个汽缸应为排气行程。因为必须确保在排气行程中所产生的点火火花，既不点燃要排出的残余废气，也不点燃刚要进来的新鲜的混合气，所以双缸同时点火的缺点是对点火提前角调整的范围有一定的限制。

当初级电流接通时，次级线圈中会感应出 $1 \sim 2$ kV 系统并不需要的电压，它的极性与点火高压的极性相反。对于分电器点火系统，由于有中心电极和旁电极的间隙，可以有效地消除这种现象。对于单缸独立点火的系统来说，一般是在点火线圈中串二极管来避免初级线圈通电跳火。当两个火花塞串联在一起时，火花塞上的感应高压相互抵消，消除了开关跳火现象，所以可以不需要在点火线圈上再附加二极管，尽管有加二极管的车存在。

双缸同时点火系统就点火而言，如果四缸发动机点火顺序为 1—3—3—2，点火线圈配缸 1、3 缸和 2、4 缸为一组，则不需要在凸轮轴上安装凸轮轴位置传感器 G40 仍然可以点火。例如捷达，不着车时拔下 G40 传感器可以正常点车，着车后拔下 G40 传感器也可以正常着车，但爆振控制和喷油控制会有影响。

曲轴上信号轮扫描 G_{28} 传感头，当信号轮经过感应式传感器时，产生一个交变电压信号，其频率随发动机转速变化而变化。控制单元根据交变电压的频率识别发动机转速。在汽车的很多测速系统中都使用感应式传感器，齿圈与传感头间隙、齿圈材质等对信号有影响。G_{28} 有静电屏蔽线，可减弱外界电磁场对信号的影响。

为控制单元提供发动机转速信号及 1、4 缸上止点前 72° 参考点信号，确定喷油时间、确定点火时刻、确定点火顺序、怠速稳定控制、发动机最高转速控制、超速切断控制、油泵继电器接合控制等。信号中断时，5 V 发动机停转，2 V 发动机可继续运转，但动力性受到影响，发动机发闷。

在一些紧急情况下，例如曲轴位置传感器（即发动机转速传感器）失效后，将凸轮轴的信号作为系统的后备信号使用。但是凸轮轴信号的精度太低，因为作备用信号使用后，曲轴两周才刷新一次点火角，所以它只能暂时代替曲轴位置信号。

注：点火模块也可集成在微机里，例如国内的江铃全顺用 4G64 发动机，图 3-24 所示为微机内置点火模块。

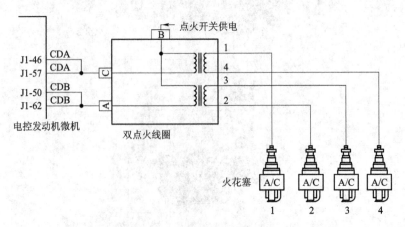

图 3-24 微机内置点火模块

一、分电器点火系统

尼桑车系包括公爵、光荣、蓝鸟、阳光，以及国内红旗世纪星引进的尼桑发动机等。这种车有一个分电器，只需在分电器内取信号即可。

知识点滴：带分电器的点火系统由于电脑不需要知道高压火分给谁，所以只在凸轮轴上加装信号轮即可。

如图 3－25 所示，日产公司的四缸发动机光电式曲轴位置传感器设置在分电器内，它由信号发生器和带光孔的信号盘组成，信号盘安装在分电器轴上，其上外围有 360 条缝隙（光孔），产生 1°信号；外围稍靠内间隔 90°分布着 4 个光孔，产生 180°（曲轴转角）信号，其中有一个较宽的光孔是产生一缸上止点对应的 180°信号，而其余的对 3、4、2 缸的上止点对应 180°信号。

信号发生器固装在分电器壳体上，主要由两只发光二极管、两只光敏二极管和波形电路组成。两只发光二极管分别正对着两只光敏二极管，发光二极管以光敏二极管为照射目标。信号盘位于发光二极管和光敏二极管之间，当信号盘随发动机曲轴运转时，因信号盘上有光孔，则产生透光和遮光的交替变化，造成信号发生器输出表征曲轴位置和转角的脉冲信号。

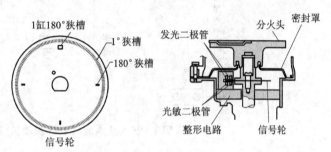

图 3－25　四缸发动机信号盘结构和信号发生器的布置

当发光二极管的光束照射到光敏二极管上时，光敏二极管感光产生电压；当发光二极管的光束被遮挡时，光敏二极管产生电压为零。将光敏二极管产生的脉冲电压送至波形电路放大整形后，六缸发动机即向电脑输送曲轴转角的 1°信号和 180°信号。因信号发生器安装位置的关系，180°信号在活塞上止点前 70°输出。发动机每转两圈，分电器轴转一圈，则 1°信号发生器输出 360 个脉冲，共表征曲轴转角 720°。

尼桑车系的 1°信号非常准确，点火基准信号输入电脑后，电脑只要数 1°信号的高低电位个数即可。图 3－26 所示为尼桑蓝鸟 U13 发动机点火系统电路。

国内典型尼桑电喷系统见后部电路图资料。这里以四缸发动机 U13 为例，国内与此原理相同的有红旗世纪星 4、6 缸 VG20 发动机，公爵、光荣也与 VG20 发动机原理基本相同。

如图 3－26 所示为启动时的转速信号触发电脑 4 脚内部搭铁，ECCS 主继电器向电脑 38、47 脚供电，同时向分电器供电，电脑 39 脚是传感器搭铁，22、30 与 31、40 分别为判缸信号和 1°信号。点火开关供电加到电脑 36 脚，同时给点火线圈供电，电容是防止点火线圈的电磁场，干扰无线电系统，影响接收效果。电脑的 1 脚在判缸信号和 1°信号控制下控制功率晶体管，电脑的 107、108、116、6、13 为搭铁。电脑通过 3 脚判断在 1 脚触发三极管后，若三极管可靠地开或关，3 脚的电位会与 1 脚对应变化，电脑通过这种对应变化来判断点火放大器的好坏。电阻只是限流作用。值得注意的是，这种车没有点火模块，只有点火放大器。

带分电器的点火系统由于分电器拆装后，信号轮和传感头之间的位置发生变化，所以要通过正时枪在怠速检测点火提前角的正确性。不正确时，可以转动分电器壳，直到正时为怠速点火提前角 10°～12°。

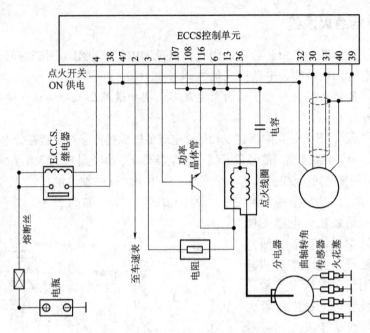

图 3-26　尼桑蓝鸟 U13 发动机点火系统电路

二、丰田车分电器点火系统

5A-FE 发动机是基于 8A-FE 发动机基础上把排量由 1.3 L 加大到 1.5 L 的四气门、双顶置凸轮轴发动机，与 8A-FE 相比只是增大了缸的行程。图 3-27 所示为分电器和点火模块的位置。

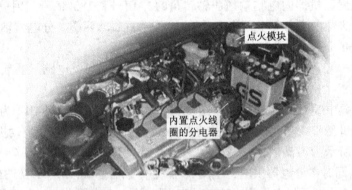

图 3-27　分电器和点火模块的位置

丰田 5A-FE 发动机和 8A-FE 发动机仍保留传统的分电器点火系统。在分电器内部，分电器轴上信号轮 G 转子产生基准信号；曲轴上的信号轮有 36 个齿位，实际上只有 34 个齿。36 个齿位代表曲轴 360°，每个齿代表 10°。图 3-28 所示为丰田 5A/8A-FE 发动机分电器和发动机曲轴位置传感器位置。

点火系统的工作过程：发动机电脑从分电器内接收 G 信号，同时从曲轴信号轮上接收转速和曲轴位置信号。通过 IGT 引脚触发点火器内的波形变换电路，控制功率管的导通和截止，从而控制初级线圈的通断，在次级产生高压经高压输出端至分电器盖内，到达分火头顶部，分火头的转动把高压火分至各个工作缸。

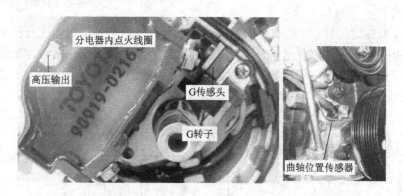

图 3-28　5A/8A-FE 发动机分电器内的 G 信号和曲轴传感器
(a) 分电器的 G 信号；(b) 曲轴传感器

点火模块（点火器）内的恒流控制电路。一方面，通过监测恒流电阻上的电压降控制功率管的导通角，即使初级点火线圈能提供足够的点火能量，又能防止初级线圈过热。另一方面，当功率管损坏或初级线路有故障及功率管不能导通和截止时，恒流控制电路通过失效保护电路把初级线圈不能正常导通和截止的信号反馈给电脑。图 3-29 所示为丰田 5A/8A-FE 发动机点火系统框图。

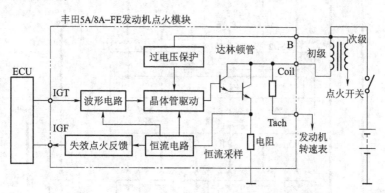

图 3-29　丰田 5A/8A-FE 发动机点火系统框图

丰田车的很多重要电子元件板的管脚采用英文缩写，以便于记忆。如 B = Battery 电瓶；C = Coil 线圈；IGF = Ignition Feedback 点火反馈、F = Feedback 点火反馈、EXT = EX 输出、T = Tachometer 发动机转速表；G = 凸轮轴位置信号；IGT = Ignition Trigger 点火触发、T = trigger 点火触发信号；NE = N 代表转速、E = Engine 发动机。图 3-30 所示为丰田点火器上的英文缩写。

注：点火器位于发动机舱右侧，减振器附近，点火器外壳搭铁，易发生搭铁不良故障。

图 3-30　丰田点火器上的英文缩写

三、其他点火系统举例

1. 双进气凸轮轴双缸同时点火

奥迪2.4 APS发动机、2.8 ATX发动机及6缸和6缸以上发动机，大众都采用V型或W型发动机，由于大众五气门技术，这样使V型发动机必须由四根凸轮轴才能完成配气。为保证喷油顺序和爆振控制正确及配气正时错位监测，须安装两个凸轮轴位置传感器，一个是G40，另一个是G163。图3-31所示为奥迪2.4 APS发动机点火系统。

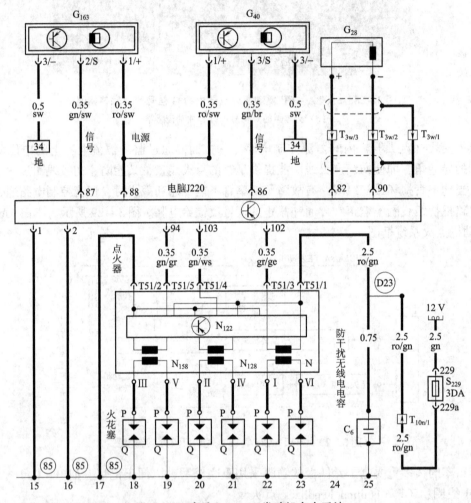

图3-31 奥迪2.4 APS发动机点火系统

如果V型6缸发动机点火顺序1—5—3—6—2—4，点火线圈配缸1、6和2、5及3、4缸为一组，则不需要在凸轮轴上安装凸轮轴位置传感器G40仍然可以点火。不着车时拔下G40传感器可以正常点火，而着车时拔下G40传感器也可以正常点火。但对爆振控制和喷油控制及配气正时错位监测会有影响。

如果右列为1、2、3缸，左列为4、5、6缸的V型6缸发动机，即汽缸序列不是按曲轴从第一道轴颈为第一缸，第二道轴颈为第二缸这样的顺序排序。点火顺序1—2—5—6—3—3或1—3—5—6—2—3，点火线圈配缸1、6和2、4及3、5缸为一组。若不着车时拔下

G40 传感器，则不点火；而着车时拔下 G40 传感器则可以正常点火。但对爆振控制和喷油控制及配气正时错位监测会有影响。

2. 单缸独立点火方式奥迪 1.8T AWL

单独点火方式指每个汽缸的火花塞上配用一个点火线圈，单独对本缸进行点火。

此点火方式是德国 Bosch 公司于 1983 年开发并采用。这种点火方式特别适合在四气门、五气门（每个汽缸有两三个进气门，两个排气门）发动机上配用。这种单独点火方式突出的优点是：

（1）无机械分电器和高压导线，因而能量传导损失、漏电损失小，机械磨损或破坏的机会均减少，加之各缸的点火线圈和火花塞均由金属罩包覆，其电磁干扰大大减小。

（2）采用了与汽缸数相同的特制的点火线圈，该点火线圈的时间常数比传统的点火线圈小，因而线圈充电时间极短，能在高达 9 000 r/min 的宽广转速范围内，提供足够的点火能量和高电压。

（3）无机械分电器，又恰当地将点火线圈安装在双凸轮轴的中间，充分利用了有限空间，因而节省了发动机周围的安装空间，这对小轿车发动机室的合理布置有着特别重要的意义。

点火线圈由一块铁芯构成，形成一个封闭的磁回路，并且有一个塑料外壳。在壳体内，初级绕组直接安装在铁芯上的绕线管上，其外部缠有次级绕组。为了提高抗击穿能力，将绕组制成盘式或盒式（图 3 - 32）。为使两级绕组之间以及绕组同铁芯之间实现有效绝缘，壳体内灌满环氧树脂。这种设计形式可与各个应用机型相匹配。

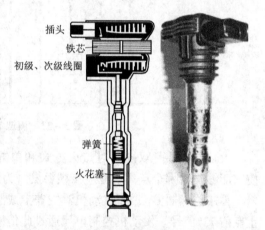

点火放大器由控制线圈初级电流的多级功率管所组成，用来替代传统点火系中的断电器。此外，点火放大器也承担着限制初级电流和初级电压的责任。限制初级电压是为了防止次级绕组中的电压过高，而这种高压会损坏电路中

图 3 - 32　奥迪 1.8T 的点火线圈和点火放大器点火线圈

的部件。限制初级电流的目的是为了使点火系统的能量输出保持在规定的水平。点火放大器可以是内部式（作为控制单元内部的一部分）或外部式（位于控制单元之外）。

由于增压发动机压缩终了的汽缸压力较高，放电较为困难，因此所需击穿电压较高，导致实际中点火线圈损坏的几率很高。图 3 - 33 所示为奥迪 1.8T 发动机点火系统。

知识点滴：单缸独立点火系统的次级线圈电阻还可以测量，而初级线圈电阻则不能测量。取消了高压线使点火系统的次线点火电压示波工作必须用专用感应元件，夹高压线的感应钳已不能用于单缸独立点火系统。

单缸独立点火系统中每个汽缸安装一个线圈和一只放大器，由控制单元按点火次序触发。这种分电器系统可以灵活安装，并用于任何缸数的发动机上，而且它在点火提前角的调整方面也没有任何限制。但是必须注意的问题是，这种形式的分电器必须安装同步装置，同步信号由凸轮轴传感器 G40 产生。

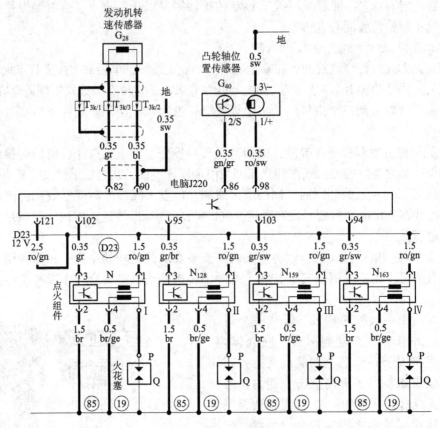

图 3 – 33　奥迪 1.8T 发动机点火系统

　　大众点火系是双缸同时点火方式和单缸独立点火方式，需要提供更多的信息给 ECU，使它能够确定哪个点火线圈应该被触发。为此，系统必须获得凸轮轴的位置信息。

　　霍尔传感器 G_{40} 位于发动机汽缸盖上或凸轮轴正时齿轮的后侧，采集发动机 1 缸压缩上止点前 72°信号。发动机控制单元通过此传感器判别 1 缸在压缩行程。确定爆振所在缸、确定喷油顺序。信号中断后不能识别爆振所在缸，发动机爆振控制从单独调节变为控制模式，即点火提前角均向后推迟约15°。齿形皮带错齿，记忆为传感器有故障。凸轮轴位置传感器 G40 位置见图 3 – 29。

　　顺序喷油和单缸独立点火的道理相同，它们都需要确定哪个汽缸的喷油嘴应通电喷射和哪个汽缸的火花塞要点火。所以凸轮轴的位置必须被监测，才能确定喷射和单缸独立点火顺序。

　　注：奥迪1.8T的点火线圈和点火模块做成了一体，只要微机给个微弱的驱动信号即可。下面再给一个有单独的点火模块的直接点火系统。如图 3 – 34 所示，点火模块内有四个放大器，分别对应四个点火线圈，四个点火线圈分别对应四个缸，图为了清楚，只画了一个缸的信号线和一个缸的点火线圈。二极管是防止晶体管放大器在导通时造成缸内点火。

　　3. 带正时偏差的单缸双火花塞系统

　　奔驰（Mercedes. Benz）公司在发动机上使用的 EI 系统中，为进一步优化尾气排放、发动机工作安静平顺、热功释放充分，在发动机转速小于 2 000 r/min 的低部分负荷用两个火花塞同时点火，在中间部分负荷到高负荷两个火花塞的点火正时可相差点 10° 曲轴转角。

如图 3-35 所示为单缸双火花塞系统。奔驰 M112/M113 发动机每个汽缸有一套点火线圈，每套点火线圈有两个独立的点火线圈（包含两个初级线圈和两个次级线圈）、两个火花塞，点火线圈安装在摇臂罩盖上，用一根短的高压线和火花塞相连。当点火开关位于 RUN 和 START 的位置时，两个初级绕组全供电，由电脑控制初级绕组先断电。两个独立的次级绕组和火花塞相连，汽缸中的两个火花塞分别被称为 A 火花塞和 B 火花塞，独立的点火线圈能够保证发动机的高速性能和对各个汽缸的单独控制。

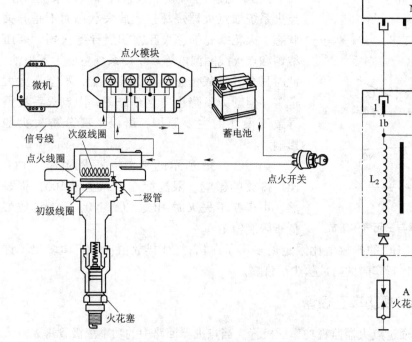

图 3-34 有单独的点火模块的直接点火系统

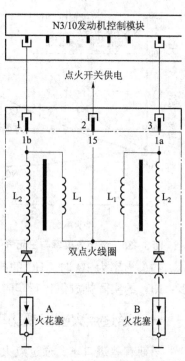

图 3-35 单缸双火花塞系统

双火花塞系统能够保证燃烧更完全，特别是能保证汽缸壁附近的燃烧，有利于减少污染排放。这个系统在混合气被 EGR 气体稀释后，还能保证可靠。在发动机中等负荷和大负荷工况下，两个火花塞的点火时间略有差距，以防止汽缸压力升高太快，产生爆燃燃烧。两个火花塞的点火时间差距在 0° ~ 10° 曲轴转角内。为了防止一个火花塞比另一个火花塞磨损快，两个火花塞轮流领先点火，首先 A 火花塞先点火—B 火花塞先点火—B—A—A—B—A，等等。

第四节 汽缸不做功的判断

缸内在不喷油、不点火、气门关闭不严等情况下不能正常做功，这样的故障在汽车上危害很大，所以有必要判断出哪缸不做功，一旦判断出哪缸不做功，则可以不停止点火，但要停止这个缸的喷油。停止喷油可以防止未燃的混合气进入排气系统，造成排气管放炮、烧坏三元催化器造成堵塞、烧坏氧传感器；防止未燃汽油沿活塞进入油底稀释机油造成拉缸；防止因发动机动力不足造成司机进一步加大油门使油耗升高、发动机高温开锅、变速器油温过高等。所以非常有必要判断不做功或不正常做功的汽缸。

知识点滴： 发动机动力不足时。一方面，司机本能会加大油门，以弥补动力不足，即节气门开大了，但实际上发动机转速并不高，进气管内压力高，压力传感器误认为进气量多，自动加大喷油量。另一方面，由于不做功缸不消耗氧气，氧气直接进入排气管内与一部分汽油在排气管内发生氧化反应，即放炮，但氧气仍剩余较多，导致氧传感器误认为混合气稀，信号传给电脑后，电脑加大喷油量，以致混合气更浓，直到氧传感器达到调整上限 +25%，即增加 +25% 的喷油量。

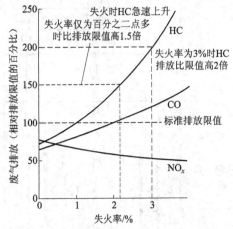

图 3－36　燃烧失火率与三元气体排放

汽缸不做功主要由点火系统和喷油系统引起。点火系统如点火器烧坏进入放大状态而不是开关状态、火花塞烧损、火花塞积炭导致火弱、高压线帽和点火线圈漏电等。喷油系统主要为不喷油，此时只会发生氧传感器加大喷油量，不会有太大危害，但动力下降也应立刻修理。因点火系统是导致不做功的主要原因，所以主要分析失火的影响。

如图 3－36 所示的是燃烧失火对 HC、CO、NO_x 排放的影响。限制标准为纵坐标 100，很显然，本车在不失火时 HC、CO、NO_x 三者排放都低于限制值 100。

在失火率为 3% 时，HC 的排放值比限定值多出了一倍；CO 排放值比限定值多出了许多；NO_x 的实际排放值比新车时的排放值少了许多。

一、通过点火器监视功率三极管

早期有些进口车，通过点火器监视功率三极管。当点火器回路中的功率三极管进入放大状态不能正常截止时，点火器内的点火监视电路得不到功率三极管交替导通和截止的信号。如果 ECU 得不到点火器的反馈信号（IGF），ECU 判定点火系统则发生故障。此时 ECU 立即采取措施，使喷油器停止喷射燃油。图 3－29 所示的丰田点火器反馈的信号监视功率三极管。

如果由于某种原因，偶尔出现一次"不正常"信号，诊断系统并不判定为故障。一般"不正常"信号必须持续一段时间。例如，电脑 6 次以上通过 IGT 触发点火器，点火器连续 6 次没有 IGF 信号输入 ECU，才判定为故障。

初级点火反馈技术只能确定初级三极管造成不点火的故障，这种故障更换点火器即可。初级点火反馈技术在"初级"正常通断时，由于高压线断路或漏电、火花塞漏电或积炭、点火线圈开裂或断路等就不能确定"次级"是否真正在汽缸内点火，更谈不上其他因素，如喷油嘴不喷油、气门关闭不严等造成的缸内不做功。

二、检测曲轴转速的变动确定汽缸做功情况

汽缸不做功必定伴随着短时间的转矩下降，其结果是曲轴转速的下降。早期监测曲轴转

速微小变化是很困难的，因为在发动机高转速、低负荷时，不做功仅使相邻两次点火间隔延长 0.2% 。因此电脑硬件的速度和电脑软件的计算必须极其精确，才能确定不做功汽缸。现在中高档轿车的管理系统的故障监测功能相当强大，确定不做功汽缸已不是难事。图 3 – 37 所示为缸内不做功的监测方法。

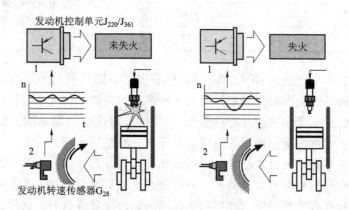

图 3 – 37　缸内不做功监测方法

知识点滴：汽缸做功稍差时，电脑是不能判定为不做功故障的，主要是没有这个必要。不做功识别和初级电路三极管通断监测是完全不同的，不要弄混。

同检测爆振缸的道理一样，检测曲轴转速的变动所在相位确定不做功汽缸的位置。在图 3 – 38 中，3 缸不点火或不喷油及 CD 时间延长时，电脑判定为 3 缸失火，开始对 3 缸进行断油控制。

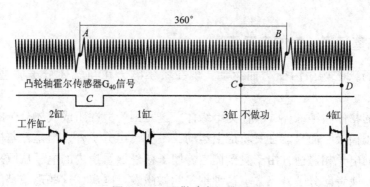

图 3 – 38　不做功汽缸的识别

知识点滴：实际电脑内存储 3 缸不做功故障码时，可能是 3 缸点火故障，也可能是 3 缸喷油嘴堵塞不喷油造成。

三、汽缸不做功的故障

因实际中不做功多为失火引起，所以不做功也称失火故障。

大众发动机转速传感器 G_{28} 把转速变化情况传给发动机电脑 J_{220}/J_{361} （BOSCH 产品 J_{220}、SIMOS 产品为 J_{361}）。假设电脑根据 G_{28} 和 G_{40} 判定 3 缸点火后发生转速变化，则判定为 3 缸发生失火故障。例如，表 3 – 1 列出了一汽大众 GOLF A4 发动机失火识别的故障码。

表3-1 一汽大众 GOLF A4 发动机失火识别的故障码

故 障 代 码	故 障（部件）描 述	故 障 排 除
16685	1 缸失火识别	检查高压线及火花塞； 检查点火线圈； 用 03 功能检查各缸喷嘴
16686	2 缸失火识别	
16687	3 缸失火识别	
16688	4 缸失火识别	

从表中可以看出一汽大众 GOLF A4 发动机有失火识别功能。一旦出现某缸不做功，发动机电脑通过转速变化情况会立刻监测到失火的汽缸，同时把失火汽缸的故障码存储起来。

故障排除中已指出能用执行元件诊断 03 功能检查对应缸的喷油嘴，最好在喷油嘴上接二极管，应闪亮；也可用穿心螺丝刀听喷油器开启的电磁异响声。

知识点滴：并不是每一台发动机的管理系统都有这样的功能。大家若想知道哪款车有这样的功能，可以看修理资料的故障码表，若有失火识别故障码，则本车的管理系统软件就有失火识别功能。知道有这项功能，就可以根据此功能的故障存储判断故障，使判断更准确。

知识点滴：对于没有失火识别功能的发动机管理系统，我们可借助火花塞判断。但在一个缸一个缸的排除过程中很浪费时间，所以可用激光测温仪直接打在排气歧管上，不做功缸歧管的温度比做功缸要低得多，也可打在火花塞根部，不做功缸火花塞的温度比做功缸要低，此法可节省时间。

第五节 火 花 塞

一、火花塞间混合气的电子行为

电子在电场或磁场中因受力而运动，现在考察电子在与气体分子碰撞时产生的物理行为。

不能导电的物体叫绝缘体，气体为绝缘体。这是因为，在组成气体分子的原子中，电子受到很强的原子核吸引而只能在其轨道上运动，不能飞出分子外。但是，若构成气体的原子与被电场加速的电子相碰撞，由于受到撞击，原子核外层轨道内的电子从原来的轨道移到其他轨道上运动，或者向分子外飞去。这种现象叫做激发及电离，这些现象是使原子发光或使气体能够导电的原因。

在失去电子之前，原子核的正电核和电子的负电荷相平衡处于电中和状态，因电离失去电子的原子或分子，由于失去负电荷而正电荷占优势，带上正电，称为阳离子。也就是说，原子或分子一旦电离，就产生新的电子和阳离子。

气体由无数分子组成，给气体加强电场加速电子，汹涌的电子与分子碰撞，被撞击的气体分子因电离飞出新的电子，这些电子也被加速而使别的气体分子电离，这样电子数以几何级数的速度迅速增加，发生所谓的电子雪崩。电子雪崩是因电离使电子连续不断地从气体分子中飞出，同时产生阳离子的现象。换个角度看，气体中的电子可以一边不断增加数量，一边逆着电场定向移动。这种电子和阳离子共存的气体，叫做等离子体。电子定向移动就是流动的电流，因此，发生电子雪崩就是在气体中产生流动的电流。

在强电场下发生电子雪崩，使本来为绝缘体的气体产生电流，因此气体已经不再是绝缘体，这种现象叫做绝缘击穿，或叫气体放电。空气的绝缘击穿，在20℃、1个大气压的情况下，大约发生在30 kV/cm的电场强度左右。引起绝缘击穿的电场强度的大小，称为击穿场强。以电子雪崩为契机形成的电子，有的是从阴极被发射出来的，有的是分子内的电子因受高电场的作用力，挣脱原子核的束缚而从分子内飞出来的。

气体放电是气体分子处于非常激烈的激发和电离状态，同时伴随着光和声。

全路击穿是火花放电连续发生的那种放电。连续放电就是形成连续流动的电流。处于这种状态的气体已经不再是绝缘体，而成为导体，两电极之间处于短路状态。流动的电流是由于气体的电离形成的，其大小取决于加在电极间的电压。这时的电流称为放电电流。

火花塞对发动机的运行具有决定性的影响。它必须保证可靠地冷启动，确保车辆在加速时不出现失火。它必须能承受发动机在最大功率状态连续工作几个小时。

火花塞安装在燃烧室中最适于点燃混合气的位置。在发动机的所有运行工况下，它都应不发生漏电，火花塞伸入燃烧室的部分会受热而成炽热体，不产生过早点火。在燃烧室高热的化学反应中，燃油中所含的物质能够在火花塞上形成侵蚀性的化学沉积，从而影响它的工作性能。

点火系统所产生的电压可能高达30 kV，因此防止火花塞绝缘体表面产生电弧十分重要。以下情况可能导致火花塞绝缘体产生电弧。

（1）燃烧过程所产生的沉积物。如未充分燃烧的汽油形成干燥或湿润的积炭、汽油中合金成分燃烧形成炭渣以及燃油或机油添加剂烧成的灰。在高温和湿润条件下，会出现导电性。

（2）高温绝缘体上的氧化物电阻下降。温度高达1 100℃，绝缘体上的氧化物电阻下降，可能导致火花塞绝缘体产生电弧，损失点火能量。

二、火花塞的工作温度

燃烧室内火花塞绝缘体部分的工作温度不应低于500℃，以确保火花塞的自净能力，也不应高于850℃，以防止自燃的发生。

在冷启动时的不完全燃烧会形成小粒的沉积物，大部分的沉积物随着废气排出发动机外，还有一些残留物在燃烧室和绝缘体上。当在绝缘体上堆积起沉积物时，它们就会在中心电极和壳体之间形成导电通路。这种漏电通路会带走一部分点火能量（图3-39），从而减小点火有效电流，过度的积炭还会阻碍点火的产生。因此为了使绝缘体达到高于"自洁限"500℃的工作温度，应在启动后尽快达到自清洁温度。

沉积在绝缘体上的积炭是否发生，在很大程度上取决其工作温度，一般温度低于500℃就会产生积炭。在更高的温度下，在绝缘体上的含炭沉积物会被烧去，分流回路不能形成，即火花塞"清洁"了自身。

火花塞绝缘体部分的工作温度的上限大约是

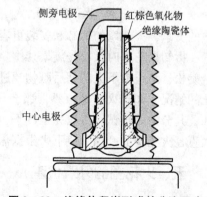

图3-39 绝缘体积炭形成的分流回路

900 ℃，因为高于该温度，火花塞的炽热部分将点燃尚未准备好的混合气。

三、火花塞的错误使用及其后果

发动机必须安装发动机制造商指定的火花塞或相当特性和结构特征的火花塞。实际中常遇到的问题有：不正确的热特性；不恰当的螺纹长度；密封面变形或损坏。

1. 不正确的热值数

热值数都必须符合车辆制造商的火花塞技术规范。在发动机上安装错误热值数的火花塞可能会造成自行点火现象发生。

2. 不恰当的螺纹长度

火花塞的螺纹长度必须与汽缸盖上的螺纹长度相同。如果火花塞螺纹长度过长，那么它会伸入燃烧室中。其后果是：可能损坏活塞；火花塞上螺纹烧坏，导致火花塞无法拆卸；火花塞过热。如果螺纹过短，火花塞伸入燃烧室的长度不够。其后果是：混合气点燃不良；火花塞无法达到其自净温度；汽缸盖内侧的螺纹烧坏。

3. 密封面变形

带有锥形密封的火花塞，不允许使用垫圈和密封环。带有平面密封的火花塞，它仅允许使用装在火花塞上的系留垫圈。该垫圈不允许被拆卸或被其他垫圈替代。若没有垫圈，则火花塞伸入燃烧室中过长。这样会削弱火花塞与汽缸盖之间有效的热传导，且火花塞不能实现正确的密封。如果使用附加的密封垫圈，则火花塞伸入螺孔中的长度不够，并且从火花塞到汽缸盖的热传导也会削弱。

四、拆火花塞

图3-40所示为火花塞套筒。火花塞套筒有两种尺寸分别对应14 mm和18 mm，垫片形和锥形密封都有14 mm，而锥形密封的火花塞只有18 mm。

在使用套筒扳手时，套筒必须包住火花塞，火花塞应完全能够伸入套筒内，否则将会造成火花塞的损坏。

套筒内安装有一个橡胶制衬垫，当转动套筒时，这个衬垫用来支承火花塞上的陶瓷。如果没有这个衬垫，转动套筒的力有可能使套筒产生轻微的倾斜，使火花塞产生裂纹。另外，有这个衬

图3-40 火花塞套筒

垫的支承，火花塞的拆卸和安装更容易些。

拆卸火花塞时，首先旋松几圈。然后用压缩空气吹净火花塞的周围，然后才将火花塞完全旋松，防止拆下火花塞后脏物掉进燃烧室内。由于螺纹是镍基的，因此不可能出现螺纹咬死的情况。如果火花塞很紧，那么只旋松一点，然后在螺纹中滴渗入机油，再将火花塞旋回，几分钟后再试着将它完全旋下，以免破坏汽缸盖上的螺纹，造成更换缸盖或重新攻丝配大直径火花塞的麻烦。接下来根据需要进行外观检查。

五、火花塞的外观检查

车辆制造厂推荐火花塞在使用（30 000~150 000 km）后就需要进行更换。维护周期和

很多因素有关，主要包括点火系统的类型、发动机的设计、火花塞的设计、运行工况、使用的燃料，以及所使用的排放控制装置的类型等。

火花塞外观可以得出关于火花塞及发动机运行状况的有价值的信息。观察火花塞是诊断电喷发动机的重要方法。如果在观察前汽车处于怠速工况，火花塞上的积炭将会影响分析的精确性；若冷启动之后立即进行观察，则这个问题更为严重。车辆必须以变化的中等负荷及相应的发动机转速行驶一段时间。尽量避免停车前发动机处于怠速工况观察火花塞。

火花塞绝缘体及电极的外观提供了关于火花塞工作状况、混合气及发动机中燃烧过程的信息，现说明如下：

1. 正常工况

如图 3-41 所示为正常工况绝缘体鼻呈灰白色或灰黄色到棕色，发动机工作正常，火花塞的热范围正确；混合气的混合比及点火正时正确，无失火现象，冷启动装置工作正常；无发动机机油成分的沉积；无过热。

2. 冷态积炭

如图 3-42 所示为积炭火花塞。这个状态通常是由于混合气过浓所产生的。它的特点是在火花塞的顶尖部分有一层干的、蓬松的炭黑状沉积物。冷态积炭通常是由于混合气过浓或者点火系统故障导致不能点火所产生的。气门粘贴或者喷油器泄漏也是可能的产生原因。其他可能的原因包括气门密封故障、活塞环密封故障或者选用的火花塞的热范围不对，在将火花塞重新安装或者更换之前将这些原因进行更正。

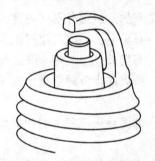

图 3-41 正常工况的火花塞

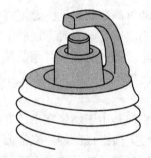

图 3-42 积炭火花塞

绝缘体，电极和火花塞壳体覆盖光滑暗黑色的积炭。原因为不恰当的混合气配比；混合气过浓，空滤器过脏，主要是短途行驶，火花塞温度太低；火花塞热特值过低。造成点火失败，冷启动困难。处理方法是调整燃气混合气配比和检查空气滤清器。

冷态积炭是由于混合气过浓，或者点火系统出现故障所产生的，导致火花塞不点火。

3. 火花塞湿积炭

如图 3-43 所示为机油污染火花塞。如果火花塞的顶部淹没在过多的机油中，这个状态我们就称之为火花塞湿积炭。在发动机中，机油有可能通过磨损的气门导管或者气门导管密封进入燃烧室，如果车辆是装有自动变速器的，火花塞淹缸的可能原因是由于允许自动变速器油进入腔室的真空调节器的故障所产生的。在行驶里程相对较长的车辆上，都应当检查活塞环或者汽缸的磨损状况。最好的解决方法是先把故障解决掉，然后更换上合适的火花塞。

绝缘体鼻、电极和火花塞壳体上覆盖着发亮的沉积物或积炭是机油沉积物，原因是燃烧室内机油过多。机油液面过高，活塞环、汽缸盖和气门过度磨损。造成点火失败，启动困难。处理方法是大修发动机，调整机油燃油比，安装新的火花塞。

知识点滴：火花塞湿积炭是由于过量的机油窜入燃烧室所产生的。

4. 飞溅积炭

如图3-44所示为火花塞的飞溅积炭。这个状态一般是由于没有及时调整发动机所产生的。由于失火，燃烧室中的温度在达到正常以后突然下降所产生的燃烧室沉积物在积累了一段时间以后，在车辆高速驾驶过程中，这些沉积物可能飞溅起来，转而粘在火花塞的热绝缘体或者电极表面上，这些沉积物实际上能够在火花塞间隙之间架起导电"桥梁"，使火花塞不能跳火。

图3-43　机油污染火花塞

图3-44　火花塞的飞溅积炭

在发动机高速状态下，燃烧室中的沉积物能够在火花塞的绝缘部分形成薄薄的一层黄色的釉面。当温度足够高时，这些沉积的釉面就会像导体一样导电，使电流流过沉积物，导致火花塞短路。通过避免长时间低速，或者怠速运行一段时间后节气门突然全开急加速就可以避免发生此类沉积。因为事实上不可能去除釉面沉积物，所以应当及时更换出现了釉面沉积的火花塞。

飞溅积炭是由于燃烧室中已有的积炭飞溅所产生的。釉面是火花塞上的积炭熔化后在绝缘体和电极上所形成的硬质光滑面。

火花塞过热的特征是在火花塞的绝缘体上有白的或者浅灰色的泡泡，过热也可能引起火花塞电极间隙的过度磨损。过热可能产生的原因有：使用了不合规范的热型火花塞、点火提前角过大、爆燃或者冷却系统故障、混合气过稀、使用了低辛烷值的燃料、火花塞安装不当、节温器因为粘连关闭等原因。过热的火花塞必须更换。

5. 早火损伤

如图3-45所示为早火损伤的火花塞。早火损伤是由于发动机温度过高所产生的，早火损伤的特征是电极熔化、电极顶部削蚀。如果出现了这些情况，就需要查找发动机过热的主要原因。查找点火提前角是否过大、汽缸垫是否被烧坏，或使用了低辛烷值燃料，其他可能的原因包括火花塞松动或者使用了温度范围不合适的火花塞。不可再次使用已经由于早火损坏了的火花塞。

6. 火花塞更换时间严重过期

如图3-46所示为火花塞更换时间严重过期。火花塞更换时间严重过期，中心电极严重磨损。导致点火失败，尤其在加速阶段（电极间隙过大，点火电压不足）启动困难。

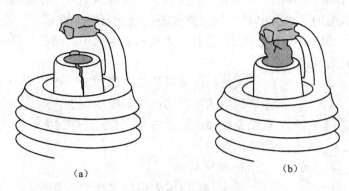

图3-45　早火损伤的火花塞

（a）中心电极部分熔化；（b）部分熔化的电极

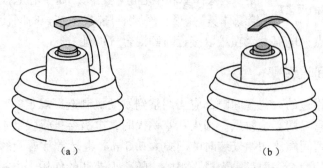

图3-46　火花塞更换时间严重过期

（a）中心电极严重磨损；（b）接地电极严重磨损

7. 侵蚀性的燃料及机油添加剂

如图3-47所示为侵蚀性的燃料及机油添加剂的火花塞。在绝缘体鼻和接地电极上由于燃油或机油中的添加物形成的严重的灰渣沉积。灰渣的结构松散，像煤渣。原因是来自于发动机机油中的合金成分，造成在燃烧室中和火花塞表面上灰渣的沉积。导致能量损失的自燃和发动机损坏。处理方法是修理发动机，安装新的火花塞。可能的话更换发动机机油的类型。

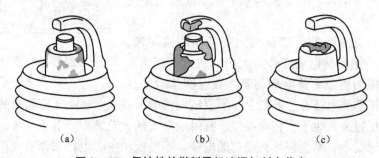

图3-47　侵蚀性的燃料及机油添加剂火花塞

（a）铝污垢；（b）明显的铝污垢；（c）中心电极覆盖有金属沉积物

中心电极上覆盖着熔化的沉积物，部分熔化的中心电极，中心电极熔化并且接地电极严重损坏。中心电极上有熔化的沉积物；绝缘体鼻尖上有气泡，呈海绵状，茸毛很软。原因是自行点火引起的过热。例如由于点火正时过于提前，燃烧室中有残存过热的燃烧沉积物，有缺陷的气门，有缺陷的点火分电器，燃油质量差，火花塞热值数过小。后果为造成点火失败，能量损失，发动机损坏。处理方法是检查发动机、点火系及混合气形成系统。更换上具有正确热特性代码的新火花塞。

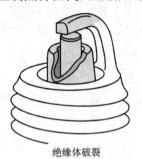

绝缘体破裂

图3-48　机械损坏的火花塞

侵蚀性的燃料及机油添加剂；燃烧室中不良的气流状况，造成燃烧的沉积物；发动机的爆振；造成接地电极严重磨损，现象是在加速阶段失火。电极间隙过大，点火电压不足会造成启动困难。

8. 机械损坏

图3-48所示为机械损坏的火花塞。火花塞曾经被摔过，或由于误操作造成的中心电极的过压；在异常情况下，沉积物位于绝缘体鼻和中心电极之间，而中心电极的腐蚀也可能造成绝缘体鼻的破裂（特别可能发生在长时间使用的情况下）和绝缘体破裂，结果是点火电弧发生在难以接近新鲜混合气的地方。

六、火花塞间隙调整

新的和已经使用过的火花塞间隙都应当调整到发动机制造厂规定的间隙。这个间隙对发动机的燃烧过程有直接的影响效果。当火花塞跳火时，电极会被慢慢磨损，导致间隙慢慢增大。使用过的火花塞间隙比初始安装时的间隙大0.5 mm也是常常遇到的情况。对于新的火花塞，火花塞电极的两个表面都是光滑平坦的，随着火花塞的使用，电极慢慢会变得圆滑起来、火花塞间隙也随着增加。火花塞间隙增大导致电阻增大，使火花塞跳火所需电压增大，为了克服火花塞间隙所需要的能量增加，造成剩下的能量不能足够在火花塞之间产生电火花，导致失火和高排放。

1. 火花塞间隙调整

图3-49所示为火花塞间隙。火花塞间隙是火花塞侧电极与中心电极之间的距离。

塞尺是测量火花塞间隙的好工具，调整侧电极可以调整火花塞电极的间隙，只有接地电极为前置式时电极火花塞才需要调整间隙。侧置式电极火花塞间隙是不可调的。

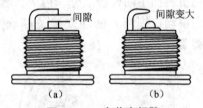

间隙　　　　间隙变大

（a）　　　　（b）

图3-49　火花塞间隙

（a）正常间隙；（b）间隙变大

不要因为火花塞是新的就认为火花塞间隙是对的，不要通过把火花塞的侧电极在作台上敲打的方式调整火花塞间隙。在扳动火花塞侧电极调整火花塞间隙时要注意保持中心电极和侧电极在一条线上。不要试图将电子点火、宽火花塞间隙的火花塞用于小火花塞间隙。反过来，也不要将小间隙、有触点形式的火花塞用于电子点火、宽火花塞间隙的。在这两种情况下，都会损坏火花塞的电极。不要扳动中心电极来调整火花塞间隙，这样会破坏绝缘。

对火花塞间隙进行适当调整后，用塞尺测量火花塞电极间的间隙，直到塞尺的两个侧面都能够刚好和火花塞的两电极接触为止。如果电极之间的间隙合适，两个电极一定是相互平行的，侧电极和中心电极相互垂直。若电极间隙不合适，两个电极之间将不会平行，从而引起失火，减少了火花的使用寿命。图 3 – 50 所示为两电极间隙不合适或不平行。

2. 尖端带有白金衬垫的火花塞

图 3 – 51 所示为尖端带有白金衬垫的火花塞。很多新的发动机使用尖端带有白金的衬垫的火花塞，对这样的火花塞要注意不要损衬垫或者从电极上把白金衬垫拆下来。

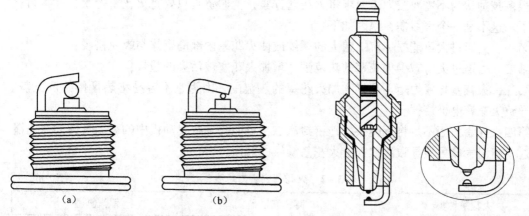

图 3 – 50 两电极间隙不合适或不平行   图 3 – 51 尖端带有白金衬垫的火花塞

七、火花塞的安装

安装火花塞时注意事项如下：

火花塞经过抗腐蚀处理，安装火花塞时不需另加润滑剂。火花塞和发动机的接合面必须清洁。

如果可能，火花塞尽量使用扭矩扳手按照所给的扭矩拧紧。如果拧紧力矩过大或火花塞扳手倾斜，会引起火花塞壳体变形，而内部陶绝缘体不能变形。这意味着绝缘体可能变得松动。这将完全破坏火花塞的热特性和密封性。这样的火花塞可能导致发动机的损坏，甚至火花塞的绝缘体从火花塞壳上穿出，带着高压线一起打到机盖上。因此，拧紧力矩不能超过规定值。

拧紧力矩适用于新火花塞，也就是稍带机油的火花塞。实际上，通常安装火花塞没有用扭矩扳手，它们常常被拧得过紧。

下面拧火花塞的方法值得借鉴。

先用手将火花塞拧入清洁的螺纹中，直到拧不动为止。然后再使用火花塞扳手，按以下规程操作：

带垫圈的新火花塞：使用扳手将火花塞转至第一次感到阻力开始，再将火花塞转动90°。带垫圈的旧火花塞：第一次感到阻力后，再将火花塞转动 30°。

带锥形密封的火花塞：第一次感到阻力后将火花塞转过 15°。

① 用干净的布将火花塞安装座孔擦净。

② 确认火花塞垫片的状态良好，并且已经很合适地安装在火花塞上了。如果使用的是用过的火花塞，请使用一个新的垫片，要确认在每个火花塞上只有一个垫片。

③ 根据需要对拆下的火花塞进行间隙调整。

④ 安装火花塞，用手指将其拧紧。如果火花塞不能很容易地用手拧紧，汽缸盖上的火

花塞螺纹可能需要使用螺纹板牙对螺纹进行清理。当清理铝缸盖时要特别小心，不要将螺纹弄坏。

⑤ 按照车辆制造厂的说明书，或者根据表3-2中的数据值，用扭力扳手将火花塞拧紧。

很多技师认为不需要按力矩要求将火花塞拧紧，他们感觉只要将火花塞拧紧，并密封就足够了。这不是一个好习惯，原因如下：

第一，力矩过大可能损坏汽缸盖上的螺纹或使火花塞内部陶瓷体与螺纹松脱；

第二，力矩过大将减少火花塞的热范围，增加火花塞被污染的趋势；

第三，火花塞拧紧力矩不足将增加火花塞的热范围，因为它不容易将热量传给汽缸盖。这将导致火花塞电极烧掉。

第四，拧紧力矩不足将不能很好地密封汽缸，可能会导致发动机中的高温气体的旁通泄漏，这些高温气体可能导致汽缸盖上火花塞螺纹的磨损。

表3-2　火花塞安装力矩值　　　　　　　　　　N·m

火花塞种类	铸铁汽缸盖	铝汽缸盖
14 mm 密封垫式	25～30	15～22
14 mm 锥形密封	7～15	7～15
18 mm 锥形密封	15～20	15～20

当高压线安装好以后，要确认这些高压线的走向与维修说明书中的规定一致。在从火花塞上将火花线拆下来时，在用力抓紧火花塞根部的同时进行转动，把高压线拆下来。在安装高压线时，要确信火花塞电缆的一端已经很牢固安装在火花塞的尾部了，压挤根部能把里面的空气排除出去，防止接触不严。

知识点滴：当拧紧或松开火花塞时，火花塞扳手不可倾斜，否则绝缘体将拧断或偏向一边，火花塞会出现陶瓷体与壳体脱离损坏，俗称火花塞掉脑袋。火花塞会出现陶瓷体与壳体脱离损坏若掉入汽缸中会使汽缸导缸，损坏缸盖、气门、缸套及活塞，若延长体脱落，高压线会被高压空气顶出，严重在拔下高压线时可能出现陶瓷体像子弹一样飞出伤人或损伤发动机机舱盖。

博世已成功开发出了铂金和钇金等系列火花塞，这些火花塞采用了具有极高抗腐蚀性能的铂合金或镍钇合金，使之更好地满足各类型发动机的要求，保证发动机的最佳运行性能。特别是博世火花塞能够在整个使用寿命期内，保持卓越的点火可靠性，保证发动机的最佳动力性和最佳的燃油利用率，并有效地保护三元催化器。同时，因为新技术和新材料的应用，这些火花塞的使用寿命也提高到6万～9万千米。

第六节　点火系统常见故障

在带分电器的点火系中，由线圈产生的高压电要通过机械式分电器传递到需要点火的汽缸。由于系统使用电子装置实现分电器的点火角控制功能（传统为真空机构和离心机构），分电器被简化为没真空机构和离心机构。

注：传统低压电路故障在电控的点火系统中没有。电控点火系统的凸轮轴位置、曲轴转速传感器自身一般不出故障，多为从包括点火模块开始的高压部件出故障。

知识点滴：一些丰田车的凸轮信号轮和磁脉冲传感头在分电器内，由于无接触，所以不损坏。在分电器外测量传感器电阻和是否对地有短路即可。若拆分电器盖，对于磁感应传感头，一定要用间隙规按标准间隙 0.2 ~ 0.5 mm 装回。事实上，在装磁脉冲传感头回原位有的车很困难，因为传感头内的永久磁铁会吸分电器轴上的信号轮，而且吸力很大，用手在分电器内这个小空间里，确实需要反复弄几次才能安装固定。若间隙不对，打着车后，几秒钟便自动熄火，和点火模块有故障现象差不多。NE 的间隙也必须正确，否则根本不着车。

修理时点火器上若有微机来的点火触发信号，但点火却不正常，则判断故障的点火系故障。实际上点火基准信号和 1°信号发生部件很少有故障发生，一旦发生也多为人为故障，如信号轮或间隙不当、生锈等。

低压部件有：点火开关、点火线圈、点火模块等。

点火线圈电阻：初级为 0.3 ~ 0.5 Ω，次级为 10.2 ~ 13.8 kΩ。

高压部件有：分电器盖、装有限压电阻的分火头、中央高压线、分缸高压线、电磁干扰屏蔽电容、火花塞等。此点火系统有的元件故障也与传统点火系统相同。图 3 - 52 所示为点火系常损坏的部件。

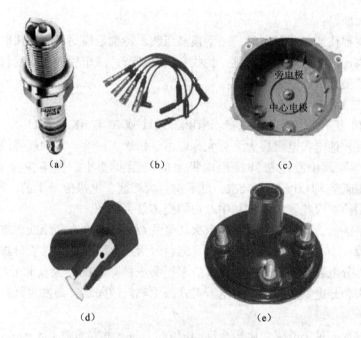

（a）　　　　　（b）　　　　　（c）

（d）　　　　　（e）

图 3 - 52　点火系常损坏的部件
（a）火花塞；（b）高压线；（c）分电器盖；（d）分火头；（e）点火线圈上盖

有人说带分器的点火系统也要被淘汰，不过中国与外国合作生产的家庭用车很多仍采用分电器点火。所以不能说双缸同时点火就比分电器点火好，毕竟分电器点火所用击穿电压比双缸同时点火击穿电压小，而且不存在火花塞上的高压火的一半反跳降低点火能量的情况。从成本和性能上，它们也各有千秋。

注：其中以火花塞和高压线成组更换最多，分电器盖烧蚀旁电极可用锯条修整，分火头漏电或烧蚀等为较多。

一、带分电器点火系的检测

点火系统元件参数数据和故障检测如下。

故障检测时如传统点火系判断故障一样。先判断是初级电路导致的故障，还是次级电路导致的故障。方法是中心高压线对缸体的跳火试验距缸体距离为 12.5 mm，应有明亮的蓝火同时伴随"啪啪"声。为避免各缸进油太多，每次启动机不超过 2 s。

若无火，判断是初级电路故障。检查点火线圈和点火模块是否有 12 V 电源，然后检查点火模块是否搭铁良好，实践中的故障多为点火模块外壳搭铁不良。如电源和搭铁良好，检查 IGT 是否有触发信号，可以用二极管串电阻测试，应闪亮，也可用示波器测试约为 5 V 和 0 V 的方波信号。若无方波信号，检查电脑是否有电源和搭铁。电脑有电源和搭铁时，检查凸轮轴位、发动机转速两个传感器的信号。以上顺序是实际中最简洁、最明快的方法。

若有火，判断是次级电路故障。此时检查分火头漏电、分电器盖漏电、分缸高压线漏电故障、火花塞积炭旁路故障。

1. 高压线故障

高压线内部断路；

高压线外皮损伤或老化漏电时，用手摸高压线，特别是摸高压线两头时打手。晚上着车掀开机盖发现高压线与缸体之间在跳火，收音机有杂音。洗车后或下雨后打不着车；

每根高压线最大允许值为 25 kΩ；

2. 白金火花塞

更换里程 10 万千米。推荐火花塞：NDPK20R11 或 NGK BKR6EP11。

中心电极和接地电极电阻应为无穷大，但由于积炭、汽油、机油或燃烧后的添加剂堆积在白陶瓷体上，导致中心电极和接地电极之间电阻要变小。但至少也要大于标准限值 10 MΩ。也可加速至 4 000 r/min 几次，然后检查火花塞，电极应是干的，若仅本缸是湿的，其他缸正常，则检查火花塞的螺纹和中心白陶瓷体是否损坏。

若各缸都是湿的，则检查点火线圈点火能量是否正常。中心高压线对缸体跳火，红色时为点火线圈故障；中心高压线对缸体跳火，蓝色时为点火线圈正常；而分缸高压线对缸体跳火为红色时，为分电器盖和分火头漏电，应根据高压线对应的分火头和分电器盖进行检查。实际多为分火头和分电器盖漏电。分电器盖在凸轮轴前端固定，易发生开裂漏电，放炮、冒黑烟。

电极间隙过大、过小故障。电极标准间隙 1.1 mm，最大间隙 1.3 mm。间隙过大时，点火线圈易损坏；间隙过小时易积炭和积油火花能量不足。

现在的修理方法使火花塞更换得较勤。实际中多为火花塞积炭、积油，汽油或机油中添加剂使火塞陶瓷体变红棕色导致形成导电层。

火花塞拧紧力矩和拧紧方法不对，导致陶瓷体开裂漏电。现象加速放炮，晚上着车掀开机盖发现火花塞与缸体之间在跳火，洗车后或下雨后打不着车。

注：以上故障现象适用于有分电器的汽车，也适用无分电器的汽车。但具体车型元件的

参数最好参考具体车型数据。

第七节　点火系统主要故障

点火系统主要控制点火正时和点火能量，实际上，电控系统控制正时传感器很少出故障。也就是说，点火正时很少出故障，而故障主要表现在能量上，主要为点火能量不足，在修理时，只要能处理点火能量不足故障，即可解决绝大部分点火故障。

点火能量不足故障主要表现为点火能量不足。故障点在点火放大器、点火线圈、高压线、火花塞，若有分电器，则分火头和分电器盖也会导致点火能量不足。其中点火放大器、点火线圈会导致产生能量不足，其他会导致传输漏电故障。

一、高速时耸车

火花塞裙部被红棕色的氧化物覆盖，表现为高车速时有耸车或加速耸车，就像供不上油的感觉。

知识点滴：若火花塞陶瓷绝缘体上积炭或火花塞陶瓷绝缘体上被红棕色的氧化物覆盖，则会出现高速缺火现象。这是因为高速时汽缸内温度极高，火花塞陶瓷绝缘体上的红棕色的氧化物电阻随温度升高阻值变小，这样在高速时击穿氧化物会出现中心电极和接地电极之间火弱甚至缺火现象，这种现象在侧电极为负极的线圈分配式及点火系统中的火花塞更容易出现。

分电器式点火系统的所有火花塞的中心电极都是负极性的，因中心电极的温度较侧电极的温度高，中心电极为负极时更易向侧电极发射电子，因此工作更可靠。

双缸同时点火系统，有一半的火花塞中心电极却是正极性的，侧电极向中心电极发射电子，但侧电极温度相对较低，不易发射电子，更易受污染。

一般的火花塞能用 5 万千米左右，铂金火花塞寿命为 10 万千米，但它只能保证在 10 万千米内的电极间隙变化很小，不能保证陶瓷绝缘体上不污染而漏电。这种红棕色氧化物与市场上的汽油质量参差不齐有关。另外很多私家车耸车的火花塞为黑色积炭，这主要与新手开车车速一直很低、路程很短有关。

知识点滴：发动机 ECU 若有点火识别功能，在识别出某些缸工作不良后，可令这些缸断油以控制发动机排放，并上故障码，同时读数据流时氧传感器检测到多余的氧气，使氧传感器输出低电压，调节时电脑认为混合气稀，加大 25% 的喷油量仍旧稀，喷油修正数据超上限，不能再调节。

知识点滴：点火模块搭铁虚接在各个车速范围都可能会出现耸车现象或突然熄火，但只要没有剧烈振动，仍能跑到最高车速。

二、高压线故障

橡胶也会老化，所以高压线也是有使用寿命的。一旦高压线漏电，排放大量的 HC、CO 在排气管内燃烧放炮，将排气管烧红，加速无力，风扇 2 挡转动，发动机开锅，在车下从车底传过很热的气流烤大腿。

司机在发动机无力时会加大节气门开度，发动机转速不高，使混合气变浓，使补燃期过长，发动机生热过多而开锅。

知识点滴：高压线有漏电会影响发动机怠速的转速，从而影响发电机发电电压，造成仪表内发电机指示灯闪烁。

当漏电高压线与磁感应式车速传感器的距离较近时，对于出租车高压漏电可能干扰车速传感器向计价器传输正确信号，使计价器乱跳字；对于家用轿车可能导致仪表显示不准。对于单缸独立点火的点火线圈或双缸同时点火的火花塞，插火花塞处的橡胶绝缘下降漏电较多。检测时用手捏单缸独立点火线圈的橡胶嘴处会发现裂口，不捏则不易发现。图3-53所示为开裂的橡胶嘴。

开裂的橡胶嘴还能使火花塞白陶瓷体出现线沟状麻点。修理过程中，发现火花塞白陶瓷体出现线沟状麻点，即可更换高压线了，这已证明橡胶嘴在和接地电极间有电弧发生。橡胶嘴内的白色物质为绝缘物质，有白色物质为正常现象。如图3-54所示的开裂的橡胶嘴使火花塞白陶瓷体出现的线沟状麻点。

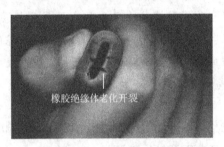

图3-53 开裂的橡胶嘴

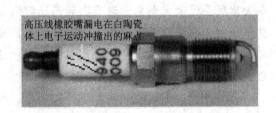

图3-54 开裂的橡胶嘴使火花塞白陶瓷体出现的线沟状麻点

三、点火线圈故障

带涡轮增压的发动机，特别是发动机的点火线圈属于点火控制模块和点火线圈集成一起的独立式点火线圈。其中，点火控制模块位于顶端，下部为线圈部分，次级线圈被初级线圈缠绕在中间并由硬质绝缘材料封装，最外层则是金属屏蔽层。

怠速不稳，加速时发动机无力。一方面主要是绝缘层绝缘性能不良，对已经损坏的点火线圈进行解体，你会发现这些点火线圈几乎都是次级线圈绝缘层被击穿，有的在绝缘层上端被击穿，有的在绝缘层下端被击穿。绝缘层击穿并非其电路设计问题，主要是绝缘层绝缘性能不良，使匝间、层间与极间出现短路现象，从而导致点火能量下降或直接对发动机缸体上的某个位置直接跳火，不再经火花塞跳火。

涡轮增压器对点火电压有影响。车辆正常行驶时，发动机、火花塞电极温度都很高，此时的混合气很容易被电离击穿。涡轮增压器工作时，汽缸内的压力相对普通汽油机也要提高，混合气的密度变大。而此时击穿火花塞的电压要比普通发动机高出2~6 kV（普通发动机8~12 kV）。在大负荷和急加速时点火击穿电压将达到20 kV左右，所以有些车在急加速时失火故障特别明显。

因氧传感器的空燃比自动调节作用，影响缸内点火能量的因素会导致喷油量增加。

可用示波器观察点火波形电压或大距离缸体跳火。发现其点火波形异常，高压点火电压约 7 000 V，冷车时次级高压在 10 kV 左右。

有时点火线圈或点火模块只有在高温时才断火，低温时一切正常，所以可以用暖风机加热或长时间工作后再作上述点火能量测试。

知识点滴：实践中双缸同时点火或单缸独立点火的点火线圈因为外壳为铸塑结构，时间长的老化或点火线圈的电流过大生热过多，都会导致塑料开裂漏电。

4 第四章

燃油供给系统

第一节　汽油喷射系统简介

化油器和汽油喷射系统有一个共同的设计目标：在任何工况下都尽可能向发动机提供最佳的空气燃油混合气。汽油喷射系统在各稳定工况和不稳定工况精确控制混合气浓度优于化油器，因此可获得更好的燃油经济性、动力性和排放性。人们环境保护意识的增强使排放控制法规越来越严格，甚至为了环保宁可稍加大点燃油的同比消耗。我国已在2001年9月1日起禁止销售化油器，燃油喷射发动机已经普及。

目前，大多数汽车应用的混合气形成系统都是在燃烧室外形成混合气的。缸内形成混合气，即高压汽油像柴油机一样直接喷入燃烧室，由于喷油压力高，雾化更好，缸内直喷后的混合气在缸内的流动性好。国内早期进口的部分三菱太空4G93发动机曾采用过直喷系统，除此之外，2005年之前市面上没有其他直喷系统。

2005年以后一汽大众生产的C6A6 Audi A6 L（1999—2005年为C5A6）、2007年B6 MAGOTAN迈腾3.2 L V6发动机开始采用FSI燃油直接喷射。由于这种系统在降低燃油消耗上的优越性能，现在正变成不可忽视的发展趋势。虽然不是稀燃直喷，但毕竟使燃油直接喷射成为一个现实的产品。表4-1为汽油喷射系统的分类。

表4-1　汽油喷射系统的分类

类　型	类　型		类　型	
缸外喷射	单点燃油喷射		电子间歇喷射（淘汰）	
	多点燃油喷射	连续喷射	机械喷射系统（淘汰）	
			机械—电子燃油喷射（淘汰）	
		间歇喷射	电子喷射系统	同时喷射系统（淘汰）
				分组喷射系统（淘汰）
				顺序喷射系统（流行）
缸内直喷系统（开始流行）				

一、缸外混合气形成系统

这种系统的显著特征是空气燃油混合气在燃烧室外，即在进气管中形成，与化油器差不多。只不过化油器的出油压差小，燃油喷射压差相对大，形成混合气中汽油颗粒更细，燃烧更充分。

1. 单点燃油喷射

单点燃油喷射也称节流阀体喷射（Throttle Body Injection，TBI），是电子控制喷射系统早期的一种。电磁喷油器装在节气门上部，间歇地将燃油喷入进气管。早期的凯迪拉克 V8 系统属于这种类型（见图 4 - 1）。国内早期出租车里上海奇瑞 SQR7160 为发动机 CAC480M 1.6 L 四缸单点喷射，功率为 60 kW，比同排量的捷达 65 kW 功率要低。单点燃油喷射电脑控制四、六缸用一只喷油器，八缸则用两只喷油器。市面上轿车单点燃油喷射早已淘汰，只有部分中型客车和货车仍采用。

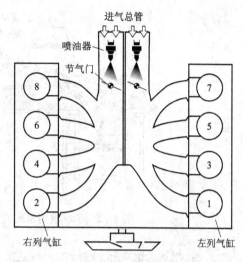

图 4 - 1　V8 发动机节流阀体燃油喷射（TBI）

单点燃油喷射实际上是模拟的化油器，这样化油器的缺点仍存在。

它有两种工作压力：

在低压节气门体喷射系统，正常工作压力为 60 ~ 90 kPa，最大燃油泵压力为 120 ~ 140 kPa。

在高压节气门体喷射系统，正常工作压力为 170 ~ 240 kPa，最大燃油泵压力为 350 ~ 500 kPa。

压力调节和多点燃油喷射方法相同，即为压力调节器控制，怠速时为低值，节气门全开时为高值，低值和高值差 0.5 bar（怠速和节气门全开时的进气管压差约为 0.5 bar）。

2. 多点燃油喷射

多点燃油喷射是每个缸都有一只喷油器，燃油直接喷到进气门前方的位置。多点燃油喷射又分为连续喷射和间歇喷射。

（1）机械喷射系统：K—Jet（K：机械，Jet：喷射）系统是不需要外部电控驱动装置的连续喷射系统。此系统喷油量由燃油分配器确定，系统没有电脑，更谈不上电脑控制喷油器的开启时间来调节喷油量。

（2）机械—电子燃油喷射：以 K—Jet 的机械喷射为基础扩展了数据监测功能，使得发动机的各特定工况燃油喷射量更精确，便构成了 KE—Jet（E：electronic，电子控制）系统。

此系统有电脑，喷油量由电脑控制燃油分配器打开油路的大小确定，而不是由电脑控制喷油器的开启时间来调节喷油量，即喷油器与机械喷射系统一样。图 4 - 2 为机械喷射系统的喷油器与电控喷射系统的喷油器。

（3）多点燃油喷射（Multiple Point Injection，MPI）系统，以电脑控制喷油器开启间为特征，实际燃油喷射量由喷油器的开启持续时间确定。多点燃油喷射又分为同时喷射、分组喷射、顺序喷射。

多点燃油喷射系统怠速时为 250 kPa，节气门全开时正常工作压力为 300 ~ 310 kPa，最大燃油泵压力为 480 ~ 620 kPa。

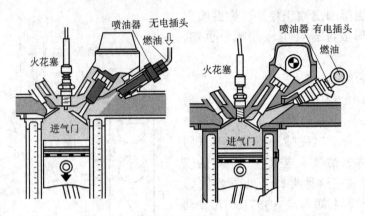

图4-2 机械喷射系统的喷油器与电子喷射系统的喷油器

二、缸外汽油喷射发动机的优点

1. 启动性能好

冬季启动时不用烤车或拉阻风门，可以很容易打着车。

2. 消除化油器中的节流效应

去掉化油器中喉管的节流，可以提高供气效率，这对全负荷运行特别有意义。因此化油器式发动机与喷射式发动机相比在这一点上还存在一定的差距。由于消除了化油器结冰的危险和由此而取消了化油器和进气管的加热，因而可提高供气效率。

3. 进气管内燃料沉积减少

化油器在节气门体处供油，部分油会在整个进气歧管内大量沉积。缸外喷射（除单点喷）在进气门处喷油，所以进气管壁面的燃料的沉积减少。

4. 进气管造型不受制约

无需考虑燃料及混合气的输送而自由地进行进气管造型设计，可利用空气波动效应以提高供气效率，在全负荷时相应地提高了功率。

5. 减弱了对加速力的敏感性

化油器浮子室室面易受加速力的影响。通常化油器在汽车加速时由于惯性效应提供了相对更多或更少的燃料。

6. 各缸混合气分配均匀

多缸发动机通过向各汽缸喷油，消除了化油器供油造成各缸燃料的不均匀性。

7. 精确控制各工况混合气浓度和混合气量

化油器发动机只有在喉管处出现相应的真空，才供给相应燃料。实际上只与节气门开度和发动机转速建立简单关系，不能兼顾发动机的其他相关因素。

8. 滑行工况汽油切断

持续下坡时关闭节气门或高速后滑行时，化油器发动机会把沉积在进气门前的汽油吸入汽缸形成浓混合气，造成大量未燃的 HC 出现。外喷射发动机在此工况完全切断或部分切断燃料供给，除了降低油耗外，还可避免上述的未燃 HC 出现。

9. 降低发动机高度

下吸式化油器这种结构导致化油器要高出发动机进气歧管，使发动机高度增加。喷射式发动机允许相对自由的进气管造型，这样可以降低发动机的高度。

知识点滴：我国在2001年9月1日起禁止销售化油器车，试想现存运行的化油器车不久将在市面上全部消失。

第二节 喷油正时控制

喷油正时控制就是喷油器什么时刻开始喷油的控制。对于多点喷射发动机，按照喷油时刻可分为同步喷射与非同步喷射两类。同步喷射与发动机旋转同步，是在固定的曲轴转角位置进行喷射。非同步喷射与曲轴旋转角度无关，如司机猛踩下油门急加速时直接喷到进气门之前的临时性喷射。

同步喷射发动机又可分为同时喷射、分组喷射和顺序喷射三种基本类型。它们对喷油正时的要求各不相同。我们在这里主要对同步喷射的各种情况作一介绍。

1. 同时喷射

早期生产的燃油喷射发动机多是同时喷射（见图4-3）。其喷油器的控制电路和控制程序都较简单。

同时喷射控制电路如图4-4所示，所有的喷油器并联连接，微机根据曲轴位置传感器送入的基准信号发出喷油器控制信号，控制功率三极管的导通和截止，从而控制各喷油器电磁线圈电路同时导通和切断，使各缸喷油器同时喷油。通常曲轴每转一转，各缸喷油器同时喷射一次。由于在发动机的一个工作循环中喷射两次，因此有的称这种喷射方式为同时双次喷射。两次喷射的燃油，在进气门打开时一起进入汽缸。

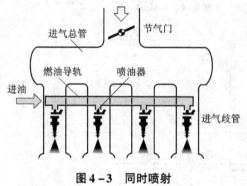

图4-3 同时喷射

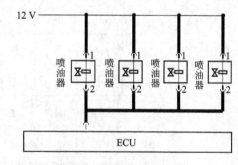

图4-4 同时喷射控制电路

图4-5为同时喷射正时图。由于这种喷射方式是所有各缸喷油器同时喷射，所以喷油正时与发动机进气、压缩、做功、排气的工作循环没有什么关系。其缺点是由于各缸对应的喷射时间不可能最佳，有可能造成各缸的混合气形成不一样。如国内早期从德国进口的三挡液控自动变速器的捷达发动机为同时喷射，点火为霍尔电子点火，不受电脑控制，电脑只根据翼板式空气流量计控制喷油量。这种喷射方式，不需要汽缸判别信号，而且喷射驱动回路通用性好，其电路结构与软件都较简单，不过在现在电子控制要求越来越精确的今天，这种喷射方式已被淘汰。

2. 分组喷射

分组喷射一般是把所有汽缸的喷油器分成2~4组。四缸发动机一般把喷油器分成两组，

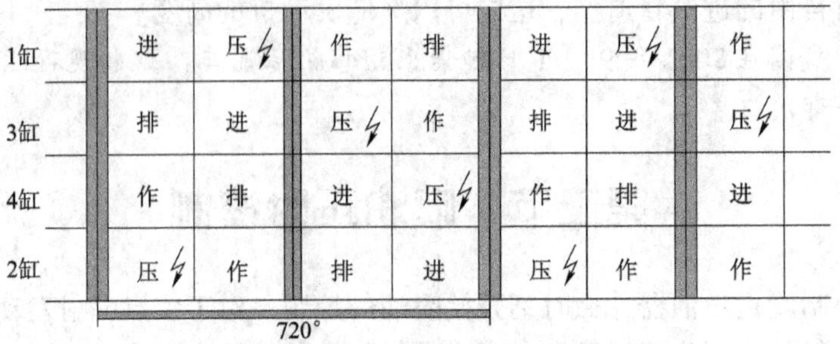

1缸		进	压 ⚡	作	排	进	压 ⚡	作		
3缸		排	进	压 ⚡	作	排	进	压 ⚡		
4缸		作	排	进	压 ⚡	作	排	进		
2缸		压 ⚡	作	排	进	压 ⚡	作	作		

720°

图 4 – 5　同时喷射正时图

微机分组控制喷油器，两组喷油器轮流交替喷射。分组喷射见图4 – 6。

分组喷射的控制电路如图4 – 7所示。每一工作循环中，各喷油器均喷射一次或两次。一般多是发动机每转一转只有一组喷射。图4 – 8为分组喷射正时图。

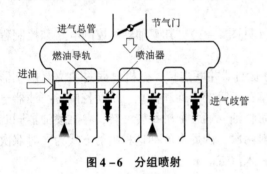

图 4 – 6　分组喷射

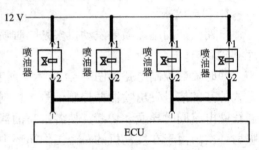

图 4 – 7　分组喷射电路控制
（通常 1、3 缸编一组，2、4 缸编一组）

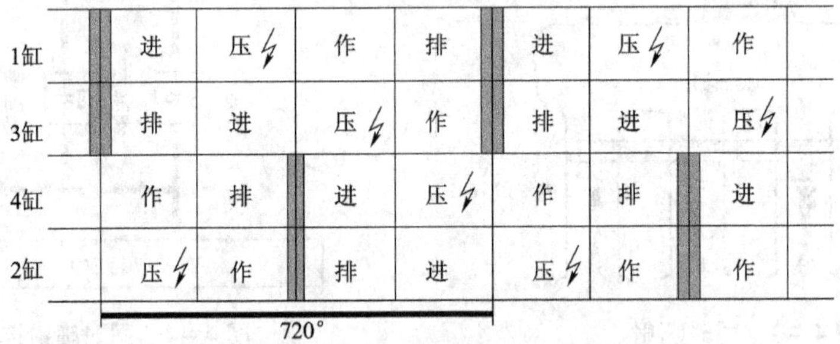

1缸		进	压 ⚡	作	排	进	压 ⚡	作	
3缸		排	进	压 ⚡	作	排	进	压 ⚡	
4缸		作	排	进	压 ⚡	作	排		
2缸		压 ⚡	作	排	进	压 ⚡	作	作	

720°

图 4 – 8　分组喷射正时图

3. 顺序喷射

顺序喷射也叫独立喷射。曲轴每转两转，各缸喷油器都轮流喷射一次，且像点火系一样，按照特定的顺序依次进行喷射。顺序喷射见图4 – 9。

顺序喷射的控制电路如图4 – 10所示，各缸喷油器分别由微机进行控制。驱动回路数与汽缸数目相等。

顺序喷射方式由于要知道向哪一缸喷油，因此采用顺序喷射控制时，应具有正时和缸序两个功能。微机工作时，通过凸轮轴位置传感器输入的信号，可以确定向排气上止点运行的是哪一缸，可以知道活塞距离上止点前的位置，再通过曲轴转速信号相配合，这样就分清了该缸是压缩行程还是排气行程。此时微机输出喷油控制信号，接通喷油器电磁线圈电路，即开始喷射。图 4 - 11 为顺序喷射正时图。

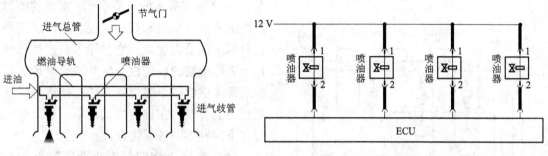

图 4 - 9　顺序喷射　　　　　　　　　　图 4 - 10　顺序喷射的控制电路

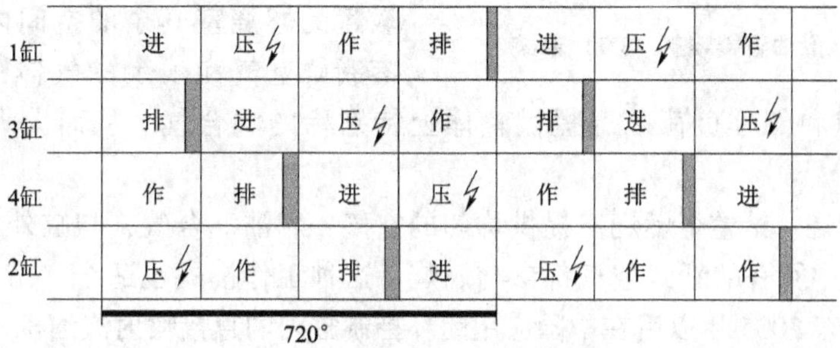

1缸	进	压⚡	作	排		进	压⚡	作
3缸	排	进	压⚡	作		排	进	压⚡
4缸	作	排	进	压⚡		作	排	进
2缸	压⚡	作	排	进		压⚡	作	作

720°

图 4 - 11　顺序喷射正时图

由于顺序喷射可以设立在最佳时间喷油，对混合气的形成十分有利，它对提高燃油经济性和降低有害物的排放等都有一定好处。但是顺序喷射方式的控制系统的电路结构及软件都较复杂，然而这对日益发展的先进电子技术来讲，也是相当容易得到解决的。

有一些车根据发动机处于不同转速和温度状态选用顺序喷射和分组喷射，如图 4 - 12 所示，在丰田 5A - FE 和 8A - FE 发动机上，电脑根据不同的转速和温度状态选用顺序喷射和分组喷射。在分组喷射时，两个喷油器同时喷射。

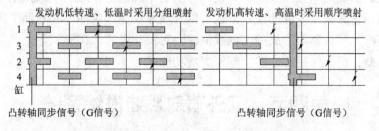

图 4 - 12　电脑分别采用分组喷射和顺序喷射的时机

第三节　缸内混合气形成系统

直接喷射（Direct Injection, DI）系统利用电磁阀控制喷油器将燃油直接喷入燃烧室，在汽缸内形成混合气。

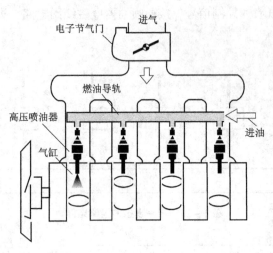

图 4 – 13　燃油直接喷射（DI）系统

每缸有一只喷油器（图 4 – 13），从喷油器喷出的燃油完全雾化是有效燃烧的关键所在。DI 系统吸入的只是空气，常规的喷射系统吸入的是空气和燃油的混合气。这正是这种系统的最大优点，它排除了在进气管通道上燃油凝结的可能性。缸外混合气形成系统通常提供给整个燃烧室均匀地接近理论空燃比的混合气。在缸内发动机形成的混合气有以下两种不同的燃烧方式。

（1）分层燃烧即只对火花塞附近的将被点燃的混合气进行调节。在火花塞周边较远的燃烧室其余的空间内，可以认为只有新鲜空气和残余的气体，没有燃油。这种方式可对怠速和部分负荷工况提供整体上特别稀的混合气，从而大大地减少了燃油消耗。

（2）均质燃烧：给整个燃烧室提供均匀的空气—燃油混合气，与缸外混合气形成的状况相似。燃烧室中所有的新鲜空气都参与燃烧。这种工作模式也适合（节气门全开 WOT）工况。如大众汽车 2005 年以后在中国应用闭环控制缸内的直接喷射汽油机。

现在的直喷发动机仍处于均质燃烧（进气行程喷油，压缩行程不喷油），分层燃烧技术实现困难。所以缸外顺序喷射正时控制方式也适用于缸内喷射。

知识点滴：缸内喷射系统高压（20.0 ~ 120.0 bar），缸内喷射系统压力值不同工况是不同的，由高压泵上的流量控制阀控制实现。

缸外喷射系统为压力调节器控制，怠速时为低值，节气门全开时为高值，低值和高值差 0.5 bar（怠速和节气门全开时的进气管压差约为 0.5 bar）。正常工作压力中，怠速对应低值，节气门全开对应高值。

在缸外喷射系统的单点和多点喷射这两种供油系统当中，最大油泵供油泵压力大约是最低压力的两倍。它确保在较低的温度下也可以为喷油器连续供油，并有助于防止在燃油系统中形成燃油蒸汽。尽管燃油形成的蒸汽或泡沫会对发动机的工作影响很大，但是为了保证喷油嘴的工作寿命，仍要保持燃油的冷却和润滑功能。

第四节　缸外喷射燃油供给系统

一、燃油供给系统组成

电控燃油供给系统由汽油箱、汽油泵、波动缓冲器、汽油滤清器、压力调节器和喷油器等组成。主要有如图 4 – 14 所示的回油管的燃油供给系统和图 4 – 15 所示的无回油管的燃油供给系统两种。无回油管的燃油供给系统的压力调节器在滤清器内部或在油箱内油泵附近。

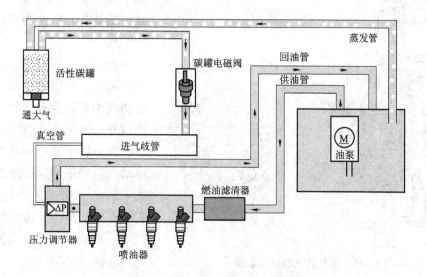

图 4 – 14 有回油管的燃油供给系统

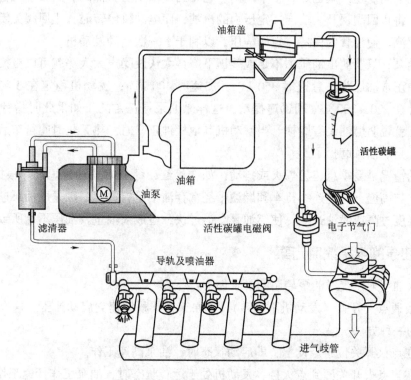

图 4 – 15 无回油管的燃油供给系统

二、油泵

燃油泵的作用是将汽油从油箱中吸出,并以一定的压力供给各缸的喷油器和冷启动喷油器。燃油泵的构造有很多种,主要的区别在于它们的转子和定子的形式,其可分为

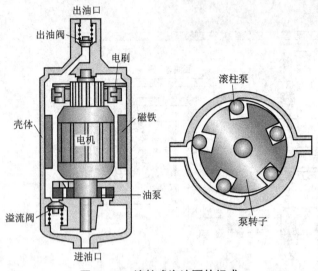

图4-16 滚柱式汽油泵的组成

侧槽泵、涡轮泵、齿轮泵和滚柱泵。图4-16所示为滚柱式汽油泵的组成。

由于它的作用就是将汽油从油箱中吸出，并以一定的压力供给各缸的喷油器。泵有多种形式，但不能拆开和修理，如图4-16所示。它是离心转子式电动油泵，由油泵电动机、转子油泵、溢流阀（安全阀）和出油阀（止回阀）等组成，安装在汽油箱内。溢流阀是一个单向阀，当由于油管或汽油滤清器阻塞，泵油压力约大于0.4 MPa时，减压阀则顶开，使部分汽油从出油口回流至进油口，以达到减压的目的，减压阀不同车的限压压力可能不同。止回阀也是一个单向阀，它相当于油泵的出油阀。当转子泵输出压力达到一定值时，将止回阀顶开，输出一定压力的汽油，而电动机停转时，止回阀关闭，防止油管内压力油回流。使油管内保持一定的静压，以利于下一次启动发动机。

对于油泵，只要测出油压力不足或残压下降得太快及噪声太大等就可以更换了。

油管中正常油压为：急速时350 kPa、加速时400 kPa；发动机稳定在3 000 r/min时，油压表指针在220~300 kPa间迅速摆动，这样燃油泵是正常的，如果此时指针在某一位置略有停顿，就说明燃油泵有磨损。当发动机其他机件正常时，热天长时间行车后急速发抖或易熄火，就是燃油泵磨损了。

经常的情况是夏季急速易熄火或抖动，如在等红、绿灯时发动机熄火。根据修理经验，这一故障常与高温下长途连续行车和燃油箱经常存油不足有关。原因是燃油泵连续工作加之燃油箱内温度过高或燃油过少，使燃油泵磨损过快，造成泵油量及油压不足所致。

三、油泵的电路控制方案

电控汽油喷射系统对油泵控制的要求如下：

（1）接通点火开关（发动机不运转），油泵工作几秒钟建立启动油压。这也是测试油泵线路好坏的一种方法。

（2）在点火开关位于启动挡，即启动状态时，油泵高速工作。

（3）在当点火开关回到点火挡，发动机处于运转状态时，油泵工作低速工作。

（4）在当发动机处于运转状态时，司机突然踩下油门，发动机转速上升时，油泵高速工作。油泵转速控制可以节省电能和降低噪声，延长使用寿命。

（5）在撞车时油泵应停止工作，防止发动机舱失火和引起车辆爆炸。安全气囊电脑通过发动机电脑控制油泵继电器实现此功能。此项功能有的车系采用机械式的碰撞开关控制油泵工作，开关串联在油泵电机的正极线路上或油泵继电器线圈电路上，如中华或富康轿车。这种车在碰撞后开关断开，修理后一定要把开关按下，否则油泵电路仍不工作。

部分高档车在开主车门或无钥匙启动的钥匙在距车一定范围内会控制油泵工作，建立启动用油压。

（一）丰田汽车油泵电路

1. 3GR - FE 燃油泵控制电路

如图 4 - 17 所示为 3GR - FE 发动机燃油泵控制电路，当点火开关位于启动挡时，接通了 ECU 的 IGSW，ECU 控制 MREL 内部接地，主继电器接通，启动机拖动曲轴产生发动机转速信号，曲轴的旋转把发动机转速信号 NE 输入 ECU，电脑 FC 端子在电脑内部搭铁，开路继电器工作，触点闭合，于是开路继电器接通，电流经电阻后至燃油泵机开始工作；当电脑控制 FRP 端子内部搭铁时，电流不经电阻直接加至燃油泵。

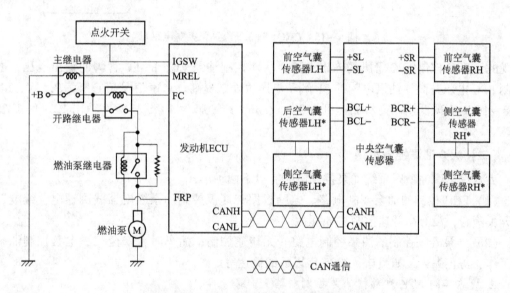

图 4 - 17　3GR - FE 发动机燃油泵控制电路

撞车时，为了防止发动机舱失火和引起车辆爆炸，安全气囊电脑通过 CAN 总线向发动机电脑发送控制油泵断电。

本电路具有转速控制的油泵控制电路的优点：油泵的转速可以变化，发动机高速及大负荷工况时，由于所需油量增大，此时油泵高速运转，泵油量增加。在低速及中小负荷工况时，油泵低速运转，泵油量相应减少，有利于减小油泵的磨损和不必要的电能消耗。

油泵电路相关英文的缩写：IGSW：Ignition Switch（点火开关）、M-REL：Main Relay（主继电器）、FC：Fuel Control（油泵控制）、FPR：Fuel Pump Revolution（油泵转速）。

2. CROWN3.0 燃油泵无级调速电路

图 4 - 18 所示为 CROWN 3.0 燃油泵控制电路，2JZ-GE 发动机专门设有控制燃油泵用的 ECU。

燃油泵 ECU 对泵油量的控制是通过控制供给油泵不同的电源电压，以控制油泵转速来

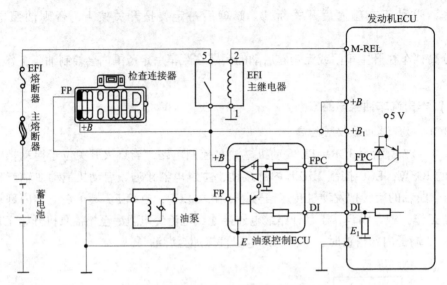

图 4 - 18   CROWN 3.0 燃油泵控制电路

实现的。ECU 控制 FPC 管脚的输出电压，从而控制油泵 ECU 的 FP 管脚的输出电压，电脑控制 FPC 电压升高，油泵电脑的 FP 端子电压也随之提高。怠速工况 FPC 脚为 2.5 V，FP 输出 8 ~ 10 V 实现低速；突然加速到 6 000 r/min，FPC 脚为 4 ~ 6 V，FP 输出 12 ~ 14 V 实现高速。

（二）大众油泵控制电路

大众汽车汽油喷射系统油泵控制电路有以下两种形式。

（1）ECU 控制的油泵控制电路。电脑根据转速仅控制油泵继电器线圈通电，继电器触点开关吸合，没有高低速控制，如捷达。

（2）油泵开关控制的油泵控制电路。无转速控制；撞车时，安全气囊电脑控制油泵停止工作，防止失火，如奥迪，2005 年以后的捷达等。

1. 捷达二阀 ATK 发动机油泵控制电路

图 4 - 19 所示的捷达二阀油泵控制电路：发动机电脑 J_{220} 根据转速传感器 G_{28} 信号通过电脑 80 脚仅控制油泵继电器线圈通电，继电器触点开关吸合，没有高低速控制。

2. 奥迪油泵控制电路

奥迪油泵控制电路：奥迪 1.8 L ANQ，1.8 T AWL，2.4 L APS（ALG），2.8 L ATX 发动机油泵电路图工作原理。电脑 J_{220} 接收发动机转速传感器 G_{28} 信号控制 65 脚电脑内部搭铁，控制油泵工作。电脑同时也接收气囊电脑 J_{234} 传过来的信号。一旦汽车发生碰撞，气囊电脑 J_{234} 信号传至发动机电脑 J_{220}，发动机电脑 J_{220} 控制 65 脚断电，油泵停止工作，防止发生火灾和爆炸。S3/87a 用来给点火模块供电、87F/DT1 除了给油泵供电、另分出一路同时给氧传感器加热器加热。图 4 - 20 奥迪油泵控制电路示意图。

测油压过程的泄油压过程断 S_{228} 号熔断器，其余与捷达相同。

知识点滴：油泵继电器给油泵供电和氧传感器加热器供电，若也给喷油器供电，则点火模块供电为点火开关直接控制供电，两者也可相反，即油泵继电器给点火模块供电，则喷油器供电为点火开关直接控制。

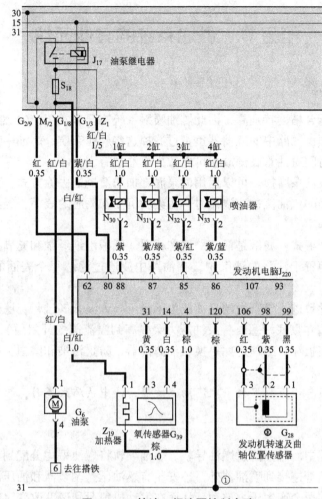

图4-19 捷达二阀油泵控制电路

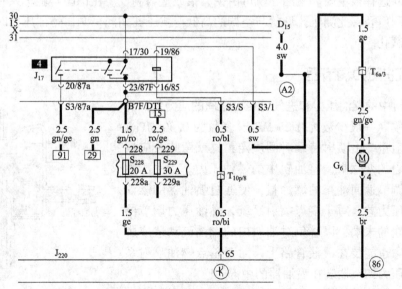

图4-20 奥迪油泵控制电路示意图

第五节　供油系统的其他元件

一、燃油滤清器

由于喷油器的配合精度特别高，因此燃油喷射系统需要非常清洁的燃油。燃油中的颗粒磨料会造成油泵磨损，油路中的滤清器负责过滤掉这些颗粒杂质；燃油中有水分会引起锈蚀卡死和膨胀，一定时间对油箱底部放水可以减少燃油中有水分。

固体颗粒会导致油泵磨损。可以运用油泵底部加滤清器的去除方式，而油路必须加专门的滤清器。当被污染的汽油流过滤清器时，污染物沉淀在滤芯的表面，经过一定时间的堆积有阻滞汽油流动的作用。

滤清器大多为纸绒式，滤纸是最佳的滤芯材料。纸绒由纸纤维和充满其间的树脂材料制成，纸绒滤芯整体地置于油路的滤筛中，在油路中使通过滤芯每个表面的燃油流动速度都相同。

滤清器堵塞会导致进入导轨内的汽油压力不足，导致混合气过稀；滤清器堵塞也会造成油泵压力提升（滤清器彻底堵塞时，泵油压力会提高到溢流阀的开启值）。油泵的运转阻力增大，导致油泵提前损坏。必须定期更换燃油滤清器，防止污染和磨损，以保证燃油喷射系统的有效工作。

知识点滴：一般车4万公里换一次汽油滤清器，油中杂质太多时，应缩短更换里程。

二、燃油导轨

在多点喷射系统中，燃油流过燃油导轨。燃油导轨将燃油平均分配到各个喷油器。燃油导轨上除了分别用油管连接到喷油器外，还安装有燃油压力调节器和油压波动衰减器。由于喷油器的开闭引发共振会产生压力波动，从而在发动机负荷和速度改变时喷射量不准确，所以油轨的尺寸选择很重要。燃油导轨可由钢、铝或塑料制成。在德国奔驰车系和美国车系上还包含一个测压孔，此测压孔形状与空调的高低压测压孔相同，测试燃油压力时将压力表接于此压力测试孔。

三、燃油压力调节器

因为油轨中的燃油压力和进气管压力之间的压力差只有保持一个常数（一般少数为 0.25 MPa、多数为 0.30 MPa）时，燃油喷射量才由喷射持续时间决定，这就意味着应根据进气管压力的变化来调整油轨中的燃油压力。燃油压力调节器通过调节返回油箱的燃油量，使通过喷油器的燃油保持恒定的压力差。对于多点喷射系统，燃油压力调节器通常装在油轨的末端，以避免对油轨内的燃油流动造成影响。另外，它也能装在回油管路上。对于单点燃油喷射系统，其燃油压力调节器装在喷油器的中部。

燃油压力调节器结构如图4-21所示，它由金属壳体、

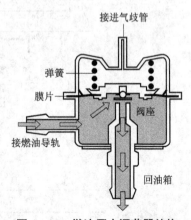

图4-21　燃油压力调节器结构

（图注）接进气歧管　弹簧　膜片　阀座　接燃油导轨　回油箱

弹簧、膜片、阀座等组成，一般安装在燃油分配管上。

膜片将金属壳体的内腔分成两个腔室：一个是弹簧室，内装一个具有一定预紧力的螺旋弹簧，弹簧预紧力作用在膜片上，弹簧室通过软管引入进气歧管的负压；另一个是燃油室，通过两个管接头与燃油分配管及回油管相连。

发动机运转时，进气歧管的负压和弹簧预紧力共同作用在膜片上。燃油泵供给的燃油同时输送到喷油器和压力调节器的燃油室，若油压低于预定值，球阀将回油孔关闭，燃油不再进一步流动。当油压超过预定值时，燃油压力推动膜片使阀向上移动，回油孔打开，燃油经回油管流回油箱，同时弹簧室的弹簧被进一步压缩。一部分燃油经回油孔流回油箱，燃油分配管内的油压下降，膜片在弹簧力的作用下向下移动到原来位置，球阀将回油孔关闭，使燃油分配管内的油压不再下降。

燃油分配管内油压调整值随进气歧管压力而变化的情况如图4-22所示。作用在膜片上方的进气歧管负压用来调节燃油分配管内的压力。若弹簧的预紧力相当于3.0 bar，则进气歧管负压为零时，燃油分配管内的压力保持在3.0 bar。发动机在怠速工况时，进气歧管压力约为-0.5 bar，此时回油孔开启的燃油压力为2.5 bar。节气门全开时，进气歧管的压力约为-0.5 bar，这时回油孔开启的燃油压力变为3.0 bar，即节气门全开时的油压调整值自动调整为3.0 bar。

电动汽油泵停止工作时，膜片在弹簧力的作用下，将回油孔关闭，使电动汽油泵与燃油压力调节器之间的油路内保持一定的残余压力。

近些年来，很多制造厂开始使用无回油型燃油系统，与有回油型系统相比，这个系统有三个主要优点。第一个优点是降低了燃油温度，因为所有的燃油都不必经过热的发动机动力仓以后再重新返回到燃油箱中。这样可以减少蒸发污染，减少蒸发活性炭罐的清污。第二，因为燃料在发动机燃烧前只通过一次燃油滤清器，延长了燃油滤清器的寿命。第三个优点是制造成本降低，因为减少了所使用的零部件。

新型车采用的不易产生气阻的无回油管式燃油供给系统，由于这种系统取消了燃油压力调节器（也叫压力限制阀），通常压力调节器是燃油泵总成模块的一部分。在有些车辆上它是滤清器总成的一部分（图4-23），而在其他的车辆上，它则是分离的零部件。

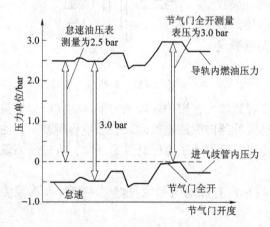

图4-22　进气歧管内压力与燃油导轨内压力关系图

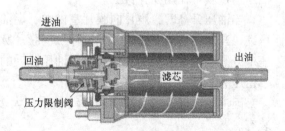

图4-23　滤清器总成内的压力调节器

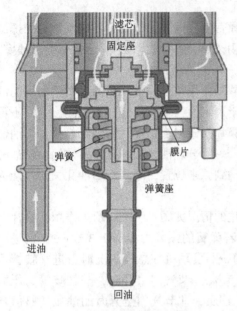

图 4 - 24　无回油管的压力调节器

无回油管型燃油系统没有从油轨到燃油箱之间的回油管。与有回油型系统相类似，无回油型燃油系统中的压力调节器是一个机械装置，其中包含一个调压弹簧和一个作用在调压器阀上的膜片（图 4 - 24）。燃油压力作用在膜片的一侧，而弹簧则作用在另一侧。膜片回油端口将阀打开，使燃料能够返回到燃油箱中。系统中的油压反映的是打开端口所需要的压力，膜片另一端的弹簧的弹力试图将该阀关闭，当燃料被送往油轨时，能使燃油压力升高。

无回油系统不像有回油系统那样利用发动机的真空度。这种系统将压力调节器安装在燃油箱中，提供给喷油器的油压是恒定不变的，电脑利用特殊的公式计算喷油器的压力差，相应地调节喷油脉宽（在传统喷油时间控制上发动机根据进气歧管真空度或空气流量计计算的负荷对喷油时间作修正即可，此时空气流量信号不仅是控制喷油量的主信号，也是副信号）。

四、脉动阻尼减振器

喷油器周期性的喷油和正排量燃油泵周期性的泵出燃油，二者能引发燃油系中的压力波动。若电动燃油泵的安装位置不佳，油管和油轨就会将这种波动传到油箱和车身，并产生噪声。通过特殊的设计、装配和加装压力衰减器来消除这些噪声。燃油压力衰减器（图 4 - 25）与压力调节器的设计结构大致相似，装有弹簧的膜片将燃油腔和大气腔分成两部分。

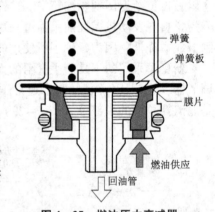

图 4 - 25　燃油压力衰减器

脉动阻尼减振器由壳体、膜片、弹簧等组成。膜片把阻尼减振器分隔成膜片室和燃油室两个部分。膜片室内的弹簧将膜片压向燃油室，旋转调节螺钉可调整弹簧的预紧力。来自电动汽油泵的燃油经油道进入燃油室，油压通过膜片作用在弹簧上。

当油压升高时，膜片向膜片室拱曲，燃油室容积增大，燃油脉动压力下降，同时弹簧被压缩。当燃油压力下降时，弹簧伸长，膜片脉动缓冲器向燃油室拱曲，燃油室容积减小，油压上升。燃油室容积的变化吸收了油压脉动的能量，使燃油压力脉动迅速衰减，有效地降低了由压力波动产生的噪声。

因油泵已经改进，泵油的脉动较小，大多数车没有脉动阻尼减振器，一般日本车系安装有。

五、喷油器

喷油器是电控汽油喷射系统中一个非常重要的执行元件，在 ECU 的控制下，把雾化良好的汽油喷入进气管道。电控汽油喷射系统中都使用电磁式喷油器。在多点电控汽油喷射系统和单点电控汽油喷射系统中，由于喷射系统的不同，对喷油器的性能要求不完全相同，因此喷油器在结构上也存在差异。按阀针与座的封密方式分为轴针式、球阀式、片阀式；按喷油器进油的方式分为顶部进油、侧面进油；按驱动的方式分为低电阻喷油器和高电阻喷油器两种，低电阻喷油器又分为电压驱动型（喷油器电阻 $0.6 \sim 3\ \Omega$；附加电阻 $6\ \Omega$）和电流驱动型（电阻 $0.6 \sim 3\ \Omega$；开启电流 $4 \sim 8\ A$；保持开启电流 $1 \sim 2\ A$）；高电阻喷油器为电压驱动型（电阻 $12 \sim 17\ \Omega$）。

喷油器内部结构没多大意义，在此不再赘述。其中单点喷射多用侧面进油。机械喷射喷油器开启不受电脑控制，压力大于 $4.3 \sim 4.6\ bar$（大众奥迪五缸）就开启。图 4 - 26 所示为电控轴针式喷油器和机械式喷油器。

由于汽车上的电源电压不是恒定的，为了消除电源电压变化时对喷射量的影响，在电源电压变化时，常采用改变通电时间的方法予以修正，电源电压低时适当延长喷射时间，电源电压高时适当缩短喷射时间。其修正值随喷油器的规格及驱动方式的不同而略有差异。

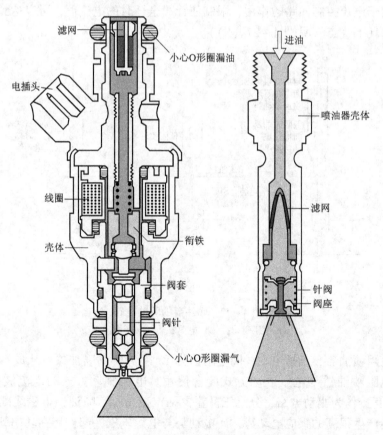

图 4 - 26　电控轴针式喷油器和机械式喷油器

低电阻喷油器与电压驱动方式配合使用时，应在驱动回路中加入附加电阻。这是因为在低电阻喷油器中减少了电磁线圈的电阻和匝数，减少了电感，其优点是喷油器本身响应特性好。但由于电磁线圈电阻的减少会使电流增加，加速了电磁线圈的发热以致损坏，为此在回路中设置附加电阻。电压驱动方式的回路较简单，但由于在回路中加入了附加电阻，回路电阻大，导致流过喷油器的电流减小，喷油器产生的电磁力降低，从动态范围看，稍有不利。图4－27（a）所示为电流驱动方式的回路中没有使用附加电阻。低电阻喷油器直接与电源连接，因而回路阻抗小，触发脉冲接通后，电磁线圈电流上升快，针阀能快速打开，从动态范围看是相当有利的，缩短了开启时间。在本方式的回路中，增加了电流控制回路，当脉冲电流使电磁线圈电路接通后，它能控制回路中的工作电流，防止上升过高。当控制回路根据微机输出的脉冲信号使功率三极管导通时，能及时接通喷油器电磁线圈电路。由于开始阶段，三极管处于饱和导通状态，回路阻抗小，喷油器电磁线圈的电流在极短的时间内很快上升，保证了针阀以最快的速度升起。当针阀升到全开位置时，其电磁线圈的电流达到最大，一般称为峰值电流。喷油器的结构不同，工作情况不同，其峰值电流也不同，一般为2～6 A（电源电压为14 V时）。在喷油器电磁线圈电流增大的同时，电流检测电阻的电压分压也不断增大，当电压达到设定值时（此时恰好针阀升至全开位置），电流控制回路使三极管在喷油期间以约20 MHz的频率交替地导通和截止，使针阀在全开位置时通过喷油器电磁线圈的电流降至较小的保持电流，一般保持电流平均值约为1～2 A，该电流足以维持针阀在全开位置。由于电流控制回路的作用，限制住针阀全开时的电流值，可以达到防止电磁圈发热以及减小功耗等优点（见图4－27（b））。

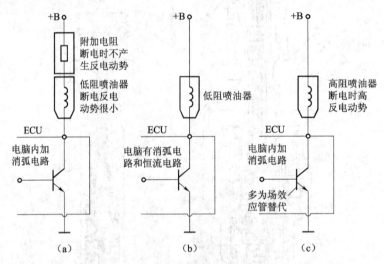

图4－27　喷油器的驱动电路

（a）电压驱动；（b）电流驱动；（c）电压驱动

　　所谓高电阻喷油器，是指电磁线圈电阻值为12～17 Ω的喷油器。从成本和安装来说是有利的。高电阻喷油器与电压驱动方式配合使用。电压驱动方式的电流波由于在功率管（实际中多为管排作为驱动电路，分立三极管少见）截止时，喷油器电磁线圈存在电感，在线圈两端可能产生很高的感应电动势，此电动势与电源电压一起作用在功率管上，可能将其击穿而损坏。为了保护功率管和缩短喷油器关阀时间，在驱动回路中常设有图4－27（c）所示的消弧回路。

喷油器损坏的经常情况是热车停车后，再次启动困难，导致这种热车启动困难、而冷车启动正常的主要原因是启动时混合气过浓。大部分车热车难启动的故障是喷油器有滴漏，可以以 350 kPa 的油压测试喷油器有无渗漏，若有渗漏，则更换喷油器。

知识点滴：喷油器的两个平衡测试

每一个喷油器的供油量必须相等，否则发动机将会形成怠速粗暴或性能不良。对喷油器进行等喷油量测试可采用下述两种方法中的一种。

（1）实际喷油量测试：通常拆下喷油器在喷油器清洗机上进行，清洗机对喷油器施加同样的类似喷油控制的间断性信号，这时从喷油器喷出的油在相同时间内应相等。

（2）电阻平衡测试：电阻平衡测试意为测试喷油器线圈绕组的电阻，如要使发动机运行状态良好，所有的喷油器的电阻应该相同，测试电阻时应将接线器从喷油器上拆下来。

用欧姆表测量喷油器接线柱间的电阻。各个喷油器测量值之间的差值（喷油器最高电阻值减去喷油器最低电阻值）应该为 $0.3 \sim 0.4\ \Omega$。如果任何一个喷油器电阻值与其他喷油器的电阻之间的差值接近或超过 $1.0\ \Omega$，在确认喷油器接线柱导电正常的情况下，必须将其更换。

喷油器电阻值的影响为：电阻值太高、电流减小、喷油器开启速度减慢、混合气变稀；电阻值太低、电流增大、喷油器开启速度加快、混合气变浓。

知识点滴：自适应复位

喷油器在长期使用后，汽油中的不饱和烃氧化生成胶质阻塞的喷油器。在更换或者清洗喷油器以后，发动机的工作可能还是不平稳。这是因为阻塞的喷油器提供的是稀空燃比混合气，计算机根据氧传感器信号增加喷油脉宽试图将混合气控制到正常的空燃比。当更换或者清洗了喷油器以后，自适应记忆仍然还按增加的喷油脉宽进行控制，因为喷油器已经不再阻塞了，这样导致可燃混合气太浓。当发动机达到正常工作温度时，驾驶车辆工作至少 5 min，令自适应记忆进行再学习。在这以后，计算机就能够提供正确的喷油脉宽，发动机能够平稳地进行工作，计算机系统中的零部件更换以后也存在同样的问题。

自适应记忆是电脑的一个功能，氧传感器根据发动机的工作状态对喷油脉宽进行修正。

六、燃油供给系检修

以捷达两阀发动机电路图 4 - 19 为例。

（1）打开油箱盖，打开点火开关应听到几秒钟的点火开关控制泵油。若能听到，说明油泵电路没有故障。

（2）捷达 ATK 发动机测油压时，泄压拆 18 号油泵电机保险。打启动机着车，让车自动熄火。燃油导轨内压力在发动机熄火下降后，再在滤清器和导轨之间串压力表。插上 18 号熔断器，打着车。

（3）怠速时压力应在 2.5 bar，拔掉真空管提升到 3.1 bar，且表针在 3.0 bar 或 3.1 bar 附近抖动回油，说明正常（压力相差 0.1 bar 也是允许的）。过低时检查油泵和压力调节器，熄火夹住滤清器和表之间软管，压力表压力下降为压力调节器早回油，更换压力调节器；打着车夹住压力调节器回油管，压力表的压力一直在较低压力（正常为怠速时的 2 倍）为油泵内回油阀早开启或油泵电机损坏，转速不够，应更换油泵。

停车时间过长时，打启动困难，需要几次才能着车，着车时排气管还能放一下或二下炮，夏天更明显；熄火后，立即打着车，一切正常，通常为喷油嘴滴油造成混合气过浓故障。判别时可以打着车后几秒熄火，实际打不着车也不重要，主要是让油泵工作建立油压拆下进气歧管，拆下导轨固定螺丝，将导轨连同 4 个喷油器拆下放在铁盘里，目视喷油器，若滴油很容易看到，更换喷油器即可。也可采用熄火夹住滤清器和表之间软管，同时夹住压力调节器的回油管看油压表油压下降的方法判断喷油器滴油，但时间要等很长。实际根据现象就以判断为滴油故障了。

事实上，加速耸车，发动机无力，测量当时的油压低，就可判定为油泵故障，压力调节器故障几乎很难见到，油泵电路也很少出故障。

第六节　喷油量控制

现在的汽油喷射发动机早已取消了冷启动喷油器（1995 年之前多用，现在已无意义），启动时燃油增量和正常运行时的燃油供给全靠微机直接控制喷油器来实现。在启动工况，喷油器的喷油时间取决于发动机冷却水温度、自启动开始累积转过的周数、发动机转速和启动时间四个主要因素。对喷油时间进行延长进行加浓，同时为了在进气管道与汽缸内形成一种均匀的可燃混合气，尽可能地避免燃油在进气行程喷射造成火花塞的湿润，因此要求喷油器在发动机每转一圈时进行多次喷射（异步喷射）。

电控燃油喷射发动机，在各种工况下所需的燃油量，是由微机通过控制喷油时间来实现的。为适应发动机不同工况的需要，发动机控制空燃比变化情况如下：

（1）启动阶段：空燃比为 2:1 ~ 12:1，发动机温度由冷到凉，氧传感器无信号；

（2）暖机阶段：空燃比为 2:1 ~ 15:1，发动机温度渐高，氧传感器无信号，直到发动机热起才有信号；

（3）怠速：空燃比为浓或稀取决于校正情况，发动机温度热，氧传感器有信号，微机也可能不问，取决于校正情况。现在车怠速只要温度正常，三元催化器温度和氧传感器温度正常，空燃比即转入标准空燃比 14.7，不再使用浓混合气。

（4）开环控制阶段：空燃比为 2:1 ~ 15:1，发动机温度冷或热，氧传感器可能有信号，但微机不问；

（5）闭环控制阶段：空燃比为 14.7:1，发动机温度热，氧传感器有信号；

（6）急加速时：空燃比为不同稀度混合气热有信号，但微机不问；

（7）减速时：热车有信号，空燃比为不同浓度混合气依据驾驶员的需要，但微机不问；

喷射总时间 T_i 取决于基本喷射时间 T_b、修正喷射时间 T_c 及电压修正时间 T_A 三项之和，即

$$T_i = T_b + T_c + T_a$$

图 4 - 28 所示为燃油喷射系统控制框图。

基本喷射时间 T_b 由吸入空气质量 Q 及转速 n 按下式算出，

$$T_b = KQ/n$$

式中　K——常数。

修正喷射时间 T_c 取决于对应工况的各项修正系数，并由各类传感器检出，则

$$T_c = (1 + K_{at} + K_{st} + K_{al} + K_p + K_f)(1 + K_{wt}) T_b$$

式中　K_{at}——吸气温度修正；

K_{st}——启动增量修正；

K_{a1}——暖机时加速增量修正；

K_P——功率增量修正，节气门开度在一半以下时，此值为 0；

K_f——空燃比修正，由氧传感器进行反馈控制修正；

K_{wt}——暖机修正，水温在 70° 以上时 K_{wt} 为 0。

T_a——电源电压修正时间 T_a 是根据蓄电池电压直接进行修正的。

将上述 $T_b + T_c + T_a$ 三项时间信号送入求和电路，就得到控制燃料喷射总的时间 T_i 脉宽。

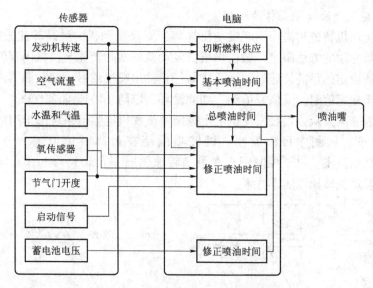

图 4 - 28　燃油喷射系统控制框图

知识点滴：时间 T_b 和时间 T_i 在读数据流时可以读出。时间 T_b 是电脑计算的中间数据，时间 T_i 输出数据。发动机转速一定时，喷油数据和进气数据成比例，所以时间 T_b 也是负荷信号，但时间 T_i 不是负荷信号。

一、燃油停供

所谓燃油停供，是指微机停止给喷油器发送燃油喷射信号，喷油器停止喷油。

燃油停供大致可分为三种情况：第一种是减速时以降低燃油消耗和改善排气净化为目的的燃油停供；第二种是发动机高转速时以防止发动机损坏为目的的燃油停供；第三种是防止淹缸的清除溢流停供。

1. 减速时燃油停供

如果遇到节气门关闭（节气门位置传感器怠速触点 IDL 测得），因为汽车在挡上，车轮反拖发动机使进气门的油雾和油滴在怠速真空吸力下进入汽缸，使发动机转速在设定转速以上情况（硬减速）时，微机将判定为不需要供给燃油的减速状态，此时进入燃油停供阶段。

燃油停供转速还要根据发动机冷却水温度、有无空调之类的负荷等因素精确确定，并依此确定燃油停供范围，为依据发动机冷却水温度确定的燃油停供转速和复供转速示意图。所谓复供转速，就是汽车在持续惯性行驶时，开始恢复喷射燃油的转速。复供转速是在停供转速下降到一定程度时开始的。发动机冷却水温度越低，燃油停供转速越高，复供转速也越高。这是因为发动机在冷态下工作时，怠速设定的转速比较高，以防止发动机在怠速状态下进入燃油停供状态。

知识点滴：发动机减速时的燃油停供、复供功能为程序软件控制不涉及故障，若有故障出现时，多为下大坡时司机抱怨发动机转速在收油门时稍有忽上忽下，则为发动机减速时燃油停供造成，不过这只能说明是一种正常情况，若当故障处理，找不出故障点。

减速时的燃油停供，本质上是限制怠速最高发动机转速。另外，在燃油停供期间，一旦节气门被打开，就应立即恢复燃油喷射。

2. 发动机超速断油（最高转速限制）

为了防止发动机转速过高而引起发动机损坏，要对发动机的最高转速进行限制。目前，多采用利用切断燃油的方法限速。微机将根据发动机的实际转速与微机内存储的最高转速进行比较，当达到设定的最高转速时，微机立即停止输出喷油信号，使喷油器停止喷油。当发动机转速降低至规定值时，又恢复喷油，如此循环，以防止转速继续上升。

图4-29为德国大众公司在发动机电子控制系统和机电喷射系统中采用的电子转速限制装置工作特性图。从图中可以看出，机械喷围绕在最高转速值 $n_0 = 6\,000$ r/min。有 ± 80 r/min 的活动范围。电子控制围绕在最高转速值 $n_0 = 6\,500$ r/min，有 ± 80 r/min 的活动范围，实际发动机转速以实车为准。

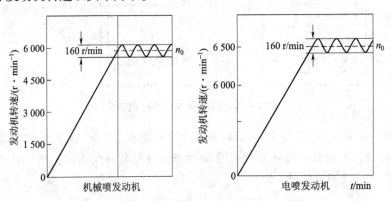

图4-29 机电喷射系统和电子燃油喷射系统的超速断油功能

此外，还有一些汽车，有超车速行驶断油功能。当"车速"超过限定值时，停止供油。其作用与防止发动机转速超限相同。

知识点滴：大众车系数据流里 Overrun 即为超速，出现后，瞬间发动机转速稍下降。

3. 启动时燃油停供

启动时计算机内存储的程序会根据发动机冷却液温度传感器信号为发动机提供启动加浓，冷却液温度传感器信号真实反映发动机的温度。所供的混合气的空燃比范围可以从 -40 ℃ 时的 1.5:1 到 100 ℃时的 14.7:1。

如果当发动机开始启动时，发动机缸内出现浸油，发动机将难以启动。此时司机踩下加速踏板，使节气门开度超过80%，使计算机转换至清淹工作模式。空燃比高达20:1的混合气有助于清除发动机浸油，以消除燃油过多现象，直到发动机转速高达400 r/min 以上。如果发动机处于未运行状态，节气门开度超过80%，某些发动机将停止供油。

此程序的出现必须是人为控制加速踏板才能出现，且不是所有的电喷车都有此项功能。

第七节　喷油器波形分析

一、驱动信号和喷油器信号的区别

（1）驱动信号是电脑向三极管基极或场效应管栅极提供的控制信号。

（2）喷油器信号是三极管或场效应管导通时，在喷油器负极上测得的电压信号。

知识点滴：测喷油器波形时一定是探针搭在喷油器的负极上，屏蔽地接在电瓶负极。这样才有利于发现电脑搭铁不良。

知识点滴：喷油器波形和喷油器的驱动波形要区分开。

（1）喷油器波形是探针搭在喷油器的负极上，屏蔽地接在电瓶负极

（2）喷油器的驱动波形要打开电脑盒，根据怀疑有故障的喷油器对应的电脑管脚，找到相应的三极管；再找到此三极管的基极，在线测基极对地的信号，主要用于判断电脑故障。

在修理过程之中，偶尔要在车上进行在线测量三极管的驱动信号和喷油器的信号，以判别故障点。具体车型可能会有些差别，所以掌握新车正常波形的产生原理，作为第一手资料，书上波形仅供参考。电脑故障或喷油器匝间短路故障善于对比分析，是可以发现的。

电磁喷油器是电子燃油喷射系统的主要执行元件，因其工作时要受喷油器断电时反电动势的影响，所以出现问题的几率比较高。图4-30所示为电脑内驱动喷油器的三极管。

电脑有两种类型驱动信号驱动三极管的基极，这样也有两种不同信号作用在喷油器的负极上。两种驱动信号分别称电压控制类型和电流控制类型。电压控制类型也称为"饱和开关"型，电流控制类型也称为"峰值保持"型。之所以有这两种类型，是因为所选喷油器不同，对应三极管基极的驱动信号不同造成的。

差异是负载回路的总电阻不同，一般来讲，在一个喷射电路中，当回路的总电阻大于12Ω时，应用电压控制型驱动器，

图4-30　电脑内驱动喷油器的三极管

小于12Ω则应用电流控制型驱动器。对于高阻型喷油嘴来说，三极管驱动信号为开关信号即可。对于低阻型喷油嘴，驱动信号控制流过喷油器线圈的电流开始要大，保证喷油器开启，随后用小电流保证喷油器保持开启，否则喷油器很快就会因电流过大，线圈过热而损坏。

二、电压控制喷油器波形分析

电压控制型不需要担心电流的限制，从控制角度来讲，它更像一个开关，ECU控制三

极管导通时，蓄电池电压直接加到喷油器上，使喷油器工作。喷油器电磁线圈在驱动电流的作用下，很快达到磁饱和状态，其电压波形见图 4 - 31。

一般车辆运转状态下，电压正常值为 13.7 V 左右，为了在示波器获得适当的输出，一般选择 5 伏/格。驱动器电路完全导通（搭铁），在示波器上体现出来应该干净、平直，没有圆角边沿；一个存在问题的驱动器，体现在垂直线上往往会扭曲变形。电磁喷油器驱动电路饱和压降，正常情况下，应该接近地电位，但又无法达到地电位，因为驱动电路自身输出阻抗的影响，不正常的波形往往是由于搭铁回路的问题而影响的，所以直接用蓄电池的负极作为参考往往更容易发现此类问题。电压尖峰的高度与喷油器线圈匝数、流过喷油器的电流大小有关系，线圈匝数和电流的增加都将导致尖峰电压的升高；反之，尖峰电压将减小。通常峰顶电压不应低于 35 V。

电压从峰值逐渐衰减到蓄电池电压，注意这个微小的隆起，这实际上是电磁喷油器阀针回落引起的电磁感应现象，表现为出现感应电压锯齿波。

如果你看到一个大约 35 V 的峰值电压，是因为一个保护驱动三极管或场效应管的齐纳二极管起到钳位的作用，这时候尖峰的顶部应该是以方形截止。因为大部分汽车电路最终是互相并联在一起的，汽车电路中电感线圈断电时出现的高压电涌会对电子元件产生破坏，高压电涌也可能窜入其他回路。在汽车电子系统中使用二极管都有助于防止对精密的电子线路造成损伤，见图 4 - 32。齐纳二极管将高出的部分吸收掉，如果不是以方顶截止，一般来讲是因峰值电压无法达到齐纳二极管的击穿电压，意味着喷油器的线圈存在某些问题。如果不采用齐纳二极管，正常状态下，这个电压应达到 60 V 或更高。

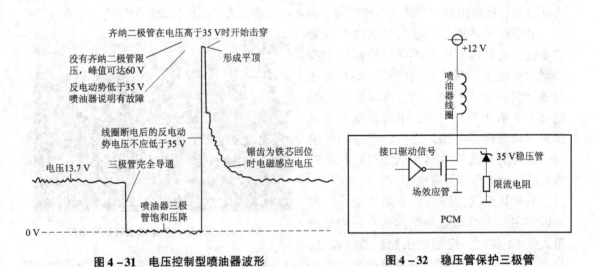

图 4 - 31　电压控制型喷油器波形　　　　图 4 - 32　稳压管保护三极管

三、电流控制型喷油器驱动电路及波形分析（峰值保持型）

电流控制型驱动器的内部结构要比电压控制型复杂，它除了完成基本的开/关功能外，还要提供恒流控制功能。主要适用于回路总电阻小于 12 Ω 的应用场合。图 4 - 33 所示的是电流控制型喷油器的恒流方法。一旦三极管开启，回路电流在一段时间内不受限制，直到喷油嘴针阀开启为止，典型电流值为 2~6 A。实际上，电路允许电流达到峰值。一旦电磁喷油器针阀开启，电流迅速下降到一个较小值，以保护喷油器不会因在整个脉冲周期内承受大电流而发生过热损坏。维持喷嘴的开启状态需要很小的维持电流，典型值为 1 A 或更小，称其为"保持"时间，这个较小的保持电流足以维持已经开启的喷嘴保持在开启状态。

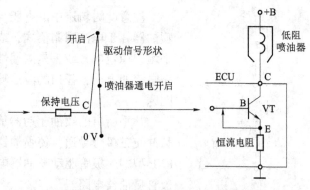

图 4 – 33　电流控制型喷油器的恒流方法

降低回路电流有两种方法：一种是周期性的使电路处于开/关状态，当这个过程足够快的时候，喷油器将保持在开启状态；另一种方法是调节电压的方法。

电流控制类型的优点在于，喷油器开启速度快（开启电流大），关断速度快（保持电流小），响应迅速。缺点为电路结构形式复杂，成本增高。喷油器电压波形如图 4 – 34 所示。一般车辆运转状态下的系统电压正常值为 13.5 V 左右，为了在示波器获得适当的输出，一般选择 5 伏/格。驱动器电路完全导通（搭铁），在示波器上体现出来应该干净、平直，而没有圆角边沿；一个存在问题的驱动器，体现在垂直线上往往会扭曲变形。电磁喷油器驱动电路饱和压降，正常情况下，应该接近地电位，但又无法达到地电位，因为驱动电路自身输出阻抗的影响，不正常的波形往往是由于搭铁回路的问题而影响的，所以直接用蓄电池的负极作为参考往往更容易发现此类问题。注意三极管导通电压降为 0 V 时又有了个向上的弯曲，这个微小的感应电压是由反向电压产生的，是正常的。这是因为低电阻电路能允许快速建立电磁场，进而产生反向电压。

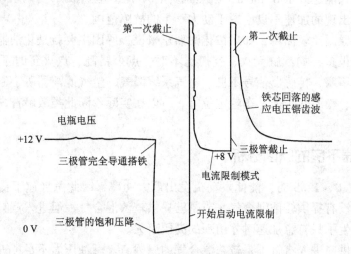

图 4 – 34　电流控制型喷油器波形

开始启动电流限制，即所谓"保持"时间的开始，在这点之前，电流不受限制，可以自由上升到峰值以便开启喷嘴针阀，喷油嘴针阀开启，ECU 开始降低回路电流，实现方法为降低加在喷油嘴上的电压，以很小的电压来维持针阀开启所需要的小电流。

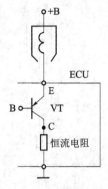

图4-35　PNP型的开关
三极管喷油器电路

注意此时轨迹中的电压与系统电压（蓄电池）相差很小，此时喷油器处于电流限制模式，或者说是"保持"状态。这条线可以是平坦、稳定的，或者是周期性的、迅速的开关，都是正常的限制回路电流的方法，任何的波形畸变都将指出喷油器驱动器电路存在的问题。

几乎所有的喷油驱动器都是采用NPN型的开关三极管，它的正脉冲使三极管导通，使喷油器负极变为近似接地。但实际中也有用PNP型的三极管驱动喷油器电路，图4-35所示为PNP型的开关三极管喷油器电路。

这种喷油器三极管驱动电路与其他系统的喷油驱动器的区别在于，它的基极脉冲是低电位时，三极管导通。这样它的驱动信号就是和NPN型相反，不过喷油器负极波形没有差别。

第八节　典型燃油压力故障

一、燃油压力有故障主要表现在加速不良

弄清电喷发动机"加速不良"和"动力不足"的区别是正确诊断的关键。

加速不良俗称加速坐车，是指在急速踩下油门时，发动机转速不能迅速升高，但只要踩着油门不放，发动机转速仍会缓慢升高，同时发动机没有其他故障现象。

比如说，一台捷达车原来加速良好时最高车速可迅速达到165 km/h，现在加速不良，最高车速也可达165 km/h，只是踩下油门等待的时间更长些，这就是加速不良的故障。如果现在最高车速只能达到130 km/h，虽然加速也不良，但这属于发动机动力不足的故障。动力不足的车辆出现的加速不良应属于动力不足的故障范围。

加速不良的原因比较简单，如果按化油器车来说，原因主要就是化油器加速油路。而动力不足的原因则很多，如汽缸无火、空燃比不对、点火错乱、点火正时不对、汽缸压力不足、三元催化器堵塞、传感器信号不良、进气系统漏气、空气滤清器脏、制动器卡滞、自动变速器打滑故障、轮胎气压低、车轮定位等。所以在实际诊断此类故障首先应确认是加速不良还是动力不足。

二、急加速不良的原因分析

空燃比为12.0～12.5时，能使发动机发出最大功率，因此急加速不良的主要原因，是急加速的瞬间，没有提供较浓混合气，或是已提供较浓混合气，但进入汽缸的不是较浓的混合气；其次是发生了只有急加速时才出现的高压断火。

造成没有提供或进入汽缸不是较浓混合气的原因有：燃油压力不足；进气门头部积碳过多和传感器信号滞后或不良三点。

1. 燃油压力不足

当急踩油门使节气门迅速开大时，节气门位置传感器快速变化的信号传给电脑，电脑控制喷油器增加喷油脉宽（异步喷射），以增加喷油量。油泵泵油压力不足、油路受阻，这会

使混合气浓度不足，导致加速动力不足。此时，应当测量加速不良时的燃油压力。

经验表明，急加速不良的最常见故障原因是急加速时燃油压力不足。

在怠速时测燃油压力，油压可能是正常的。这是因为怠速时喷油器的喷油脉宽通常是 2.5～5.0 ms，而加速时喷油脉宽在 50～70 ms。

油路有部分阻塞且急加速时，油压就会降低。因为喷出油多，进入供油管路中油少。所以在诊断加速不良的故障时，必须在行驶中急加速时测量油压。

例如，捷达怠速时油压为 250 kPa，急加速油门到底时，油压应在 280～290 kPa，因为急加速时进气歧管真空度小了 50 kPa 以上，所以喷油器与进气歧管压差仍是 250 kPa，油压达 290 kPa。如果急加速时油压低于 250 kPa，就会呈现急加速不良。

氧传感器的燃油修正值大于 8%，即混合气过稀，此时电脑控制增加了 8% 的喷油量，常常是燃油泵油压不足。

燃油压力不足的原因如下：

（1）燃油泵磨损；

（2）燃油泵供电电压不足（燃油泵电路各接头处电阻过大，都会造电压降。如燃油泵继电器触点和接线端子处，各有关线束接线端子、搭铁端子处。应在燃油泵工作时，测量供电电压）；

（3）燃油泵进油滤网过脏导致部分堵塞，汽油滤清器堵塞；

（4）供油油路有泄漏，如油管接头，甚至油箱中的某些油管。

2. 进气门头部积碳过多

电喷发动机由于喷油器喷油正好喷到进气门头部，当汽油品质不佳时很容易造成进气门头部积碳过多。这些积碳会吸附汽油，当发动机进气歧管压力稳定时，积碳中汽油蒸气浓度与混合气相同，但在急加速时，喷油器长时间喷油，有一部分汽油会被节气门头部积碳吸收，并未进入汽缸，造成进入汽缸的混合气并不较浓，从而导致急加速不良。

若踩着踏板不放，积碳吸收汽油饱和后，过几秒钟车速会上去。

若是进气门积碳影响急加速的，冷车发动时间也会长，打启动机需多一会儿时间，因为喷出的汽油被积碳吸附了，不能形成浓混合气。

发动机积炭的原因和处理方法：

在冬季经常出现的"三冷"现象即冷车不易启动、冷车发动机怠速抖动和冷车加速座车，绝大多数是进气门背部、进气管内积碳过多，喷嘴内部杂质过多造成的。为防止此现象的发生，用户在日常使用时要正确操作，同时在日常保养时建议每行驶 2 万～3 万公里后应对发动机进行免拆清洗。

（1）发动机积炭的原因如下：

① 使用劣质汽油，胶质含量过高（大于 5 mg/100 ml）及有杂质；

② 使用劣质机油；

③ 添加了劣质的汽油或汽油添加剂很快就会产生胶质和气门积碳；

④ 汽油中缺少活性添加剂；

⑤ 空气质量状况差，灰尘大；

⑥ 经常短距离行驶，如果距离太短，车还没有热就停车了，很容易形成积碳；

⑦ 行车中换挡点总提前，尤其是在冬季冷车状态下，也易形成积碳。

（2）发动机积炭的处理方法有：

① 将清洁剂加入油箱中，使整桶汽油成为温和的清洁剂，在行驶的同时清洁积碳，即使是严重积碳也可以连续将其清洁到不影响发动机正常运作的程度，这种方式的花费最低，没有不良副作用的，但由于清洁剂的稀释导致清洗速度太慢。

② 让发动机在工作时将清洁剂注入油管以清除积污，时间很快，只有十余分钟，但清洁剂的成分相当强烈，有伤害喷油与发动机内部组件的危险，且根据实际经验，效果并不好。

③ 将清洁剂注入燃烧室中，让清洁剂直接清除积碳。这是三种方法中效果最好的一种，燃烧室与进排气门都可以清洁到呈现金属原色的程度，不过就是因为效果太好，清出来的大片积碳常会卡在进排气门座附近使进排气门无法紧闭，必须花费大量的时间和精力去处理后续问题，机油遭清洁剂稀释必须更换，气门导杆有受侵蚀的危险。

切记：每次针对发动机的免拆清洗后，都应以较高的车速（80 km/h 以上）行驶20 km以上，使熔化的胶质和积碳在高温下燃烧从尾气排出。如果做免拆清洗后将车放置到第二天早上再启动发动机，会使气门被熔化的胶质粘连，也就是俗称的"气门粘连"现象，气门粘连会使进气不充分，压缩时气门可能关闭不严（取决于积炭的软硬程度）如果出现了这种现象还需要重新进行免拆清洗。

超声波清洗是当前工业中应用的清洁度最高最有效的先进清洗技术之一，就是稍有些拆装喷油器的麻烦，其基本清洗原理是 20 kHz 以上的声波在液体中传播时，会产生超声空化聚能现象，能在液体中形成数以亿万计微小空化泡，当空化泡在工件表面闭合破裂时将释放出巨大的能量，形成异乎寻常的高温（>5 000 ℃）和高压射流作用（>1 000 个大气压），从而实现工件内外表面附着污垢的快速、彻底的剥离。

超声波清洗设备也广泛应用于微型车、轿车、卡车维修企业及镗缸磨轴客户对大件机体和机件的清洗。

超声波清洗的优势：翻新的清洗效果；可彻底地清洗零件的内外表面包括油道；大小部件均可方便清洗，应用面广；清洗成本低，只是涮洗的1/6。

3. 传感器信号滞后或不良

急加速瞬间由于空气流量计、进气歧管绝对压力传感器、节气门位置传感器信号不良，信号反应过迟，会使喷油脉宽不能迅速增大，进入汽缸的混合气也会不够浓。

（1）热线式或热膜式空气流量计的热线或热膜脏污时，向电脑发送的空气流量信号就滞后于实际气流的变化，从而导致喷油脉宽增大的滞后。

（2）进气歧管压力传感器真空管低垂处因燃料或水堵塞时，当急加速导致进气歧管绝对压力急速变化时，传感器的绝对压力变化会滞后。当慢踩油门时，由于进气歧管中真空度变化缓慢，真空管有点堵塞，但不可能完全堵塞，所以影响也不大。

（3）节气门位置传感器是控制加速异步喷油传感器，由于现在产品质量提高，它本身不易有电刷和滑动变速器接触不良故障，但根本就无节气门信号时，如信号中断，或电脑检测有故障进入故障状态，也会导致电脑不能给喷油器正确的喷油脉宽指令。

三、急加速不良故障诊断步骤

（1）首先确认是否真正是加速不良。加速不良是指缓慢加速正常，仅急加速工况不良。

（2）对于急加速不良的故障，首先测急速时的燃油压力，如油压正常，则应在行驶中测急加速时的油压。

急加速时油压开始下降，而后又升至标准值。这表示油泵正常，问题是进出油不畅，如进油口滤网或汽油滤清器堵塞。

如急加速时，油压下降后，始终不能回到标准值，大都是燃油泵磨损过大或工作不良。

如果急加速时油压正常，若有冷启动时间过长的现象，则可能是进气门积碳过多所致。为了确认此点，用故障诊断仪查看热车急速时氧传感器的电压变化频率。无气门积碳，良好的氧传感器，电压变化在 $0.2 \sim 0.8$ V，且变化速度 20 次/分左右，但必保多于 10 次/分。长期使用，因氧传感器老化，导致信号电压不准或电压变化频率过少，此时可换一个新传感器来测试。

进气门头部如果有积碳，因为积碳会在加速吸附汽油和收油门时放出汽油，导致混合气加速时减稀和收油门时变浓。

由于传感器信号滞后造成急加速不良的故障较少。若有怀疑时可用故障诊断仪从数据流中观察喷油脉宽能否迅速增大来判断。在急踩下油门时，若喷油宽增大滞后，则是传感器信号滞后或不良所致。

如以上检查都正常，则应检查点火系。如高压线或点火线圈是否在急加速时工作不良。

2000 年以后有些新型车的诊断系统具有失火识别功能，那么先用故障诊断仪读取相应的故障码，再排除故障。

知识点滴：燃油系统的日常检修

电子计算机以信号脉冲控制燃油喷油器的打开与闭合。喷油器打开时间越长，喷入汽缸的燃油量就越多。

电脑通常是对安装在燃油箱体内（或附近）的燃油泵继电器进行控制。电脑用点火开关和来自发动机的转速信号控制对燃油泵继电器电路的供电。

如果遵循了正确的操作程序，电脑控制的燃油喷射系统基本上是一个可靠的系统。日常要记住以下几点：

（1）燃油喷射系统是利用汽油来进行冷却喷油器和油泵电机的绕组。作为司机一定避免汽车在油箱几乎空了的情况下运行。油箱底部的积水和铁锈等污物会被吸入燃油供给系，并损坏泵和喷嘴。在油箱没油情况下散热下降，噪声上升，寿命下降。定期对油箱放水和放出污物。特别是现在的乙醇汽油含水量更多，必须定期放水。

如果不定期放水，水会在油面下降时，油和水的混合物中水的浓度增加，进入汽缸，导致启动困难，但向油箱中加满油时却可正常启动。

（2）使用规定标号汽油，一旦在加了汽油行驶动力性下降，同时用正时灯或检测仪发现点火角推迟则应清洗油箱和整个燃油供给系。

（3）定期更换燃油滤清器。

（4）进气口喷油系统的喷油器背面积碳是一个普遍的问题。要减少积碳，除了定期清洗节流阀体外，还应该定期更换燃油和维护 PCV 阀门，并定期清洗空气滤清器。

（5）喷油器滴油是燃油供给系统的常见故障，易导致热车启动困难。

第五章

直喷发动机和直喷稀燃发动机

缸内燃油喷射发动机分为直喷均质发动机和直喷稀燃发动机两种。

均质即汽缸内的油气浓度各处都相等，怠速用浓混合气，部分负荷空燃比为14.7的混合气，全负荷用浓混合气。这样的直喷发动机为均质直喷发动机。均质直喷发动机相对缸外喷射而言，直喷发动机的高压雾化会更好。现在的所谓直喷发动机大多停留在这个阶段。

非均质即汽缸内各处的油气浓度不都相等，火花塞附近较浓，其他部分较稀，整个汽缸内的混合气总体浓度还是很稀。这样的直喷发动机为非均质直喷发动机或直喷稀燃发动机。仍有待研究，至少至本书结稿（2007年9月）时国内还没批量生产，不过国外日本三菱公司已在1996年开始生产直喷稀燃发动机，进口国内的有三菱太空的4G93发动机。

关于缸内喷射，20世纪40年代前做过较多的研究，但因对实现缸内均匀混合气而言，这种结构形式在当时没有显示出特别的优点，而且造价高，控制和调节困难。但因为其潜在的优越性，各国没有放弃研究。直接喷入汽缸的喷射方式总体上有以下七种优点，特别值得注意的是混合式发动机可以利用其中的部分优点。

1. 脉冲增压可以实现

通过凸轮轴的配气相位的调节，全负荷特性的曲线在很大范围内能满足要求。这样可提高最大扭矩或最大功率。通过进气系统、排气系统、配气相位、转速的协调设计来实现脉冲增压在这种喷射发动机中是可以实现的。

2. 采用更大的气门叠开角

增压四冲程喷射式发动机可采用更大的气阀叠开角以增强扫气和冷却效果。

3. 进气管内无燃料沉积

因为在进气管内只提供空气，燃料不会在进气管系统中沉积，不存在尤其是作为油膜层形式附于进气管壁面的燃料的沉积。因此，一方面可以降低油耗，另一方面对于加速过程也不需要考虑混合气加浓的进气管黏附沉积。

4. 进气管造型不受制约

不需考虑燃料及混合气的输送而自由地进行进气管造型设计，可利用空气波动效应以提高供气效率，在全负荷时相应地提高了功率。

5. 可以提高压缩比

进气管不加热和汽缸内燃料蒸发时的冷却效应使得缸内温度降低，从而减弱了爆振趋势，这使得采用高压缩比成为可能，因此可以达到更高的平均压力和更高的热效率，即更低的油耗。

6. 可以实现混合气分层

可以在缸内实现混合气的分层，即在缸内形成所需要的非均匀混合气，有利于点火，改善燃烧，降低油耗，特别是在部分负荷时放弃了进气节流，使经济性更好。

7. 冷却燃烧室部件

将燃料直接喷入燃烧室的热区，借助于燃料蒸发时的吸热使得燃烧室内气体侧的热区得以冷却。

第一节 直喷稀燃发动机理论

一、直喷稀燃的两种方法

传统汽油发动机一般都设计成在均匀的空气和燃油混合气中工作，分层进气必然会使燃烧过程产生明显的变化。分层进气发动机的设计方法是在火花塞附近提供浓混合气以保证可靠的点火，而以后的大部分反应过程都在稀混合气中进行。尽管混合气很稀，在以前的发动机理论中很容易造成燃烧中断，但浓混合气已形成的火球会推动燃烧在稀混合气中进行。

一种很有效但较复杂的方法是把燃烧室分成主室和副室两个区域，向装有火花塞的副室喷入浓混合气，主室喷入稀混合气。这种方案的优点是副室喷入的浓混合气能确保可靠地点火。主室的稀混合气在整个燃烧室中占了主要地位，但仍然由于在整个燃烧过程中，主室的混合气浓度是变化的，要么很浓，要么特别稀，因此这种方法能显著地减少 NO_x 的排放。

但是，这样的两燃烧室发动机与传统的一体燃烧室相比，其燃烧室表面积较大，因此未燃碳氢化合物排放较高。

另一种方法是直接把汽油喷进燃烧室，在火花塞附近形成一个浓混合气区，周围较远的地区形成稀混合气区，造成混合气分层。从总体看在燃烧室中的混合气是稀的。这种直接喷射也有一些明显的缺点，如输出功率低、设计复杂等。现在使气流以一种精确计算的"涡流模式"进入燃烧室也有可能达到一定程度的进气分层，这种"分层效应"目前还不是很清楚，而且难于控制，导致发动机瞬时扭矩变化非常大。

对于汽油机来说，缸内直接喷射形成的高压雾化混合气相对于传统的缸外喷射发动机可减少大约 20% 燃油消耗，对减少 CO_2 的排放也会有很大作用。为了发挥缸内直喷的优异性能，有必要精确确定部分负荷时的分层充量形成过程和全负荷（WOT）时均匀混合气的形成过程，以及它们之间的转换。

到目前为止，执行上述直喷稀燃喷射方式的装置中仍存在的问题，未来可以通过下述方法解决：

1. 分层稀燃运行时，发动机功率的控制可以靠现代先进发动机管理技术来解决

现代发动机管理系统可做到：精确计量所需的喷油量；形成所需的喷油压力；确定正确的喷油时刻；精确地、直接地将汽油喷入到发动机燃烧室内。

发动机管理系统还必须协调对发动机提出的千差万别的转矩要求，对发动机做必要的控制。发动机指示转矩是重要的系统参数。转矩控制结构可以细分为转矩需求、转矩协调和转矩执行三个部分。

1）转矩需求

最重要的转矩需求是由驾驶者踩加速踏板输入的。发动机管理系统根据加速踏板的位置，来识别驾驶者对发动机输出转矩的希望。

此外的转矩需求可能来自变速箱换挡控制器位置确定的模式，牵引控制系统（TCS 或 ASR）和电子车辆稳定系统（ESP），巡航控制，发动机的反拖控制，发动机的转速控制，车辆行驶速度限制，启动控制，怠速控制，催化器预热控制，发动机零部件保护控制共 11 项。

2）转矩协调

"转矩需求"确定后，转矩协调是对确定的"转矩需求"再根据是否进行"发动机瞬时损失扭矩修正"，"发动机瞬时损失扭矩"如打空调、打方向盘、打大灯、挂挡等，所以转矩协调是发动机管理系统确定最终转矩需求的最后一关。

3）转矩执行

经过转矩协调后输出发动机控制扭矩的三种方法。发动机控制扭矩的三种方法如下：

（1）电脑通过电子节气门控制进气量，从而确定喷油量，最终确定混合气量。

（2）电脑通过控制喷油器的喷油时间，控制喷油量。这个过程需要一个必须是宽带型的氧传感器反馈空燃比。

（3）电脑通过改变点火提前角来控制扭矩。

2. 稀燃期间 NO_x 的处理可以靠先进催化转换工程技术来解决

现在的发动机管理系统是按满足欧－Ⅲ标准设计的，更为严格的欧—Ⅳ标准将会实施。目前，直喷稀燃发动机实现批量生产的关键，在于对 NO_x 处理的催化转化工程技术的开发。

分层充量时，会生成大量的 NO_x 成分，借助高废气再循环率可达到减少废气中的 NO_x 约 70% 的含量。余下的 30% NO_x 不作处理是不能满足废气控制法规。三元催化转化器（TWC）不能减少稀薄的废气中的 NO_x 成分，余下的 30% NO_x 只能用新型的针对 NO_x 的一元催化转换器。

减少废气中 NO_x 含量的方法是采用 NO_x 吸藏型催化转化器。利用稀薄废气中的氧气，它能将氮氧化物以硝酸盐的形式存储在催化转化器的表面，当转化能力耗尽时，催化转化器前部的宽带型氧传感器和后部的窄带型氧传感器会对转换器的转换能力是否达到极限作出判断，电脑暂时地切换到加浓的均匀充量工况，硝酸盐与加浓时生成的 CO 结合还原成氮气，从而完成催化转换器的再生。这种浓稀混合气的切换是在不导致汽车动力突变的情况下进行。现阶段，部分地区的汽油中的硫含量超标严重，导致这种催化器失效。所以在使用这种催化转化器之前，先减少汽油中的硫含量。

注： 我们说上述两个问题可以解决，但事实上"直喷稀燃发动机"还未批量生产。不过"直喷发动机"已经在我国生产。"直喷发动机"在控制元件上与"直喷稀燃发动机"几乎相同，但电脑内管理系统和缸外喷射的管理系统相差不多，催化器仍然是三元催化器。

二、设计和构造

高压喷射系统设计成可在任意时间由电磁控制的高压喷油器直接喷入缸内。在缸外喷射中油压是由压力调节器调节，但在缸内喷射中压力是由电脑控制的压力控制阀。与缸外喷射相比，缸内喷射 ECU 为了触发压力控制阀而增加了额外的执行器，即压力控制电磁阀。为了保证压力控制阀调节正确，在高压油导轨上又加了高压传感器，所以相对缸外喷射又多了压力传感器，事实上在缸内喷射系统中，不仅加高压传感器，在低压管路，也要加低压传感器。

吸入的空气量可由电子控制节气门（Electronic Throttle Control，ETC）自由调整。热线式空气质量流量计用来精确测量进气量。混合气空燃比的正确性是由通用的 LSU 和 LSF 型（宽带型氧传感器和后部的窄带型氧传感器）氧传感器监测，这两个传感器分别安装在催化转化器前部和后部的废气流中。这些装置不仅适用于 $\lambda = 1$ 运行时的闭环控制，也适用于稀燃运行的控制和催化触媒再生。废气再循环率的精确调整是很重要的，特别是在过渡工况时。因此必须安装压力传感器，以测量进气管压力。

三、运行方式

（一）燃油供给和燃油喷射

1. 低压油路

低压油路位于系统的油箱一侧。它由电子燃油泵及与之并联的压力调节器组成，并产生 3.5 bar 的压力。通过该油路将燃油供给发动机驱动的高压泵。

2. 高压油路

（1）高压泵的功能：将油压从 3.5 bar 升高到 120 bar；使油轨的压力波动最小；防止燃油和发动机的润滑油混合在一起。

（2）蓄压器/油轨。蓄压器/油轨必须有足够的弹性，来对付喷油形成的周期压力脉动及高压泵泵油压力脉动所同步产生的压力波冲击。另外它必须有足够的刚度，以便油轨压力对发动机的燃油要求能快速做出反应，所以油轨的弹性是根据燃油的压缩性能和油轨容积来选定的。油轨压力由压力传感器测定。

（3）压力传感器。压力传感器识别油轨的压力。

（4）压力控制阀的任务是在发动机全部工况范围内，根据其脉谱图来调整主压力。主压力不受喷油量和油泵输送量的影响。

压力控制阀下游的过量燃油是负荷状态决定的。它不返回油箱，而是回到高压泵进口。这样可避免油箱中的燃油被加热和油箱的活性炭罐清洁系统过载。

（5）喷油器与喷射方式有关，并且必须能满足安装环境、极短的喷射持续期和高度线性等严格要求。喷油起始点和喷油量均由喷射阀触发信号确定。

（二）混合气的形成和点火

要充分发挥汽油直喷的优越性，需要极其复杂的发动机管理系统。

1. 两种基本工况

（1）低负荷范围。在低负荷范围，为了使油耗最低，发动机是在汽缸进气高度分层和高稀薄混合气的条件下运行。在火花塞点火前，通过延迟燃油喷射，燃烧室分成两个区：第一个区在火花塞周围的高易燃性混合气团；第二区是包裹高易燃性混合气团的新鲜空气和残余废气隔离层。燃烧室壁的空气隔离层使传热损失减少，提高了热效率。

（2）高负荷范围。随着发动机负荷的增加，分层进气的喷油量会增加，造成火花塞附近局部混合气变浓，这将导致废气的数值恶化，特别是废气的烟度。因此在大负荷范围内发动机以汽缸内均匀混合气状态工作，不再加浓。基本上沿用进气管喷射控制方法实现。空燃比协调控制使空燃比在1和稀燃工况之间。

为了提高燃油和空气的混合效果，燃油在进气过程中就已被喷入。与现在普遍使用的进气管喷射类似，吸入的空气量也是根据驾驶者的转矩要求由节气门来进行调整。喷油量则根据空气质量流量计算得到，并由氧传感器的闭环控制来进行修正。

这样燃油喷射系统必须能自由选择喷油时刻。

知识点滴：低负荷范围喷油时刻和高负荷范围喷油时刻相差很大。本来是进气程喷油，但低负荷范围进气程喷油到压缩行程就不能保持分层燃烧，所以喷油要推迟至压缩行程，接近点火，甚至点火同时在喷油，喷油时间可延续至活塞做功下行。高负荷范围喷油时刻仍在进气行程。

2. 负荷范围变换

为了满足负荷与喷射时刻一致，喷射时刻在压缩行程的迟滞点和进气行程的提前点之间变化，跨越很大。

为了控制低负荷范围和高负荷范围内的进气量，进气空气质量的调整必须独立于加速踏板位移的变化，这样节气门必须是电子节气门。

在均匀充量和分层充量之间的变化过程中，受控制的喷油量、进气量和点火提前角是决定因素，也是可控因素。以便使发动机输入到变速箱的转矩保持恒定。"转矩控制"意味着电子节气门的控制功能比缸外喷射电子节气门的控制功能复杂。

当进气管压力（负荷）下降时，空燃比值也随着改变。在变换期间，两个空燃比极值非常关键。

（1）在分层充量时，为避免烟度增大，较低的空燃比限值约为22，过量空气系数约为1.5。在分层进气燃烧时，空燃比限值为22，表面混合气很稀，但火花塞附近很浓。

（2）在均匀充量时，由于发动机稀燃能力的限制，较高的空燃比限值约为19，过量空气系数约为1.3。表面混合气变浓，但火花塞附近和汽缸内混合气浓度相同，相对分层充量时火花塞附近的混合气是稀混合气。

由于稀薄燃烧会在两个不相邻的空燃比22和19之间切换，转换是阶跃的。因此，在转换时刻，有必要通过猛增喷油量，跳过被禁止的空燃比范围（19＜空燃比＜22）。因此分层充量在向均匀充量过渡时，为防止转矩突变，要通过暂时地延迟点火角来减小转矩。从均匀充量到分层充量的转换顺序是按相反顺序发生的。即从小功率向大功率过渡时是分层充量向均匀充量的过渡。

第二节　国内投入批量生产的直喷发动机

一、缸内直接喷射燃油供给系统的组成及作用

缸内喷射燃油供给系统分为低压系统和高压系统两个系统。图5-1和图5-2是2005年C6A6 Audi A6 L 3.2 L-V6-FSI-发动机及其实物图；图5-3所示为C6A6 Audi A6 L 2.0T-直4-FSI-发动机的组成。

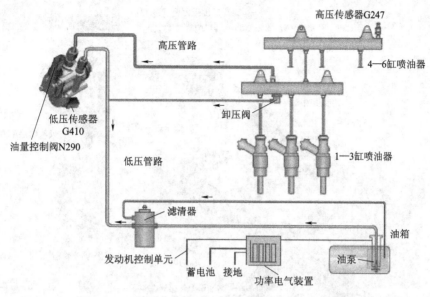

图 5 – 1　C6A6 Audi A6 L 3. 2 L – V6 – FSI – 发动机

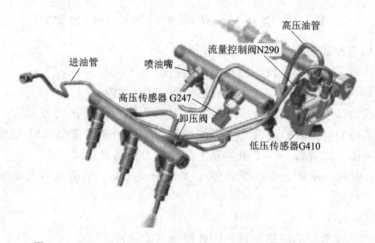

图 5 – 2　C6A6 Audi A6 L 3. 2 L – V6 – FSI – 发动机实物图

知识点滴：为了满足排放，此种直接喷射发动机只是均质发动机，不是真正的直喷稀燃发动机，直喷稀燃被大众取消的变成均质混合气的原因，主要是排放不能满足要求。但这可能是未来发动机的发展方向，毕竟它是可实际应用的发动机。

一、低压系统元件作用

低压系统是一种动态调节系统，从发动机控制单元输出的 PWM 信号控制功率电气装置，功率电气装置也通过输出脉冲宽度调制（Pulse Width Modulation，PWM）信号来调节电动燃油泵的转速。本系统没有燃油回油管。

低压传感器 N410 用来监控不同压力的保持状况。在下述工况时，预供油压力必须保持在 2 bar。

（1）在发动机停机时（电动燃油泵继续运行）；

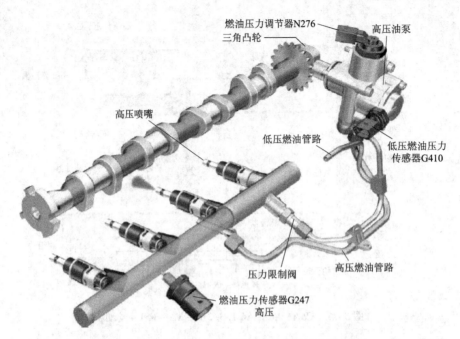

燃油压力调节器N276　　高压油泵
三角凸轮
高压喷嘴　　　　　　　　低压燃油管路
低压燃油压力
传感器G410
压力限制阀　　高压燃油管路
燃油压力传感器G247
高压

图 5 - 3　C6A6 Audi A6 L 2.0 T - 直 4 - FSI - 发动机

（2）发动机启动前（电动燃油泵预运行）；

（3）当点火开关接通或司机车门接触开关接通；

（4）在发动机启动过程中以及发动机启动后的 5 s 之内；

（5）在热启动以及热机运行时，时间取决于发动机温度（时间小于 5 s），以防止产生气泡。

如果更换了燃油泵控制单元或发动机控制单元，必须通过 VAS5051 故障导航进行匹配（低压传感器 G410、卸荷阀、4 - 6 缸导轨上高压压力传感器 G247）。

知识点滴：故障导航是大众在 VAS5051 里的一项功能，只要按仪器的界面的选项要求去做，即可完成匹配。

本系统的优点如下：

（1）电动燃油泵消耗的功率很低，因此可节省能量；

（2）只是需要燃油量时才有压缩，燃油吸收的热量非常少；

（3）提高了电动燃油泵的使用寿命；

（4）在怠速时，降低了噪声；

（5）可以通过高低压传感器对低压系统和高压系统的阻尼器进行自诊断。

二、高压系统

高压系统由下述部件组成：高压燃油分配板，该板集成在进气歧管法兰上，带有压力传感器和压力限制阀、高压燃油喷油泵、高压燃油管、高压喷油器、单活塞高压泵。

单活塞高压泵生产厂家是日立（Hitachi）公司。该泵位于右侧缸体的进气凸轮轴端部，由一个三角形凸轮驱动。该泵可产生 30 ~ 120 bar 的燃油压力，油量控制阀 N290 根据规定值的大小来调节这个压力。燃油高压压力传感器 G247（燃油导轨上）可监控该压力的大小。该泵内集成有燃油低压传感器 G410。

该高压泵只将发动机控制单元内存储的特性曲线所规定的燃油量送入高压油轨。与连续供油的高压泵相比，本系统的优点是减少了消耗在泵油时的燃油量。

该泵没有泄油管，本系统是一个根据需要由油量控制阀 N290 来进行调节的高压泵。它在其内部就将受控的燃油耗的驱动功率降低了，只是输送实际需要的燃油量。

（一）单活塞高压泵和油量控制阀 N290 的工作原理

1. 吸气冲程

图 5－4 所示，电脑控制油量控制阀 N290 断电，油量控制阀 N290 油量控制阀将低压阀保持在打开位置。凸轮的形状和活塞弹簧力使得泵活塞向下运动。泵内的空间加大，燃油流入。

2. 做功冲程

图 5－5 所示，三角形凸轮转动克服弹簧力使得泵柱塞向上运动，这时为防止低压进油阀关闭，电脑控制油量控制阀 N290 保持断电打开状态，这时还无法建立起压力。

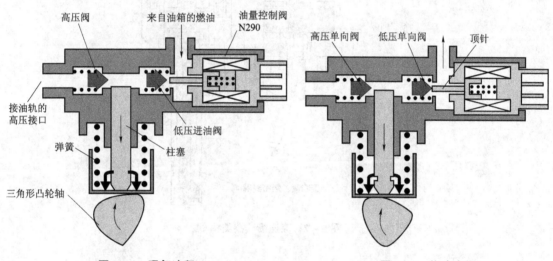

图 5－4　吸气冲程　　　　　　　　图 5－5　作功冲程

3. 压缩冲程

图 5－6 所示，发动机控制单元向油量控制阀 N290 通电，油量控制阀 N290 顶针被吸引向右移动。泵内的压力油将低压进油阀压入其座内。如果泵内压力超过油轨内的压力，高压单向阀就会被推开，燃油就会进入油轨。

（二）高压喷油器

高压喷油器与高压泵一样，也是由日立公司生产的。喷油器的任务就是在精确的时刻将精确的燃油量喷入燃烧室。

喷油器的电控由发动机控制单元来完成，工作电压约为 65 V。喷射出的燃油量

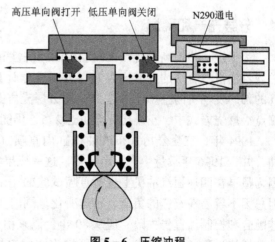

图 5－6　压缩冲程

由阀开启时间和燃油压力来决定。喷油器与燃烧室之间由一个聚四氟乙烯密封圈来密封，每次拆卸后必须用专用工具更换该密封圈。

图5-7为高压喷油器结构，高压喷油器的内部结构特别是衔铁内的结构没有必要了解，知道通电开启喷油即可。

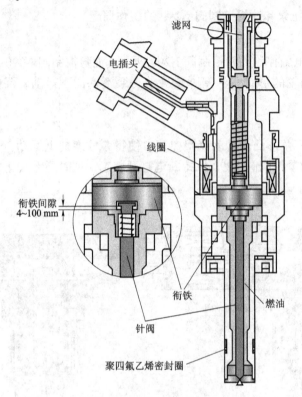

滤网

电插头

线圈

衔铁间隙
4~100 mm

衔铁

燃油

针阀

聚四氟乙烯密封圈

图5-7　高压喷油器结构

第三节　投入批量生产的直喷稀燃发动机

分层充气和稀燃

为了进一步提高火花点火发动机的经济性和改善排放，人们长期致力于对稀燃的研究，常规汽油机混合气的空燃比为 10 ~ 20，化学计量空燃比为 14.6 ~ 14.7，高压缩比均匀混合气的稀燃发动机的空燃比可达 25，用分层充气其综合空燃比最高可达 50，在用均匀充气压缩点火燃烧方式中，空燃比甚至可达 275，仍能稳定运转。

1994 年，三菱公司宣布汽油机缸内直喷（Gasoline Direct Injection, GDI）技术开发成功，并于 1996 年批量生产上市销售，这一成果实际上实现了内燃机工作者半个世纪的追求。因为最早在四冲程汽油机上进行直喷试验的是 1946 年进行的，期间经历了 48 年长期研究，但总因不容易在宽广的负荷、转速变化范围内实现喷油定时、点火定时和气流运动之间的最佳配合和控制而宣告失败。但从 80 年代以来由于电控喷油系统，各种用于测量缸内空气运动和燃烧过程的激光技术，以及可控汽缸内空气运动和滚流技术的发展，给 GDI 技术带来了重大突破。

三菱 GDI 燃烧系统有以下特点：

（1）应用垂直进气道在汽缸中产生逆向滚流（指与常规气道产生的滚流旋转时方向相反）。

（2）应用球形紧凑的活塞顶凹坑，帮助滚流生成和保持充气分层，控制油束特性和已气化的混合气运动。

（3）应用一个压力较低（喷射压力 5 MPa）的电磁喷油器，但它有合适的雾化、贯穿度，一般采用旋流式喷油器。

在部分负荷时使用迟喷射，即在压缩冲程后期喷射，生成分层进气，空燃比为 30 ~ 40，分层燃烧在浓区必然产生碳烟，但足够的空气可使它烧尽。

在高负荷时使用早喷射，即在进气冲程的早期喷射，因此生成均匀混合气，在全负荷时，可应用化学计量空燃比甚至稍浓的均质混合气以抑制碳烟的生成。

在早喷和迟喷之间要实现平滑和快速的过渡，一般迟喷的应用范围可扩大到 50% 负荷。

试验表明，GDI 汽油机比常规进气口喷射汽油机最大扭矩可提高 6% ~ 8%，燃油消耗率可降低 20%，排放可达欧 – Ⅱ 标准。

GDI 发动机的优点是：

（1）如上所述，发动机的经济性获得突破性的改进；

（2）瞬态工况改善，可降低对加速加浓的要求；

（3）能快速启动（一般 1 ~ 2 个循环即可启动），对启动加浓的要求降低；

（4）某些排放指标，CO_2 排放降低和仅冷启动 HC 相对排放变低。

人们预期，GDI 汽油机将成为今后轿车用发动机的主力机种，但是仍存在以下问题有待解决：

（1）在排气中的 HC 的含量高，这主要是因为在汽油机大约 2% 的燃料进入活塞环顶岸和汽缸壁之间的间隙，火焰很难进入。

（2）喷油器放在汽缸内，由于喷油压力低，喷嘴本身无自洁作用，容易结垢污染。

（3）由于燃料和火花塞碰撞而产生点火污染，要求使用高能点火，从而影响火花塞寿命。

（4）实现早喷和迟喷之间的平滑过渡，发动机负荷的"无级"变化较难。

（5）在 GDI 发动机中分层燃烧时，汽缸中的混合气浓度和温度分布不均匀，NO_x 在高温稀区生成，碳烟在高温浓区生成不好控制。

（6）结构比较复杂，可靠性、耐久性有待进一步考验。例如"两级混合"、两级燃烧以及稀 NO_x 后处理系统等。

三菱太空 GDI 机 4G93 在 1996 年投产后即进入日本国内市场，1997 年进入欧洲市场，但由于达不到美国排放标准而没有进入美国市场，主要是因为高负荷时 NO_x 排放高，在启动和低负荷运行 HC 和 CO 排放也高。

但不久，三菱两次喷油形成混合气，第一次在进气冲程开始时第 1 次喷油，由于有混合时间，且有活塞的往复运动，在缸内生成很稀的均质混合气；第二次喷射在压缩上止点前，在火花塞附近形成浓混合气，在汽缸滚流和活塞顶形状的帮助下产生分层混合气，然后点火燃烧。解决了排放超标的问题。这种混合气生成法的好处如下。

（1）不易爆振。原因是第一次喷射均质混合气很稀不可能产生爆振；第二次喷射燃油在缸内停留的时间短，来不及完成着火前的低温氧化反应，不能形成自燃点。

（2）促进碳烟烧尽。分层燃烧产生碳烟，但第一次喷射的稀混合气中产生的过氧化合物将支持燃烧，高温碳烟将成为稳定的点火源，将自己燃尽。NO_x的排放仍依靠NO_x催化系统（见第二章催化器章节），要经常应用短期浓混合气生成的CO来还原催化器的硝酸盐，使之再生。图5-8为二次喷油示意图。

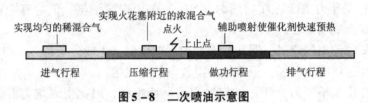

图5-8　二次喷油示意图

第三次辅助喷油不是形成混合气，因为此时已经着火做功。其目的是改善冷启动机和低负荷运行时的HC和CO的排放，CO的氧化温度比HC的低，很易氧化。辅助喷射燃烧首先使催化器快速加热，使CO燃烧，产生较高温度，再使HC燃烧，但应尽量减少第三次辅助喷油燃烧方式的应用，以免导致燃油消耗增加。

第六章

怠速控制

所谓怠速控制（Idle Speed Control, ISC），通常是指发动机在无负荷（对外无功率输出）情况下的稳定运转状态。这是个裸机概念，即发动机在实试台上，且外界阻力恒定的情况。

实际中不可能对外无功率输出，所以怠速是指发动机维持自身机构（曲柄连柄机构和配气机构）克服阻力运动，维持自身系统（五大系统中的润滑系统，冷却系统，充电系统）的运转，维持发动机各系统的输出能力，不只满足发动机本身的需要，也要满足整车其他系统的使用要求的转速。从这个角度看，控制系统为维持这个怠速值，不同情况，相同的怠速转速输出的扭矩不同，输出的功率随之不同。以上这段新怠速概念相对以前的怠速概念有很大改变。

怠速转速过高，会增加燃油消耗量。汽车在交通密度大的道路上行驶时，约有30%的燃油消耗在怠速阶段，因此怠速转速应尽可能降低。但考虑到减少有害物的排放，怠速转速又不能过低。另外，还应考虑所有怠速使用条件下，如冷车运转与电器负荷、空调装置、自动变速器、动力转向伺服机构的接入等情况，它们都会引起怠速转速变化，使发动机运转不稳甚至引起熄火现象。

现在（2007年）市面上大多数车早期车或新款低档车，发动机输出功率时，其转速是由驾驶员通过加速踏板的拉索拉动节气门轴旋转，改变节气门的位置，调节充气量来实现的。但在怠速时，驾驶员的脚已离开加速踏板，为此在电子控制发动机上，都设有怠速转速控制装置，对发动机进气量进行跟踪阻力变化调节。

现在（2007年）中高档车的发动机输出功率时，其转速不再是由驾驶员通过加速踏板的拉索拉动节气门轴旋转，改变节气门的位置，调节充气量。在这种电子控制发动机上，发动机的功率输出完全由电脑控制的电子节气门控制，在怠速时，驾驶员的脚已离开加速踏板，电脑通过油门踏板位置传感器识别为怠速，发动机的控制系统根据怠速转速变化情况，对发动机进气量进行跟踪阻力变化调节。

怠速转速控制的实质是对怠速时进气量的控制。怠速时喷油量不用另外单独控制，只要根据此时空气流量数据匹配这个工况下的空燃比的喷油量即可，这样不改变混合气的空燃比，可以避免影响其他发动机指标。

一、怠速控制的内容

怠速控制的内容，随车型的不同而有较大差异。一般电脑对怠速进行控制的内容如下：

1. 启动控制

为了改善发动机的再启动性能，在上次发动机点火开关关断（OFF）后，电脑控制怠速控制机构回位或机械弹簧拉动怠速控制机构在全开位置，这样保证在下一次启动期间，经过怠速控制机构的旁通空气量最大，发动机能易克服阻力启动。

实车操作观察：点火开关打到启动挡，怠速控制机构在怠速范围的最大开度，启动后最大进气量使启动后转速很高，所以打启动机时刚着火时发动机噪声很大。因发动机在不同温度和机械阻力环境中，运转阻力不同，启动后最大进气量支持的转速不同。

2. 启动后控制

在发动机启动后，若怠速控制机构仍保持在全开状态，怠速转速会升得过高。所以在启动期间或启动后，发动机转速达到规定值（此值由冷却水温度确定）时，电脑开始控制怠速控制机构，将阀门关小到由冷却水温确定的阀门。

实车操作观察：假设启动最高升至 1 800 r/min，启动后发动机立即由 1 800 r/min 降到当时水温决定的冷车高怠速转速开始点，这里假设为 1 600 r/min。

3. 暖机过程控制

在暖机时，随着水温升高，发动机自身的运转阻力变小，根据冷却水温所确定的位置，怠速控制机构开始逐渐关闭。当冷却水温度达到正常温度时（不同车系的研发人员规定的这个值不同），丰田车系认为水温到 70 ℃后，大众车系认为水温到 80 ℃后，暖机控制结束。

实车操作观察：发动机转速由 1 600 r/min 下降。

4. 转速反馈控制

在怠速运转时，如果发动机的实际转速与电脑存储器存储的目标转速相差超过一定值时，电脑将通过控制怠速控制机构，增减怠速空气量，使发动机的实际转速与目标转速相同。

实车操作观察：随着水温慢慢升高，丰田车系的怠速控制机构控制的进气量逐渐减少，发动机转速下降，至正常温度 70 ℃时。由暖机过程控制转入目标转速反馈控制（热车目标转速 750 ~ 850 r/min），到达目标转速后的怠速控制机构变化不再根据水温变化继续关小怠速控制机构，而是在此怠速控制机构位置上微调，微调的方向根据发动机转速偏离目标转速情况。

由于设计允许偏离转速较小，怠速控制机构就开始对应控制。所以观察者在发动机转速表上几乎看不到转速变化，但在检测仪的数据流中可以注意到发动机转速的变化情况。

5. 负荷变化控制

发动机在怠速运转时，如变速器挂挡和摘挡、空调电磁离合器的接通或断开、转动方向盘都将使发动机的负荷立刻发生变化。为了避免发动机怠速时转速波动或熄火，在发动机转速出现变化前，电脑控制怠速控制机构开大或关小一个固定距离。

开大灯、启动冷却风扇、鼓风机等用电器，用电负载增大，蓄电池端电压会降低。为了保证电脑常电端子和点火开关供电端子具有正常的供电电压，需要控制怠速控制机构，相应地增加空气量，提高发动机怠速转速，提高发电机的输出功率。

实车操作观察：以上负荷在作怠速检查时要一项功能一项功能测试，负荷启动后见数据流中发动机转速或电瓶电压读数下降后，发动机伴随点火提前角增大，同时怠速进气量增加。

知识点滴：空调开关打开，发动机电脑要接收电磁离合器工作的反馈信号，否则怠速会瞬间增高。

6. 学习控制

电脑通过怠速控制机构的伸缩，确定怠速控制机构的位置，达到调整发动机怠速转速的目的。但由于发动机在整个使用期间，其性能会发生变化。如怠速控制机构阀口变脏，发动机大修过，更换过发动机等都会影响发动机在同样怠速控制机构开度下的发动机转速。

如果怠速控制机构的位置不跟随改变，怠速转速会变得和初设的数值不同。为防止这种不良情况发生，电脑利用反馈控制的方法，使发动机转速达到目标值。与此同时，电脑将怠速控制机构的开度存储在存储器中，在以后的怠速控制中使用。

实车操作观察：学习控制也叫自适应控制。当电脑将怠速控制机构的开度存储在存储器中，在以后的怠速控制中使用时，当发动机性能变化（动力性因故障变坏或大修后变好），怠速控制机构性能变化（变脏或脏后清洗）。如果仅靠电脑根据发动机目标转速自学习，有时自学习时间长，在这段时间内怠速不正常。例如，直动式节气门在使用 2 万～3 万千米时变脏，电脑会在稍脏时，根据目标转速开大节气门（此时节气门为怠速控制机构）以保证怠速稳定。但节气门脏到一定程度时，电脑的自学习功能会超限，在故障码中会提示怠速自适值超限。洗完节气门后，但由于电脑内存储的自适应值不会立刻随目标转速发生改变，所以会造成怠速一段时间居高不下，这是正常现象。如果给电脑在怠速一段时间会重新自适应的，怠速会自然稳定。有些车系为了快速自适应设计了基本设定程序。由检测仪直接控制怠速控制机构找到怠速执行机构开度的最小位置和最大位置，从而快速计算出怠速稳定点，找到自适应值。

7. 减速控制

节气门被打开时，发动机的动力所需要的进气量全由节气门主气道提供，怠速旁通气道此时已无关紧要。但是为了防止松加速踏板熄火，电喷发动机在设计时已经考虑到应该在加速工况下开大怠速旁通气道，防止发生减速不稳而熄火的现象。怠速控制机构的旁通气道的打开量值比正常怠速时的开度还要大些。

松加速踏板过程是减速过程，发动机从加速工况突然进入怠速工况，节气门完全关闭，怠速触点闭合。虽然车速不会马上降下来，但发动机转速在迅速下降，如果加速时怠速旁通气道全关，松加速踏板后节气门也全关，没有空气进入发动机汽缸，即使有油有火，发动机此时也不会工作。当发动机转速一直下降到目标转速时，控制单元才控制怠速控制机构来调节怠速进气量，但已为时过晚。由于控制滞后，转速会一直下降到目标转速以下，使发动机抖动以至熄火。若在加速工况，怠速控制机构仍保持在标准怠速的开度位置，由于减速惯性的作用，也同样会下降至低于目标转速，造成发动机抖动不稳。为了使松加速踏板时，转速不至下滑到目标转速，应首先开大怠速控制机构进气量，让转速下滑到怠速工况时有一个缓冲过程，先下滑到目标转速以上（如 1 200 r/min），然后再进入正常怠速控制，这样才能保证发动机的稳定。

实车操作观察：在数据流中观察，在加速的非怠速工况，怠速控制机构门开度比怠速稳定时稍增大，但怠速控制机构的开度和启动位置及启动后位置相比要小。

以上功能并不是下面要讲的怠速控制机构都有。

二、怠速控制的两种基本类型（重点）

怠速进气量的控制对策、方式随车型的不同而有所不同。对电控燃油喷射发动机来讲，目前可分为以下两种基本类型。

1. 控制节气门旁的旁通空气道的空气流量

它包括四种：

（1）温度控制机械装置控制高怠速：双金属片式不能独立完成怠速稳定和怠速提升；

（2）电磁阀控制怠速；

（3）旋转滑阀式控制怠速；

（4）步进电机式控制怠速。

温度控制机械装置控制高怠速，电磁阀控制怠速稳定和怠速提升以趋于淘汰。旋转滑阀式和步进电机式控制怠速在国内使用较多。

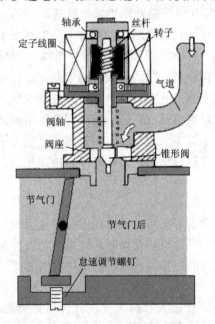

图6-1所示的是步进电机式怠速控制。发动机怠速时，节气门处于全关闭的位置，怠速运转所需要的空气经怠速空气旁通气道进入进气总管，在旁通气道中安装了能改变通道截面积的怠速空气调整螺钉，通过旋进或旋出怠速调整螺钉，调整发动机怠速转速。

怠速工况，如果怠速螺钉调的进气量过大或过小，会导致怠速控制机构的开度初始位置被调至过大或过小，都将影响怠速控制机构的关小或开大的范围，从而易产生故障：如果怠速螺钉调的进气量过大，怠速控制机构在目标转速反馈作用下，进气量自动会关小。发生进一步多进气的情况时，怠速控制机构不能再关闭减少进气量，所以易造成怠速转速过高。如果怠速螺钉调得进气量过小，怠速控制机构在目标转速反馈作用下，怠速控制机构控制的进气量会开大，发生堵塞等进气少或有负荷需要多进气的情况时，怠速控制

图6-1　旁通气道步进电机式怠速控制

机构不能再开大增加进气量，所以易造成有负荷时，怠速转速下降，抖动以至熄火。

所以怠速工况下的怠速螺钉是值得重视的，不可盲目调节怠速螺钉，应该有一个清晰适中的调量，其目的是让怠速阀在怠速工况有一个较宽的自由调量，使怠速控制机构能攻能守。

附注：旁通气道步进电机式怠速控制系统维护多为清洗和作基本设定，如无人为原因或强机械撞击它基本不会损坏。

2. 直接控制节气门位置的节气门直动式

节气门直动式分为以下两种类型：

（1）"怠速电机"仅控制怠速的空气流量；图6-2所示的是带节气门拉索的节气门直动式怠速控制机构，也称半电子节气门。

（2）"节气门全程电机"控制所有工况的空气流量，这种节气门也叫电子节气门，如图6-3所示。两种类型都是通过调节空气通路截面的方法来控制空气流量的。

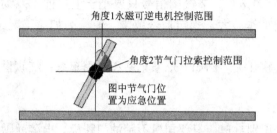
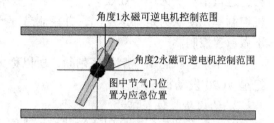

图6-2　节气门直动式怠速控制机构　　　　图6-3　节气门直动式怠速控制和全程控制机构

旁通空气式是2000年以前最常见的一种，现在节气门直动式越来越多，可以想象不久的以后，旁通空气道的空气流量调节会被电子节气门取代。

如图6-2所示，电脑通过控制永磁可逆电机，只在角度1这个范围内控制怠速。角度2仍然由与油门踏板相连的节气门拉索控制，如捷达，红旗等。

如图6-3所示，电脑通过控制永磁可逆电机全程控制节气门开度。在角度1这个范围内控制怠速，在角度2这个范围内控制发动机在不同行驶工况的动力输出。本章只讲角度1这个范围内控制怠速，角度2回看第二章中电子节气门控制。

想来怠速节气门直动式控制与化油器发动机怠速调节螺钉控制节气门开度相似。区别在于，化油器的节气门位置在怠速不是动态的，而电控的节气门在控制怠速时是动态的。

怠速控制只是电子节气门众多功能中的一项功能。

三、怠速状态识别信号

怠速控制有无或怠速控制好坏，取决于电脑是否确认怠速工况和怠速控制机构执行情况是否受阻或超限。控制怠速控制机构的输出信号是电脑软件控制，几乎不会出问题。

司机不踩油门，在怠速运转时，发动机控制单元如果未收到怠速信号，发动机控制单元不会进行怠速控制。发动机转速有可能偏离目标转速，使发动机不稳，更谈不上有负荷时提速控制。往往在负荷的作用下，发动机转速下降、不稳以致熄火。如若有反映怠速工况的信号（如IDL输入），而无输出信号到怠速执行机构或怠速执行机构工作不良（如范卡或脏污），都会使怠速执行机构工作不正常而导致怠速转速不稳。

机械等方面原因如油中有气阻、空气流量计后有漏气、节气门调节不良、排气管三元催化器堵塞、EGR阀关闭不严，缺缸等，同样使控制失灵而导致怠速控制机构正常也不稳。以上故障修理人员踩油门脱离怠速时现象会仍然存在。

就怠速控制而言，怠速状态识别非常重要。当前电喷车有三种怠速状态信号识别信号：一是怠速触点信号；二是节气门位置传感器信号；三是油门踏板位置信号。

1. 怠速触点信号

在丰田车系4线插头节气门位置传感器中，其中有一线为IDL。怠速时，节气门全关，IDL信号为0V（触点闭合搭铁），节气门打开，IDL信号为12V或5V（触点打开）。

大众车系为怠速开关F60闭合为怠速，断开为非怠速。

2. 节气门位置传感器信号

三线插头的节气门位置传感器取消怠速触点，怠速工况信号直接由节气门开度信号代替，进口车一般为小于0.6 V，国产车一般小于0.8 V。节气门信号只要小于上述值，发动机控制单元便认为是怠速工况，并控制怠速阀工作，大于规定信号范围，便认为加速工况，不做怠速控制。

由于怠速状态由电脑程序判断，所以称为软开关。例如，尼桑车系和通用车系；红旗世纪星 VG20 发动机6缸机。

3. 油门踏板位置信号

对于电子节气门车辆用油门踏板位置信号识别怠速。只要司机不踏油门踩板，电脑就默认为怠速状态。

第一节　旁通气道式怠速控制系统

一、按结构分五类

旁通气道式怠速控制执行机构的种类较多，一般按结构可分为双金属片式、石蜡式、电磁阀式、旋转电磁阀式和步进电机式五类。

（1）双金属片式：也称温度控制式，只提供低温时的附加空气量，双金属片随温度的变形决定附加空气量的大小。

（2）石蜡式也称温度控制式，只提供低温时的附加空气量，石蜡的热胀冷缩决定附加空气量的大小。

以上两种结构并不能针对负荷变化做出补偿，只能对怠速控制功能的暖机控制有作用。

（3）电磁阀式：

① 开关式电磁阀式：只提供怠速升时的附加空气量附加空气量，只有开、关两种状态。仅控制怠速提升，仍需怠速控制装置。

② 比例电磁阀式：电子式提供全部怠速空气量，并具备所有功能。ECU 用 PWM 信号控制空气量大小。

（4）旋转电磁阀式：电子式提供全部怠速空气量，并具备所有功能。ECU 用 PWM 信号控制空气量大小。

（5）步进电机式：电子式提供全部怠速空气量，并具备所有功能。ECU 通过控制旋转步数来控制空气量的大小。

二、按气道分类

按气道可分为单旁通气道、双旁通气道、三旁通气道和多旁通气道四类。

（1）单旁通气道：除节气门主通道外，另设一条通道与主通道并联，主要为怠速控制而设。在单通道上，安装步进电机式执行器，由于步进电机执行器的调节精度高，调节范围大，故只设一条旁通气道，无须再设基本调节气道。单通道形式是专为配置步进电机执行器而设立的。例如大众原装 C3V6 奥迪，旁通气道上只有四线步进电机。

（2）双旁通气道：双旁通气道都是为怠速控制设立的，它与主气道并联，怠速工况的调节是由双气道协调控制来完成。一条气道由怠速螺钉的调节来控制，主要为自动调节怠速阀做一个基本协调控制；另一条气道由怠速阀（可以是比例电磁阀、旋转滑阀、步进电机），自动调节控制，它是在怠速螺钉气道基本开量的基础上进行怠速工况控制调节，这是因为怠速阀的开量为动态调节，短量程调节精度较高，一旦脏污堵塞或漏气后怠速控制机构可能开到最大或关到最小也不能稳定怠速，因而另设一条怠速螺钉控制气道。两条旁通气道的调节应是配合工作的，为了使自动怠速调节阀工作在最佳区域（上限与下限之间），应首先确定好怠速螺钉开度位置。多数旁通气道车系采用此种双旁通气道结构。

（3）三旁通气道：怠速螺钉调节气道，怠速阀调节气道和减速断油气道。在后一种气道上装有一个电磁阀，此电磁阀受控制单元控制，当减速时（松加速踏板时）节气门全关，怠速触点闭合，表明进入怠速工况。此时发动机转速很高（大于 1 500 r/min），控制单元便将电磁阀打开，大气从此气道涌进空气流量板后。由于主气道空气流量板前进气较少，空气流量板趋向关闭，结果机械喷燃油分配器内的内柱塞随流量板关闭而下移导致供油停止（不喷油），这就达到了减速断油的目的。此方式为机械喷射车型应用。

（4）多旁通气道：有些车型，除设置怠速螺钉旁通气道、怠速控制机构控制通道外，另设怠速提升的空调电磁阀气道和电加热式控制的双金属片式附助空气阀的附助空气通道或发动机水温控制的石蜡式附助空气阀。电加热式双金属片附助空气阀在受油泵断电器控制，只要油泵工作，加热器工作，附助空气阀使气道阀关闭，即两种附助空气阀在热车时都是关闭的。空调控制电磁阀气道，如空调工作时，怠速下负荷较大，此时应提高怠速转速。开空调的同时，将空调控制气道电磁阀打开，增加进气量，提高怠速转速。如尼桑 U13 发动机的怠速控制系统。后者为暖机控制装置，如水温小于 80 ℃时，石蜡阀打开使发动机冷机快怠速。高于 80 ℃时，石蜡在温度的作用下使气道阀关闭。

第二节　电加热双金属片式辅助空气阀

双金属片式辅助空气阀是在发动机低温启动时及而后的暖机过程中，对进气量进行补充的另一种快怠速机构，与石蜡式辅助空气阀功能相同。实车上若有，只能有以上两种中的其中一种。其结构如图 6－4 所示的尼桑 U13 发动机辅助空气阀位置，图 6－5 所示为双金属片式辅助空气阀构造。

图 6－4　尼桑蓝鸟 U13 发动机辅助空气阀位置

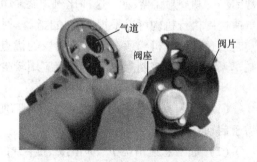

图 6－5　双金属片式辅助空气阀构造

双金属片式辅助空气阀由绕有加热线圈的双金属片、空气旁通气道、阀片、支承销等组

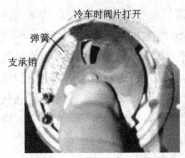
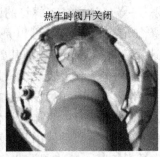

冷车时阀片打开　　热车时阀片关闭
弹簧
支承销

图6-6　双金属片式辅助空气阀的结构和工作原理

成。空气阀截面积的大小，由双金属片操纵的阀门控制，而双金属片的动作（即变形）则由加热线圈通电时间和发动机的水温或发动机附近气温决定。图6-6所示为双金属片式辅助空气阀的结构和工作原理。

　　发动机水温较低时，发动机附近的气温也较低，阀门处于较大的开启状态，发动机刚启动进入正常运行状态后，由于此时节气门处于关闭状态，空气便从辅助空气阀流入进气总管。辅助空气阀内双金属片在加热线圈的电流作用下逐渐关小辅助空气阀进气总管，ECU根据此时的空气量，相应地增加喷油量，使怠速转速提高至快怠速状态。发动机启动后，电流经点火开关流过双金属片上的加热线圈，双金属片受热弯曲，逐渐将阀门关闭，在此过程中流经辅助空气阀的空气量也逐渐减少，发动机转速也逐渐下降。加热线圈通电达到一定时间或发动机水温达到一定温度（发动机附近的气温也较高），辅助空气阀的阀门完全关闭，怠速所需空气经怠速旁通气道供给，发动机稳定在怠速转速运行。

　　辅助空气阀阀门的最初开度取决于发动机冷却水的温度（丰田车系在辅助空气阀上通冷却水）或发动机附近的空气温度（尼桑车系），一般温度低于-20℃时阀门全开，大于60℃则完全关闭。

　　知识点滴：双金属片的加热电流在点火开关打开时，一直保持供电状态。所以辅助空气阀阀门在行车中总是关闭的。早期的奔驰、奥迪等机械喷油发动机和尼桑车系及多数翼板式空气流量计发动机上控制暖机时多用此种结构。

第三节　电磁阀式怠速控制执行机构

　　"开关电磁阀"怠速控制执行机构只能用于怠速提升，电磁阀为常闭型。

　　比例电磁阀其电磁线圈的驱动电流为ECU送来的占空比PWM信号，常开型（丰田）、常闭型（机械喷）都有。这种比例电磁阀可以平衡在中间的任何位置，因此平动电磁阀式怠速控制执行机构可以根据ECU的指令对各种因素均做出补偿，从而实现怠速的最优控制。同时，这种执行机构还有响应速度快的优点。它主要应用于奔驰、奥迪等机械喷发动机及尼桑车系发动机上控制怠速。是目前应用较少的一种怠速控制执行机构。

　　比例电磁阀的控制内容：

　　（1）常闭型比例电磁阀启动时，电脑使阀门处于全开位置，从而可以提供较大空气量，易于启动；

　　（2）通常怠速情况下，阀门处于半开的中间位置，根据所需转速的变化上下移动；

　　（3）在WOT（节气门全开）全负荷工况，ECU指令阀门处于全开位置。这样可使得一旦节气门突然关闭，怠速控制机构可以提供旁通空气供发动机作短暂过渡，类似缓冲作用，使发动机不至于失速；待发动机转速已降至某一低转速时，ECU再指令执行器回到正常怠速位置，形成发动机制动。

　　比例电磁阀控制怠速多为三气道或多气道类型：除设置怠速螺钉通道、怠速阀控制通道外，另设空调控制电磁阀气道及发动机水温控制的石蜡式附助空气阀或电加热式双金属片附助空气阀的附助空气通道，后者为暖机控制装置，如水温小于80 ℃时，石蜡阀打开使发动机冷机快怠速；高于80 ℃时，石蜡在温度的作用下使气道阀关闭，电加热式双金属片附助空气阀在受油泵断电器控制，只要油泵工作，加热器工作，附助空气阀使气道阀关闭，即两种附助空气阀在热车时都是关闭的。空调控制电磁阀气道，如空调工作时，怠速下负荷较大，此时应提高怠速转速。开空调的同时，将空调控制气道电磁阀打开，增加进气量，提高怠速转速。图6－7所示为尼桑U13发动机怠速控制装置位置；图6－8所示为尼桑U13发动机多旁通气道的开关电磁阀和比例电磁阀共用怠速控制系统。

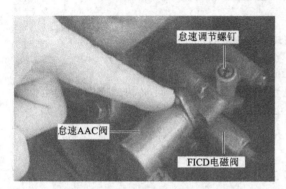

图6－7　尼桑U13发动机怠速控制装置位置　　**图6－8　尼桑U13发动机多旁通气道怠速控制系统**

　　开关电磁阀（FICD）用于空调怠速提升和比例电磁阀（AAC）共同用于怠速控制。

　　机械喷射系统的比例电磁阀式怠速控制机构调整

　　国内进口奔驰和奥迪的机械喷射系统采用比例电磁阀调整怠速。机械喷射车很少，由于调整方法特殊，现在书上少有涉及，故在此予以介绍。

　　一般情况的调节，先让怠速电磁阀不工作，保持全闭状态，此时在热车状态下调节怠速螺钉使发动机转速工作在600 r/min左右，此时的转速距目标转速相差150～200 r/min。当启动自动怠速电磁阀工作时，怠速电磁阀将自动调节打开气道，使发动机转速达到目标转速（750～800 r/min）。如若此时再调节螺钉，发动机转速不会变化，这是怠速电磁阀自动调节的功能。一旦调节好怠速螺钉位置后，一般是不允许再乱调的，否则将使怠速电磁阀工作在下限（全关）或工作在上限（全开），怠速控制将受到很大影响。

　　机械喷射的车型（奥迪、奔驰等）在调节怠速螺钉位置时，应在怠速电磁阀的线路中串入电流表。当人为调节螺钉时，进气量发生变化，为使发动机转速稳定，怠速电磁阀会自动调节气量来保持转速，此时将使怠速电磁阀工作电流发生变化。一般情况应使怠速电磁阀工作电流保持在430 mA为佳，这样可以保证电磁阀有足够的向外伸和向回缩的量。

第四节　旋转滑阀式怠速控制执行机构

　　旋转滑阀式怠速控制执行机构与用PWM信号控制的平动电磁阀式怠速控制执行机构一

样，均为目前电控发动机上应用较多、功能较全面的一种怠速控制执行机构，但其结构与工作原理则与之有明显区别。图6-9所示为两种旋转电磁阀式怠速控制机构的结构示意。

（a）　　　　　　　　　　　　（b）

图6-9　旋转电磁阀式怠速控制执行机构

（a）旋转电磁阀位置；（b）旁通进气道位置

（1）单绕组式（2根线，易和电磁阀弄混）的电枢只能做单向驱动，占空比的电磁力与复位弹簧力平衡时，滑阀位置就确定了。断电后由复位弹簧把滑阀拉到全开位置。单绕组式的电枢的电接头是两根线，所以和电磁阀易弄混。单绕组式比较简单，事实上就是单向直流电动机，本节不介绍单绕组。

（2）双绕组式（3根线）的电枢可以做双向驱动，复位弹簧只在其中起平衡作用。当电枢旋转时，带动下部的旋转滑阀就可以调节空气量的大小。丰田车系多用。

有的单绕组式（3根线），线圈内可正反向流过电流来控制电枢转动方向，如本田车系。

运行时，ECU根据发动机工况决定PWM信号的脉宽，工作可靠且控制精确。由于控制信号与比例电磁阀式怠速控制执行机构完全一样，可以在系统设计时根据情况选用，从而扩大了设计自由度。

下面分别介绍旋转滑阀怠速控制执行机构的应用例子。

1. 本田车系的旋转滑阀式怠速控制原理电路

图6-10所示的是本田单绕组电机驱动电路示意图。

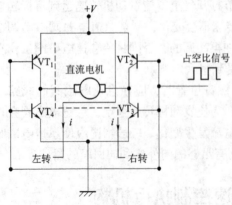

图6-10　本田单绕组电机驱动
电路示意图（内无回位弹簧）

本田车采用3根线的旋转滑阀式怠速空气调整装置。在电机内部有如图6-10所示的电机方向调节电路。图6-10所示，输入信号为高电位时，VT_2和VT_4三极管导通；输入信号为低电位时，VT_1和VT_3三极管导通；从而实现电机内电枢电流的正反向变化。

2. 丰田车系双绕组旋转滑阀式怠速控制原理（如图6-11所示）

主继电器向怠速控制机构（ISCV）供电，电脑控制占空比控制电路ISC1相和ISC2相绕组先后导通，由于ISC1相和ISC2相绕组绕向相反，所以转动方向相反。

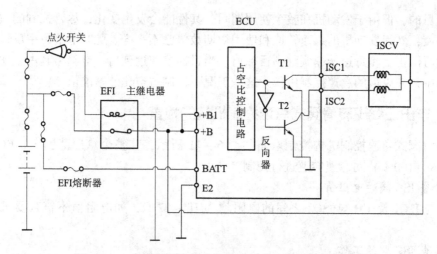

图 6-11 丰田车系双绕组旋转滑阀式怠速控制原理电路

电脑内反向器的工作原理如图 6-12 所示。

（1）输入若为 1，晶体管 Q_0 为 ON，Q_1 为截止，输出则为 0。

（2）输入若为 0，晶体管 Q_0 为 OFF，Q_1 为导通，输出则为 1。

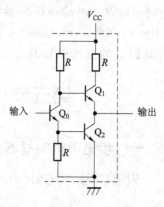

图 6-12 反向器的工作原理

一、旋转滑阀式怠速控制机构控制内容

在整个怠速范围内，电脑根据水温等传感器输入的信号，确定发动机所处怠速工况的占空比，对怠速转速进行控制。旋转滑阀式怠速转速控制内容如下：

1. 启动控制

在发动机启动时，电脑根据发动机运行情况，从存储器中取出预存的数据，控制怠速控制机构的开度。

2. 暖机控制

在发动机启动后，电脑根据冷却水温度，控制发动机在暖机过程中怠速转速的变化。

3. 反馈控制

发动机启动后，当满足反馈控制条件（怠速触点闭合，车速低于 2 km/h、空调开关断开）时，电脑将根据发动机实际转速与存储器中预先设定的目标转速进行比较，如果发动机的实际转速低于目标转速，电脑控制怠速控制机构将阀门开大；反之，如果发动机的实际转速高于目标转速时，将阀门关小。

4. 发动机负荷变化时的控制

在发动机怠速运转时，如空挡启动开关接通或某种负载较大电器立即工作，会使发动机的负荷改变，此时为避免由此引起发动机转速波动或熄火，在发动机转速出现变化前，电脑控制怠速控制机构开大或关小一定角度。

5. 学习控制

旋转电磁阀式怠速控制，是根据占空比怠速控制机构门的转动角，而达到调节发动机怠速转速之目的，但由于发动机在整个使用期间，其性能会发生变化，尽管控制的占空比仍保持在某一值，然而发动机的怠速转速和使用初期数值已不一样。此时电脑可用反馈控制的方法进行学习修正，将怠速转速调整到目标值。当目标怠速达到后，电脑将其占空比存入备用的存储器中，在以后的怠速控制中作为这一工况下控制占空比的基准值。

二、丰田三线旋转滑阀式怠速控制机构的检查

旋转滑阀式怠速控制机构控制电路如图6-11所示，在整个怠速范围内，ECU通过占空比（0%~100%）对怠速转速进行控制。

1. 检查ISC阀的电阻值

+B与ISC1及+B与ISC2之间的电阻均为18~22 Ω，如电阻值不符合要求，应更换ISC阀。

2. 检查ISC阀的工作

丰田车系电脑内检查ISC阀的工作程序为：在正常水温、发动机正常运转及变速器位于空挡位置时，将检查连接器中 TE_1 和 E_1 端子用连接线连接起来，标准是发动机以转速1 100~1 200 r/min运转5 s后，转速会降低200 r/min，如不符合要求，应检查ISC阀、ISC阀至ECU的线路和ECU。

第五节　步进电机式怠速控制执行机构

一、步进电机的基本结构及工作原理

不同汽车公司所采用的步进电机式怠速控制装置，在结构形式上略有差异，但其基本工作原理相同。如图6-13所示为丰田、日产和三菱公司的步进电机式怠速控制执行机构的结构。

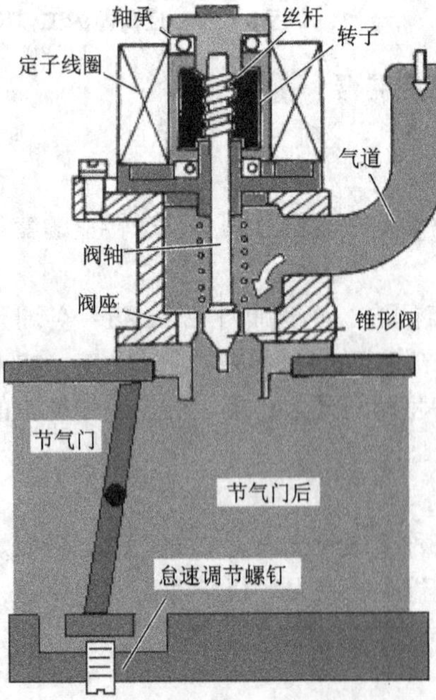

图6-13　步进电机式怠速控制执行机构

步进电机均为可逆式电机，按步数进行控制，一般为125步（通常6线）和255步（通常4线）两种。步数越多，控制精度越高。一个脉冲电机转动过的角度称之为1步，丰田车系每周为32步，每步11.25°，量程为0~125步，大约4周，调节速度可达160步/秒。图6-14所示为丰田车系步进电机实物。

步进电机的转子由永久磁铁构成，N极和S极在圆周上相间排列，共有8对磁极。定子由A、B两个定子构成，其内绕有A、B两组线圈，线圈由导磁材料制成的爪极包围，如图6-15所示。每个定子各有8对爪极，每对爪极（N极与S极）之间的间距为一个爪的宽度，A、B两定子的爪极相错开一个爪的宽度，

组成一体安装在外壳上，即转子的磁极宽度为定子的 2 步距离。

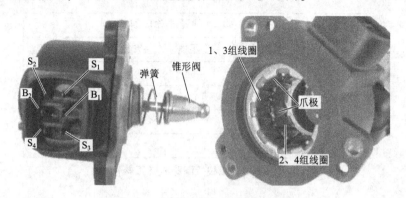

图 6 – 14　丰田车系步进电机实物

ECU 通过控制定子相线绕组的电压脉冲，交替变换定子爪极极性，使步进电机转子产生步进式转动。A、B 两定子绕组分别由 1、3 相绕组和 2、4 相绕组构成，由 ECU 内晶体三极管控制各相绕组的搭铁，如图 6 – 16 所示的相线绕组的控制电路。相线控制脉冲如图 6 – 17 所示，欲使步进电机正转时，相线控制脉冲按 1—2—3—4 相顺序迟后 90°相位角，定子上 N 极向右方向移动，转子随之正转，如图 6 – 18 (a)、(b)、(c)、(d) 所示。反之，

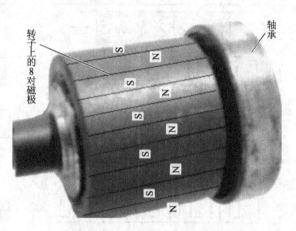

图 6 – 15　转子上的 8 对磁极

欲使步进电机反转时，相线控制脉冲按 4—3—2—1 相顺序依次迟后 90°相位角，定子上 N 极向左方向移动，转子随之反转。

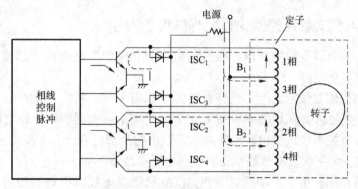

图 6 – 16　相线绕组的控制电路

转子的转动是为了使定子线圈电磁铁和转子永久磁铁的 N 极和 S 极互相吸引到最近距离，当定子的爪极极性随相线控制脉冲的变化而改变时，转子也随之转动，以保持转子的 N 极与定子的 S 极对齐。转子转动一圈分为 32 步，每一步转动一个爪的角度（即 11.25°），

步进电机的正常工作范围为 0~125 步。

周期 相线	一个工作周期			
	一步距离	一步距离	一步距离	一步距离
ISC_1	通电			
ISC_2		通电		
ISC_3			通电	
ISC_4				通电

图 6-17 相线控制脉冲 (正转)

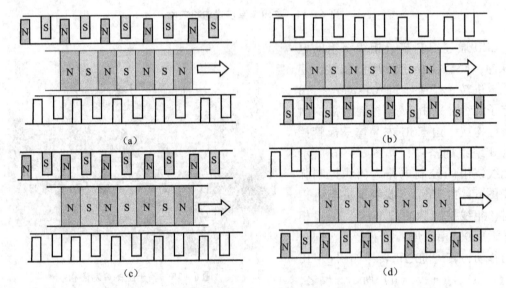

图 6-18 步进电机正反转动原理

(a) 定子 A 第 1 相通电；(b) 定子 B 第 2 相通电；(c) 定子 A 第 3 相通电；(d) 定子 B 第 4 相通电

二、步进电机式怠速控制执行机构的控制内容

ECU 对怠速控制装置的控制内容因发动机而异。对于步进电机式怠速控制装置，其控制内容主要有以下几项：

(1) 启动初始位置设定。为了保证怠速控制机构在发动机再启动时处于全开位置，在发动机点火开关关闭后，ECU 的 M—REL 端子继续向主继电器供电，使它继续保持接通状态。此时，ECU 将控制步进电机转动使怠速控制机构全部打开 (125 步级)，或控制在上一次启动时的位置，为下次启动做好准备，然后主继电器才断电。

(2) 启动后控制。由于发动机启动前，ECU 已把怠速控制机构的初始位置设定在最大开度位置，因此发动机启动后，若怠速控制机构仍保持全开，则会引起发动机转速过高。为了避免出现这种情况，在启动过程中，当发动机转速达到由冷却水温度确定的对应转速时，ECU 控制步进电机转动，使怠速控制机构逐渐关小到与冷却水温度对应的开度。

(3) 暖机控制。暖机过程中，ECU 控制步进电机转动，使怠速控制机构从启动后的开度逐渐关小，当冷却水温度达到 70 ℃时，暖机控制结束，怠速控制机构达到正常怠速开度。

（4）反馈控制。当发动机处于怠速工况运转时，如果发动机的实际转速与 ECU 存储器中所存放的目标转速差超过规定值（如 20 r/min），则 ECU 即控制步进电机转动，通过怠速控制机构增减旁通空气量，使发动机实际转速与目标转速差小于规定值。目标转速与发动机怠速工况时的负荷有关，对应空挡启动开关是否接通、是否使用空调、用电器增加等不同情况，都有确定的目标转速。

（5）发动机转速变化的预控制。发动机处于怠速工况时，空调开关、空挡启动开关等接通或者断开，都会即时引起发动机怠速负荷变化，产生较大的怠速转速波动。为了减小负荷变化对怠速转速的影响，ECU 在收到以上开关量信号、发动机转速变化出现前，就控制步进电机转动，预先把怠速控制机构开大或关小一个固定的距离。

（6）学习控制。ECU 通过控制步进电机的转动，进而控制怠速控制机构的位置，调整发动机的怠速转速。由于发动机在使用过程中其性能会发生变化，因此这时怠速控制机构的位置虽然没有变化，但实际的怠速转速也会偏离初始数值。出现这种情况的时候，ECU 除了用反馈控制使怠速转速仍达到目标值外，还将此时步进电机转过的步数储存在备用存储器中，供以后的怠速控制用。

三、怠速控制执行机构检查（丰田车步进电机型）

步进电机安装在怠速控制机构（ISC）内，由四只线圈、磁性转子、阀轴和阀组成。发动机 ECU 根据节气门位置传感器、水温传感器、发动机转速等信号，控制怠速阀的步级数，阀前后移动控制怠速旁通道开启截面积，即控制怠速空气量，从而控制怠速转速。步进电机型怠速控制机构电路图如图 6 - 19 所示。

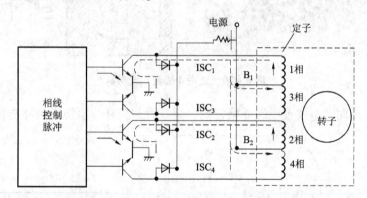

图 6 - 19　步进电机型怠速控制机构电路图

1. 在车上检查怠速控制机构

当发动机熄火时，怠速控制机构会 "咔嗒" 一声，如果不响，应检查 ISC 阀和 ECU。

2. 检查 ISC 阀的电阻

检测 $B_1 - S_1$，$B_1 - S_3$，$B_2 - S_2$ 和 $B_2 - S_4$ 4 个线圈电阻，都应是 10 ~ 30 Ω，如电阻不对，应更换 ISC 阀。

3. 检查 ISC 阀的工作情况

（1）在 B_1 和 B_2 端子上接上蓄电池正极，然后依次将 S_1、S_2、S_3、S_4 接负极（搭铁），阀应逐步关闭。

（2）在 B_1 和 B_2 端子上接上蓄电池正极，然后依次将 S_4、S_3、S_2、S_1 接负极（搭铁），阀应逐步开启。

如果按上述检查时阀不能关闭或打开，则应更换 ISC 阀。

（3）诊断仪检测 ISC 阀步级数：

丰田车步进电机型怠速控制执行机构步级数量为 0～125，0 表示怠速控制机构全部伸出，怠速空气旁通道全部关闭；125 表示怠速控制机构全部收回，怠速空气旁通道全部开启。测试某辆工作状况良好的皇冠 3.0 车发动机数据如下：冷车时，ISC = 55（步级数），热车后 ISC = 52 步，接通空调 A/C 开关，ISC = 63 步，切断空调 A/C 开关，恢复到 ISC = 52 步。

四、4 线制步进电机检查

它是由两组线圈组成，每组线圈正反向通电实现极性变换。控制两组线圈极性变换和 6 线 4 组线圈极性不变但线圈缠绕方向改变是相同的。图 6 - 20 所示为通用 4 线制步进电机。

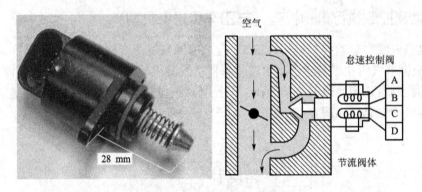

图 6 - 20　通用 4 线制步进电机

图 6 - 21 正反向通电实现极性变换控制，某一时刻只有一项绕组为高电位导通。

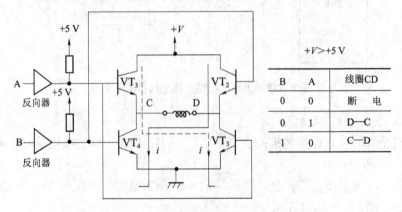

图 6 - 21　正反向通电实现极性变换控制

通用汽车公司在国内的别克、凯越、君威、赛欧采用的步进电机为 4 线制怠速控制机构。图 6 – 22 通用 4 线制步进电机电路图。

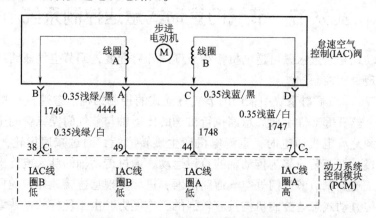

图 6 – 22　通用 4 线制步进电机电路图

在节气门全关位置（怠速状态）下，发动机控制电脑 ECM 根据电源电压、水温信号、发动机、负载信号（空气流量计/进气压力传感器、空调开关信号、动力转向开关信号、驻车/空挡开关信号）、发动机转速信号和车速信号，输出控制命令控制怠速控制机构（IAC）的动作，改变怠速空气旁通道开启截面，从而改变控制怠速转速，针阀的移开（离开底座）可以增加怠速进气量，提高怠速转速，移入（靠近底座）可以减少怠速进气量，降低怠速转速。

怠速控制机构通过丝杆机构，将带有 24 个磁极的转子的旋转运动转变为锥形阀的直线运动，其调节范围为 0 ~ 255 步级，怠速空气旁通道全关为 0，怠速空气旁通道全开为255 步。

发动机每次关闭时，动力控制模块 PCM 向 IAC 发出步级指令，按校准步骤，让针阀移动到底座（伸出），然后离开底座（缩回）至上一次启动时的位置，这为重新启动发动机时，建立了一个正确的工作参数。

在检修 IAC 阀时，不要用手推或拉动针阀，否则可能损坏丝杆螺杆的螺纹；也不要将怠速控制机构浸没在任何清洗液中，因为怠速控制机构是个微型电机，浸在清洗液中可能会损坏；针阀及阀座锥面上有亮点是正常的，并不是接触不密封；要注意检查 O 形圈，安装时涂一点机油；更换新 IAC 阀要注意型号，对于别克，新阀尖到安装法兰座距离应小于28 mm，大则可轻轻压回，否则安装时阀尖顶到底上损坏丝杆螺杆的螺纹；拆过电源线或ECM 插头，在装回后，点火开关先 "ON" 5 s，再 "OFF" 5 s，再启动发动机，以便使PCM 恢复怠速控制记忆。不同的车怠速学习方法不相同。

怠速控制机构的空气通道堵塞或卡住、步进电机不良会使怠速不稳或熄火，检查步骤如检测 IAC 阀动作是否正常可用诊断仪检测。下面是检测数据：关掉点火开关 IAC = 100 步，打开点火开关，IAC = 70 步；冷启动时，IAC = 101 步，热车后怠速，IAC = 40 ~ 44 步；打开空调，IAC = 90 步。

知识点滴：实际上，只要怠速电机不范卡、不脏，怠速步数在几十步左右，即向关小和开大有足够的空间就正确，这时更强调向大开的步数，怠速几十步，说明还有接近 200 步的怠速提升空间，足够怠速提升。由于自学习，具体数据随时会发生改变。

第六节　节气门直动式怠速控制系统

节气门直动式是通过永磁可逆电机控制节气门开启程度，调节空气通路的截面，达到控制充气量，实现怠速控制的。

美国通用 V8 单点喷射系统中采用的节气直动式的控制结构。怠速执行机构由直流电动机、减速齿轮、丝杆等部件组成。怠速执行机构的传动轴与节气门操纵臂的全闭限制器相接触。当电脑控制直流电机通电时，直流电机产生旋转力矩，通过减速齿轮，旋转力矩被增大。然后又通过丝杆变角位移为传动轴的直线运动。通过传动轴的旋入或旋出，调节节气门全闭限制位置，达到调节节气门处空气通路截面，进而实现怠速转速控制的目的。

这种节气门直动式怠速控制机构具有较强的工作能力，由于丝杆的逆效率很低，电机不用电流维持节气门开度，控制位置稳定性好。但由于节气门直动式工作时，为克服节气门关闭方向回位弹簧的作用力，使用的丝杆式减速机构，使变位速度下降，造成响应性不太好，同时怠速执行机构的外形尺寸也较大，曾经有一段时期较少采用，现在的书上也还写着直动节气门，已经淘汰。

不过从电子节气门的优点让各生产厂家又开始在 1998 年以后大量使用直动式节气门，为了克服使用了丝杆式减速机构，使变位速度下降，造成响应性不太好，新系统取消了丝杆变速，采用把节气门直接连在齿轮减速器输出后的轴上。

怠速执行机构是一个直流可逆电机，它的转动方向及停留位置由节气门位置的反馈信号决定，它安装在主气道节气门体上，直接推动节气门翻板来控制怠速工况进气量。此方式取消了旁通气道，多用于韩国现代和大众系列车型。

节气门直动式取消了旁通气道，发动机的各种工况的进气量完全从主气道通过。怠速工况时，由怠速电机在控制单元的控制下推动节气门翻板，使其按要求打开一个开度，这个微小的开度即是怠速工况的进气量，进气多少由怠速电机转动位置所决定，而电机转动位置，由反映节气门位置的节气门位置传感器信号输入控制单元，再由控制单元控制电机转动的开度，从而完成怠速控制的目的。司机踩下油门踏板时，怠速触点断开，怠速电机失去作用，节气门翻板完全由节气门拉线来控制。

一、大众半电子节气门怠速控制执行机构

怠速控制装置是通过节气门体控制部件中的怠速稳定控制器直接控制节气门的开启来实现怠速稳定控制的，它没有怠速空气旁通道。怠速稳定控制器是由一个直流电机通过齿轮传动控制节气门开启。如图 6 - 23 所示为大众半电子节气门控制部件节流阀体 J_{338}。

节流阀体（J_{338}）是一个电机系统组件，它由怠速直流电机、怠速节气门电位计、节气门电位计、怠速开关、应急弹簧和卷簧等组成。其中应急弹簧是阻止 V60 关小节气门，卷簧是阻止拉索开大节气门。图 6 - 24 所示为大众捷达半电子节气门位置传感器电路图。

按技术要求，节流阀体外壳不能打开检修，也不允许人工调整，只能用大众公司专用故障诊断仪 VAG1551 或 VAG1552 及其 04 功能"基本调整"来进行设定。

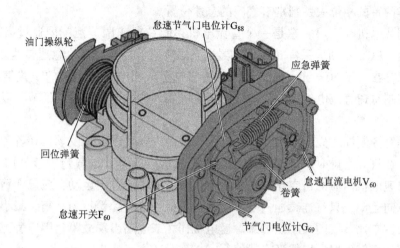

图 6-23　大众半电子节气门控制部件节流阀体 J_{338}

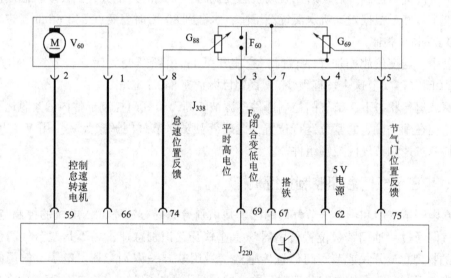

图 6-24　大众捷达半电子节气门位置传感器电路图

节气门电位计（G_{69}）：节气门电位计与节气门轴连接，它的阻值变化反映了节气门在全部开度范围的位置，此信号作为主要的负荷辅助信号，直接影响发动机喷油量和点火角，还根据节气门位置信号的变化率来识别加减速工况。当节气门位置信号中断时，ECU 用发动机转速信号和空气流量计信号计算出一个替代值，发动机仍能运转。

怠速节气门电位计（G_{88}）：怠速节气门电位计与怠速直流电机连在一起，向控制单元提供节气门的当前位置及怠速范围内怠速电机的位置。当怠速节气门到达调节范围内极限时，如果节气门继续开启，怠速节气门电位计将不再起作用。如果其信号中断，应急弹簧将节气门拉动进入机械应急运转状态，发动机怠速转速将提高至 1 500 r/min。

怠速开关（F_{60}）：怠速开关在整个怠速调节范围内闭合，ECU 通过怠速开关的闭合信号来识别怠速工况。若怠速开关信号中断，ECU 将比较节气门电位计和怠速节气门电位计的值，根据两者的相位关系判别节气门的怠速位置。

怠速调节电机（V_{60}）：它是一个直流电机，能在怠速调节范围内通过齿轮驱动来操纵节气门开度。ECU 不断地采集转速传感器送来的转速信号并与理论怠速转速 840 r/min 进行比较，如果存在大于 50 r/min 偏差，ECU 将根据节气门电位计当时的位置信息，在怠速范围内通过控制怠速直流电机来调节节气门开度，实现对怠速进气量的调节，以控制发动机怠速转速。

怠速提升控制同时先调节点火提前角，再控制进气量以保证发动机在各种工况下怠速稳定。比如，在打开空调时，ECU 将增大点火提前角，再增大进气量。节气门开度的稳定位置取决于怠速电机内通的占空比，电机使节气门向关小的方向运动，应急弹簧使节气门开度向开大的方向运动，只有连续通占空比信号，电机才能与弹簧拉力平衡，减小占空比节气门开大，增大占空比节气门关小。如果怠速电机损坏或电路出现故障，则应急弹簧将节气门拉到一个特定的运转位置，以保证车辆续行。

发动机怠速时，怠速稳定控制机构（V_{60} 电机）根据发动机的负荷（进气量）和发动机温度对节气门进行控制。启动后当发动机温度低时，节气门开度大；当发动机温度高时，节气门开度小，然后根据发动机水温逐渐下降，水温到 80 ℃时稳定在 840 r/min，进行目标转速（840 r/min）控制。

行驶中，当突然放松加速踏板时，怠速开关 F_{60} 由断开变为闭合。节气门由怠速电机 V_{60} 逐渐关闭（事实上这个过程很快），直到目标怠速 840 r/min。

在紧急运行状态下，节气门控制部件电源被切断，节气门控制部件内的紧急运行弹簧将节气门定位在预先设定的紧急运行位置，此时驾驶员对节气门调节无效。用 V. A. G1552 诊断仪可检测怠速和节气门控制组件。

二、电子节气门怠速控制执行机构

大众电子节气门和半电子节气门的区别是识别怠速的方法不同，电机的控制范也不同。电子节气门通过"油门踏板位置传感器"怠速软开关识别怠速，并不是"节气门位置传感器"上的物理怠速开关或节气门位置传感器信号用软开关识别怠速。电子节气门的电机控制范围决定于油门踏板位置的怠速软开关，即司机不踩油门时，电机控制节气门在应急开度以下控制怠速。当踩下油门时，电机控制节气门在应急开度以上工作。图 6 – 25 所示为大众电子节气门实物图；图 6 – 26 所示为大众电子节气门位置传感器内部元件。

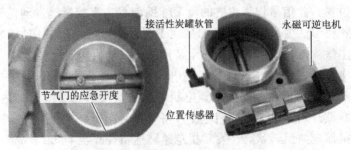

接活性炭罐软管　永磁可逆电机

节气门的应急开度　　位置传感器

图 6 – 25　大众电子节气门实物图

图6-26　大众电子节气门位置传感器内部元件

三、直动式节气门的基本设定

对于电喷车的某些系统，在维修后或保养时必须进行基本设定。在基本设定过程中，控制单元中的某些参数（如怠速时的点火正时等）会调整到生产厂家设定的指定值，或者将某些元件（如节气门位置传感器的位置）参数存入控制单元，以便实行精确控制。

大众节气门体，无论是半电子式还是电子式的节气门，电脑必须知道电机控制节气门在节气门位置传感器上能达到实际的最小和最大位置。图6-27所示的是宝来汽车电子节气门电路图。

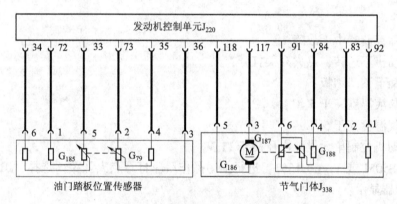

图6-27　宝来电子节气门电路图

电脑通过控制半电子节气门电机把节气门关到尽可能最小的开度，怠速电位计电压传入电脑，电脑就会记忆这个开度（实际上是电脑记忆节气门最小开度电压经模/数转换过来的数字电压），最大位置由怠速开关断开决定，目的主要是重新划定怠速范围。

对于电子节气门最大和最小位置是由电机所能达的位置决定。主要是重新划定怠速范围、划定部分负荷的范围、划定全负荷范围，以上在解码仪读数据流时可见。

若节气门体过脏，节气门不能完全关闭，电脑的怠速自适应程序自适应后可以使怠速正常，但脏到一定程度超过了电脑内的限值时，即自适应超限后，怠速将变得不稳定。清洗节气门后，此时电脑内记忆的节气门最小值和实际节气门能达到的最小值不同，必然造成控制失准，结果发动机怠速居高不下，这种状况会在电脑怠速自适应程序（软件）下，逐渐正常，但时间很长。作基本设定就是让电脑立刻记忆真实的节气门最大、最小位置，让电脑对节气门重新分区。

如果节气门未损坏，电脑损坏，更换了新电脑，由于新电脑记忆的节气门最大、最小位置和实际行驶中的节气门不相同，会导致电机控制节气门时不正常。所以更换了电脑也需要作基本设定。发动机损坏，更换发动机后，发动机的性能提高，如按原来电脑记忆的值进行控制，会有一定误差，所以更换了发动机也需要作基本设定。

知识点滴：以下和发动机怠速控制没有关系，和变速器控制有关系。但为了区别发动机作基本设定和变速器作基本设定的目的不同，这里一并写出。

自动变速箱控制单元根据发动机控制单元传过来的节气门位置信号，控制换挡和控制阀板油压。这个过程电脑必须知道节气门在怠速至全开的变化范围。

使用解码仪进入变速器控制单元02对自动变速箱车进行基本设定的方法是，踏下油门踏板到底，触动强制低挡开关，并保持3 s以上，让电脑记录节气门的最大开度，以调节阀板主油压。

另外更换变速器控制单元和变速器时，与更换发动机和发动机电脑一样也要对节气门进行基本设定。

四、发动机节气门的基本设定

例如奥迪电子节气门的设定。在打开点火开关时，通过基本设定（功能04）在显示组060中来完成。

检查条件：

(1) 故障存储器中无故障；

(2) 发动机不运转，点火开关打开；

(3) 不踏下油门踏板；

(4) 冷却液温度高于5 ℃；

(5) 进气温度高于5 ℃；

(6) 发动机控制单元供电电压高于11 V。

连接VAS5051或V. A. G1551，进行上述操作后应打开点火开关。选择"01 发动机电控单元"，显示器显示：

快速数据传输	帮助
选择功能××	

按0和4键选择"基本设定"，按Q键确认输入，显示器显示：

基本设定	Q
输入显示组号×××	

按0，6和0键，选择显示组60，按键确认输入：按Q键后，在该状态下，节气门通过位于节气门控制单元内的一个弹簧进入应急运行位置。两个角度传感器的应急运行位置被存入发动机控制单元。然后节气门被打开，如果达到全开，节气门控制器会有大电流流过，电

脑记忆此时电脑开度的最大值。控制器（电机）断电，在一定时间内，弹簧应被节气门关闭到先前应急运行位置（弹簧实验）；随后节气门又被节气门控制器关闭，当节气门控制器又有大电流通过时，节气门控制单元内的角度传感器传送的数值被存入发动机控制单元内。

在车辆行驶过程中，如果发动机控制单元不能控制节气门电机，则怠速升高且不稳。若此时司机急踩油门，因没有增加进气量，基本喷油量不变，此时电脑根据油门踏板位置传感器踏下速度增加了修正喷油量，所以发动机可以加速，但在加速时非常缓慢，排放不正常。

显示器显示：

基本设定 060			
1	2	3	4

在显示区 3 和 4 中检查节气门控制单元规定值：

读取数据流		060	
×××%	×××%	自适应电机计数	自适应状态

第一区：节气门角度（角度传感器 1）最小为 0% ，最大为 100%
第二区：节气门角度（角度传感器 2）最小为 0% ，最大为 100%
第三区：自适应电机计数 0 ~ 8 在自适应过程中，自适应步进计数应从 0 ~ 8（也可能过这个数字）
第四区：自适应状态 ADP Lauft ADP I. O 或 ADP ERROR

说明：显示区 4 的缩写"ADP"表示"自适应"，也就是适配之意。如果控制单元自适应中断，且显示屏显示"功能未知或当前不能执行"，那么可能是下述原因。

(1) 未满足检查条件；
(2) 节气门不能完全关闭（如脏污）；
(3) 节气门控制单元或导线损坏；
(4) 在自适应过程中，启动了发动机或踏动了油门踏板；
(5) 节气门壳体卡得过紧（检查螺栓连接）。

按右键头键结束发动机基本设定。按 0 或 6 键选择"结束数据传递"，按 Q 键确认退出。常见车型发动机节气门基本设定的通道号如下：进 01—04—输入通道号

小红旗电喷：通道号 001　　　　　捷达二阀：通道号 060
桑塔纳 2000：通道号 098　　　　　奥迪 2001.8T：通道号 098
奥迪 C5A6：通道号 060　　　　　　捷达五阀：通道号 098

第七节　怠速控制系统故障

一、怠速控制系统常见故障

踩加速踏板才可着车，松加速踏板熄火，加速一切正常，以上现象说明怠速工况进气量

不足。怠速工况进气量不足的原因有两种：一是旁通气道不畅；二是旁通气道怠速步进电机控制不良。检查如下：

（1）将点火开关打开和关闭，用手摸电机应有振动感，此法可初步判断电机是否工作。

（2）为了进一步确认电机工作是否正常，需用示波器或二极管逐一地测量步进电机的控制端（控制单元对电机的控制信号），均有频率信号电压。

（3）有控制信号也不能说明电机运转正常，需拆下步进电机，检查阀芯脏堵情况，在用点火开关作通断试验（打开点火开关后再关掉点火开关）时，阀芯应前后移动。

（4）打着车怠速运转，拆下步进电机做漏气和堵塞试验。

漏气试验：因拆下步进电机在进气管上留下的进气孔，通气量很大，怠速很高，此时步进电机应全部伸出。

堵塞试验：用手堵住拆下步进电机在进气管上留下的进气孔，通气量变小，怠速下降，此时步进电机应缩回。

知识点滴：实践中通常是油污阻塞阻止了气流的畅通，需经彻底清洗节气门体和步进电机。清洗电机时不能把油泥洗进电机的丝杆内，否则可能导致电机内转子卡死。

怠速工况发动机不稳，怠速转速漂游不定，开空调转速下降以至熄火。发动机启动困难，需踩点加速踏板启动，根本无怠速工况的现象，这是典型的有油有火，而无空气的不着车故障。检查方法如下：

已知怠速下的进气量全由旁通气道控制，如若旁通气道受阻或怠速控制机构工作不良，都将使怠速工况不稳，以至启动困难，只有在踩下加速踏板时，节气门打开，有气流通过，方可启动顺利，松开加速踏板时，节气门又关闭，因无空气而熄火。

对于单旁通气道而言，它只设步进电机式执行器，出现上述故障现象，只需检查气道脏堵和执行器工作状况即可。对于双旁通气道而言，它设置了两个控制点，即怠速螺钉和怠速阀，它们是协调工作的，不可随意调大调小。怠速螺钉的位置，应让怠速阀工作在全程的10%～30%开度范围内，如果螺钉调节气道关闭过小，那怠速阀气道必然自动开大，怠速阀工作上限时，调节余量过小，当有负荷时，怠速增加进气量有限，导致转速下降，怠速抖动。

知识点滴：对这种故障，许多维修人员有一个错误的处理方法，那就是调整节气门拉线或是调整节气门翻板的固定螺钉，其目的是让节气门在初态就有一个开量，这样确实可以顺利启动，也可有一个基本的怠速，但没有解决怠速工况自动控制的问题。

更严重的是将节气门翻板调出一个开度的同时，节气门位置传感器信号发生了变化，节气门位置信号过大，而且节气门位置传感器内的怠速触点信号被打开，控制单元接到的一直是加速工况，即使有怠速，控制单元也不做怠速控制，将造成怠速不稳，或高或低，特别是有负荷时，转速下降而抖动，开空调时易熄火。这种调节化油器的做法在电喷车上是绝对不允许的。

节气门翻板的固定螺钉不是给修理人员调整节气门翻板用的，它平时就是关闭的。

对于直接控制节气门的直动式可逆电机而言，它的怠速进气量控制是靠电机推动节气门来完成的，如果节气门体过脏，将造成启动困难，无怠速或怠速不稳故障。

二、电子节气门体过脏导致 ASR 灯亮

现象是起步时有时防滑 ASR 警报灯常亮，但对行驶无影响，最高车速、加速性能均

正常。

读取发动机系统故障码时会有发动机空气流量计信号太低、节气门信号不正确、节气门怠速开度超限三个故障码。原因在起步时 ABS 系统检测到驱动轮打滑，信号传至发动机电脑控制点火角和进气量都减小，节气门体过脏导致节气门不能关到最小。节气门位置传感器反馈信号开度过大，达到 ASR 灯报警条件。只要清洗节气门体，作基本设定，ASR 功能就会正常，警报灯也可立即熄灭。

三、体积型和 D 型空气流量计影响怠速不同

叶板式、量芯式及卡门涡旋式等 L 型燃油喷射发动机配置的空气流量计为体积直接测量型，D 型燃油喷射发动机是进气压力传感器，属间接测量型。

它们同属空气量的检测部件，但它们的检测方法却有本质的不同。当歧管真空漏气时，发动机故障的表现形式也大不一样，在检测此类故障时，首先应明确发动机配置的是何种空气测量元件，而后再根据故障现象，来分析漏气的部位。

正常情况下，空气流量计信号随进气量的增加而增加。当有真空漏气时，应根据故障现象来分析判断其漏气的部位及漏气量的大小，漏气量大时直接通过耳听即可。漏气分为外漏和内漏两种。

（1）外漏是指未经空气流量计测量的多余空气量。由于此多余的气体未经空气流量计测量，喷油量未增加，反而空气量增加会造成混合气过稀，导致发动机怠速不稳，加速无力，以致熄火。

（2）内漏是指经过空气流量计测量的多余空气量。

当旁通气道中怠速阀脏卡，怠速阀损坏，怠速控制失控时，将会有多余空气进入歧管。当主气道中，节气门翻板调整不当或节气门拉线过紧时；将会有多余空气进入歧管。由于内漏气体经过了空气流量计的测量，电脑随之增加喷油量，此时，将导致发动机怠速升高。

知识点滴：当漏气量较大时，转速升高到一定转速时一般为 2 000 r/min 左右，将启动怠速超速断油功能，出现怠速游车。

四、电脑怠速接口驱动装置损坏

在测量怠速控制阀插头时发现电脑输出的火线正常，而电脑控制的搭铁端中有一组始终接地或断开。

多数为电脑控制端接地，一相绕组始终接地是造成步进电机始终停留某一位置的原因。导致怠速阀失控，始终停留在某一位置上，较多的空气经空气流量计测量后很顺利地通过怠速阀进入歧管，造成发动机转速过高而不受控。

在修理中，尼桑 6 线步进电机常有电脑内驱动装置有一相损坏故障。

尼桑发动机采用 HL（Hot Line，热线）型空气流量计。HFM（Hot Film，热膜）型燃油喷射发动机，是在 HL 型燃油喷射发动机的基础上改进而来，同属直接测量空气量的发动机控制系统。只是 HFM 型空气流量计受污染可能性小，结构稳定，其测量精度较 HL 型更高一些。但当故障出在真空漏气时，它们所表现出的故障现象相同。

（1）外漏时（不经空气流量计测量的多余气体）由于混合气较稀，将产生怠速不稳，

动力不足，易熄火。

（2）内漏时（经空气流量计测量的多余气体）由于空气流量计信号增大，供油增加，混合气较正常时浓，将使怠速过高，以致产生断油游车现象。

五、怠速控制系统检查

1. 检查顺序

（1）确认是否是怠速故障：加速时正常，怠速不正常，一般可确定为怠速故障，但不排除存在点火、供油、配气正时、汽缸密封性、进气堵塞或漏气和排气堵塞的轻微故障；

（2）怠速故障属哪一类故障。

（3）怠速自适应控制超上限还是超下限判断：

① 进气过多，怠速控制机构关闭已经最小，不能再关，为超下限；

② 进气过小，怠速控制机构打开已经最大，不能再开，为超上限。

（4）有调整的如何调节和是否需要作基本设定。

2. 怠速的检测仪检查

读取故障码是否有怠速超限故障码。

读取数据流是否发现异常。怠速检查读取数据流应以冷却水温度、怠速转速、怠速开关状态、空调开关状态、动力转向开关状态、点火提前角、怠速控制机构的开度位置（直动节气门由位置传感器电压或开度百分数、比例电磁阀为占空比百分数、步进电机为步数）数据、用电负荷等为检查对象。实际检查重点注意故障码提示怠速控制超限，冷却水温度、怠速转速、怠速开关状态等。发动机水温至暖机结束时，人为控制四个负荷介入，再观察怠速转速。

知识点滴： 四个负荷介入时不同车系的信号反馈方法不同，所以现象略有不同。一种是开关信号反馈，加载时，开关信号反馈给电脑，通常控制是突然开大固定的进气量，然后再进行目标转速反馈。另一种是发动机转速快速反馈，加载不大，且载荷是慢慢加到发动机上的，比较适用此种控制。

对于空调负荷，因负荷较大，世界各国车系的控制方法是相同的，即打开空调开关，信号到达发动机电脑，发动机电脑控制提速，发动机电脑通知空调电脑接通压缩机，或发动机电脑直接接通压缩机。

对于动力转向有的车系有压力开关，有的无压力开关，对于有压力开关的，在转动方向盘时，发动机转速表指针要瞬间下降至 100 r/min 左右，再恢复至正常怠速。这是由于在转向过程中，转向助力泵向发动机加载过程是循序渐进的，而压力开关是到指定压力才闭合给电脑搭铁信号。对于没有转向压力开关的车系，在转动方向盘时怠速下降，但同时目标转速反馈控制程序的自适应反应很快，发动机转速表是看不到有下降趋势的。

对于自动变速器挂挡和摘挡控制多为多功能开关信号传入发动机电脑，有的无信号传入发动机电脑。这种控制方式与动力转向负荷控制方法相同，只是都看不见发动机转速下降。下面以大众捷达半电子节气门为例检查怠速数据。

（1）冷却液温度应大于 80 ℃，冷却风扇不能转；

（2）怠速开关状态，kerlauf 德语为怠速，是怠速开关 F_{60} 闭合，如果没有显示（kerlauf），应检查怠速开关。

（3）发动机怠速标准值应在 840 r/min，±50 r/min。如果怠速转速不在标准值范围内，读取空调工作状态数据；

（4）空调 A/C 开关：空调关闭应为（A/C—LOW）和压缩机关闭应为（Kompr. AUS）。如果怠速转速仍然超过范围，读取怠速位置传感器数据 G_{88} 的开度位置是否大于 5°。

如果怠速转速过低，可能产生故障的原因是：发动机负荷太大；节气门控制部件与发动机控制单元没有匹配；节气门控制部件损坏。

如果怠速转速过高，可能产生故障的原因是：进气系统有泄漏；节气门控制部件与发动机控制单元没有匹配；节气门控制部件损坏；活性炭罐电磁阀常开。

3. 万用表检测节气门控制部件

大众半电子节气门控制部件控制电路如图 6 – 28 所示。

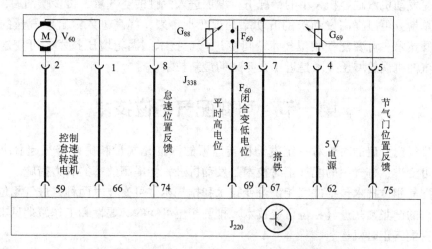

图 6 – 28 大众半电子节气门控制部件控制电路示意图

当节气门电位计出现故障时，发动机 ECU 就用发动机转速和空气流量计的信号值计算替代值。

测量节气门电位计的供电电压：拔下节气门控制部件的插头，用数字式万用表测量插头上 4 和 7 端子之间的电值，打开点火开关，此电压值应接近 5 V（发动机 ECU 提供）。

4 脚打开点火开关，恒压源 5 V 左右；7 脚打开点火开关，搭铁 0 V 左右；8 脚打开点火开关踩下油门踏板，0.5 ~ 4.9 V 均匀变化；5 脚打开点火开关踩下油门踏板，0.5 ~ 4.9 V 均匀变化；2 脚打开点火开关电压值应为 10 V 左右；1 脚打开点火开关蓄电池电压值（12 V 左右）。

知识点滴：车上任一根纯导线电阻值应小于 1 Ω 或 1.5 Ω，有些电路有太大电阻会有故障。

节气门怠速电位计或定位电位计（定电机的位置）的作用是怠速时节气门定位器动作使节气门打开的输出位置信号。当节气门定位电位计出现故障时，节气门控制部件中的紧急运行弹簧起作用，使发动机处于应急运行状态，此时发动机的怠速升高，约 1 500 r/min。

测量怠速开关的电阻：当打开节气门时，测到的电阻值应为无穷大，当节气门关闭时，测得的电阻值应小于 1 Ω。

第七章

进气系统控制

不改变发动机汽缸容积大小的情况下，增加进入汽缸的空气量，再多喷油后，可以增加混合气的总量，可以提高发动机的升功率。近几十年来，提高进入汽缸空气量的新技术包括：五气阀技术、可变配气相位技术、可变进气道技术、涡轮增压技术、可变进气谐波技术。其中汽油机涡轮增压技术是近十几年来的最新技术。

第一节　可变配气相位技术

进、排气门开启的时刻对一定发动机转速下的汽缸充气量和更好排气起着决定性的作用，所以可变进、排气门的配气正时技术是发动机进一步提高效率的有力措施。

可变配气相位技术包括进气相位可变技术和排气相位可变技术两种。进气相位可变的必要性见大众的链张紧式进气相位可变技术。排气相位可变的必要性和工作原理见丰田车内外错开式可变配气正时机构。

一、链张紧式可变进气相位技术

链张紧式可变进气相位技术是大众专用的可变进气相位技术，但这样的结构难于控制排气正时可变。

发动机中、低转速时，活塞运动慢，进气管内混合气随活塞运动慢，气体的动能小或说气体的惯性小。进气行程完了，活塞进入压缩行程，由于进气门的早开和晚关的特点，在"压缩行程"的刚开始阶段，气体受压缩，进气门向关闭方向运动，但还未关闭，可以说仍然是开启的，此时为避免已进入的混合气倒流回进气管，进气门应提前关闭。要想在压缩行程提前关闭，进气门应提前开启，即凸轮轴相位应向前转一个角度。图7-1所示为活塞在压缩时，进气门早关示意图。

知识点滴：进气门提前开启和进气门提前关闭是一个意思，即早开肯定早关，要想早关也必须早开。

发动机转速高时，进气管内气流快，活塞在进气行程完成后，活塞在向上的"压缩行

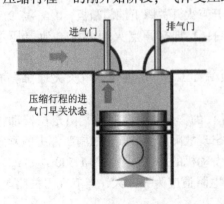

图 7-1　压缩行程进气门应早关

程"中，由于进气管内混合气保持原来的惯性，可继续涌入汽缸，从而增加混合气量，所以在进气门应延迟关闭，即凸轮轴相位应向后转一个角度。图7-2所示为活塞在压缩时，进气门晚关示意图。

在急速时，为防止"进气行程"时，废气回流过多也应延迟开启（延迟关闭）。

知识点滴：进气门延迟开启和进气门延迟关闭是一个意思；即晚开肯定晚关。

可变进气相位技术最好进气相位和排气相位都可变，链张紧式只能设计出进气相位可变，排气相位则不可变。

如图7-3和图7-4所示，大众公司的奥迪V型6缸发动机的可变进气系统的元件位置和调整元件名称。电脑控制开关电磁阀实现进气门的相位可变。

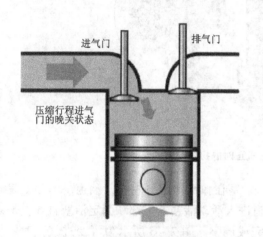

图7-2 压缩行程进气门晚开

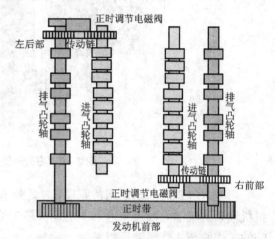

图7-3 大众公司的V型6缸发动机的可变进气系统的元件位置

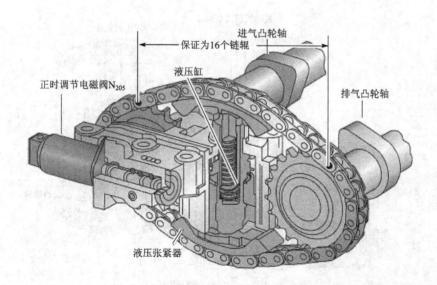

图7-4 大众公司的V型6缸发动机的可变进气系统调整元件名称

知识点滴：链张紧式可变进气相位只能用开关电磁阀调整，不能用脉冲电磁阀调整实现无级。内外错开式则可用脉冲电磁阀调整，实现无级。

1. 扭矩调整

在中、低转速，为获得大扭矩输出，凸轮轴调整器向下拉长，于是链条上部变短，下部变长。因为排气凸轮轴被正时齿形带固定了，此时排气凸轮轴不能被转动，进气凸轮轴被朝前转一个角度，进气门提前开启。如图7-5所示为右列可变进气正时的扭矩调整。

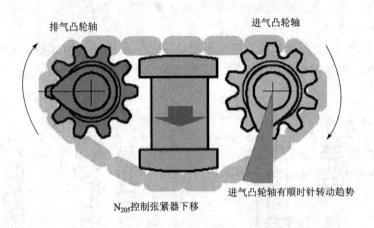

图7-5　右列可变进气正时的扭矩调整

可变进气正时的扭矩调整原理：N_{205}断电，活塞在弹簧作用下左移，油道1泄油，发动机机油泵的机油经油道3进入4位置，经2油道进入活动活塞5下部和固定活塞缸6上部之间的工作腔与4位置油压相平衡。活塞5上移完成调整。图7-6所示为可变进气正时的扭矩调整原理。

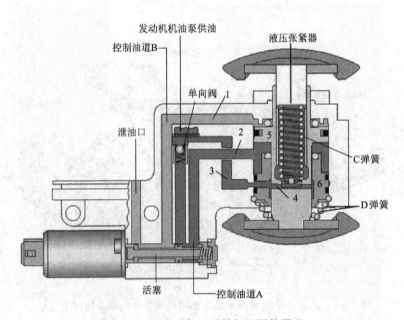

图7-6　可变进气正时的扭矩调整原理

2. 功率调整

怠速时，进气门延迟开启。发动机高转速时，功率大，转速在 3 700 r/min 以上时，进气门也必须延迟关闭。调整链条下部短，上部长，进气门延迟开启，进气管内气流速高，汽缸充气量足。图 7－7 所示为右列可变进气正时的功率调整。

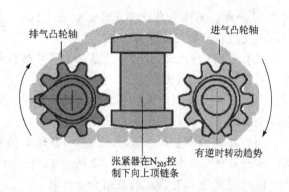

图 7－7　右列可变进气正时的功率调整

可变进气正时的功率调整原理：N_{205} 通电，活塞克服弹簧右移，油道 2 泄油，发动机机油泵的机油经油道 3 进入 4 位置，经 1 油道进入活塞 5 上部，活塞 5 下移压缩活塞 4，活塞 4 下移完成调整。图 7－8 可变进气正时的功率调整原理。

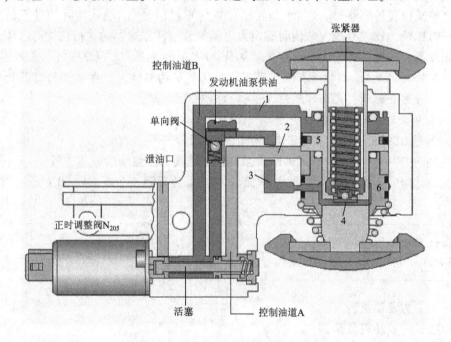

图 7－8　可变进气正时的功率调整原理

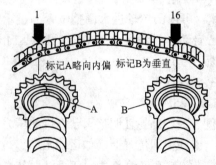

图 7－9　链轮上第 1 和第 16 个链辊位置

3. 传动链条的安装

在修理安装新传动链条时，凸轮轴上缺口 A 和 B 之间的距离应为 16 个传动链辊。图 7－9 中所示为链轮上第 1 和第 16 个链辊位置。

缺口 A 相对于链辊略向里安装，将凸轮轴调整器装到传动链中间。将带传动链条的凸轮轴和凸轮轴调整器装到缸盖上。用机油润滑凸轮轴工作面。

知识点滴：

（1）当凸轮轴上记号与轴承盖记号间的链辊装

配为 17 个时，启动和急速都正常，但在 1 500～2 500 r/min 时加速迟钝，发动机无力，原因为进气门打开的过于滞后。

（2）当凸轮轴上记号与轴承盖记号间的链辊装配为 15 个时，发动机启动困难，急速抖动，原因为进气过于提前。

（3）发动机的润滑系的机油泵出现故障时，引起的与（1）类似的故障。通过检查润滑系排除此故障。以上三条会上凸轮轴的故障码。

（4）凸轮轴调整阀 N_{205} 对地短路、凸轮轴调整阀 N_{205} 与发动机控制单元 J_{220} 之间导线断路、熔断器损坏及装配时 A 和 B 之间为 15 个或 17 个链节都会导致功率下降。

4. 可变进气正时系统的控制和自诊断

主要由空气流量计 G_{70} 信号、节气门开度 G_{69} 信号、曲轴位置传感器 G_{28}（也是发动机转速）信号和修正信号冷却液温度 G_{62} 和两个凸轮轴位置传感器信号可确定标准正时的大小，并由电脑转化成控制电磁阀的开关或占空比信号，从而控制进入执行机构的压力和流量。电脑同时从曲轴位置传感器 G_{28} 及两个凸轮轴位置传感器信号 G_{40} 确认实际的进气门正时，并与标准正时比较，比较有较大差值时确定为电磁阀或液压张紧器的执行机构有故障。

知识点滴：用双通道示波器观察发动机转速/位置传感器 G_{28} 和凸轮轴位置传感器 G_{40} 的信号时，凸轮轴位置 G_{40} 的信号在可变配气正时调节机构起作用，即信号轮随凸轮轴发生了转动时，两波形会错开，此动作反馈发动机的功率变化。

5. 大众可变进气正时机构检查（以 BORA 数据为例）

（1）通过 01—02—进入发动机电脑读取故障码。

（2）通过 01—03 进行执行元件凸轮轴调整电磁阀 N_{205} 自诊断。

（3）进入 01—08—091 组读取数据流。发动机转速达 2 200～4 000 r/min，读取测量数据：

Read measuring value block 91			
640～6 800 r/min	0%～98%	ON/OFF	−3～+25 kW

显示区 1 为发动机转速；

显示区 2 为发动机负荷；

显示区 3 为开关电磁阀通断电指示；

显示区 4 为配气正时调整后发动机的功率增加量或减少量。

正常位置和调整位置。在汽车停止时挂入 1 挡加速，可使凸轮轴进入调整位置。显示区 4 显示可调凸轮轴的实际位置，如果凸轮轴调整功能已启动，显示区 3 为 ON，显示区 4 将显示凸轮轴位置的角度调整后引起的功率增减量（反馈信号）。

① 发动机在低速时的增扭位置时，功率变化为 −3～+6 kW。

② 发动机在高速时的功率位置时，功率变化为 16.0～25.0 kW。

③ 如果试车时显示区 4 显示值在 6.0～16.0 kW 之间，说明凸轮轴调整阀已将机油压力传至机械式凸轮轴调整器上，但未达到上或下的终点位置，卡在中间位置上（如运动困难）。

知识点滴：改变进气门的开启时刻，可以改变功率随转速变化的趋向，可用以调整发动机扭矩曲线，满足不同的使用要求。

低转速时，进气门提前打开能防止低速压缩行程倒喷，有利于提高最大扭矩，但降低了此状态下的最大功率。如奥迪凸轮轴在扭矩位置时提高了输出扭矩，但功率有所损失（-3 kW 为功率损失）。

高转速时进气门晚开，高转速时功率增加，有利于最大功率的提高。

知识点滴： 由于奥迪 A6 发动机电脑给液压张紧器电磁阀的信号是开关信号，所以只能有扭矩和功率两个极端调整状态，没有中间状态。当读数据流发现电脑控制电磁阀的信号不再是 ON/OFF 时，而是占空比的百分数时，说明此车的可变配气正时技术真正达到了一个发动机转速对应一个合适的配气正时，例如，A4 3.0 发动机。

排气相位可变技术在大众这样设计的正时调节机构下实现较为困难。进排气门的配气正时可变技术见丰田车系内容。

注意： 在修理发动机"配气机构"时，新手一定把握以下几点，否则易顶气门。

（1）液压挺杆的挤油和装配。

（2）发动机曲轴与凸轮轴的正时装配。

（3）进气凸轮轴和排气凸轮轴的正时装配。

（4）配气机构装配完后，多盘转曲轴几转，十几分钟后，再多盘转曲轴几转，反复 2~3 次，发动机油底壳内油经机油泵进入液压挺杆和张紧器，液压顶杆长的变短、短的变长，让液压顶杆和气门自动找到间隙，让可变配气正时的张紧器在进气迟后位置。

修理发动机"配气机构"时多盘几转曲轴是非常关键的，否则液压挺杆变长，液体不可压缩，在启动的瞬间顶气门。实践中，很多大师傅都出现这样的修理事故，就是忽略了液压挺杆在未装车之前在机油中浸过，液压挺杆可能变长。盘曲轴也是测试发动机曲轴与凸轮轴的正时装配，进气凸轮轴和排气凸轮轴的正时装配，盘曲轴也会立刻发现气门顶活塞。

二、内外错开式进、排气正时调节机构

丰田发动机可变正时技术简称 VVT—i（Variable Valve Timing—intelligent，智能可变配气正时技术），采用内外错开式配气正时调节机构比链张紧式更易实现进、排气正时都可变。大众可变进、排配气正时原理与之相同。

在讲排气正时可变之前，先讲丰田可变配气正时控制系统和内外错开式配气正时调节机构工作原理。

图 7-10 所示为丰田 1NZ—FE 和 2NZ—FE 发动机可变进气正时系统的组成。

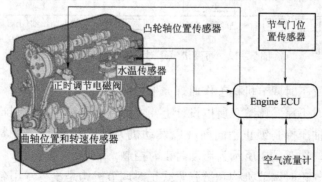

图 7-10　1NZ—FE 和 2NZ—FE 可变进气正时系统的组成

丰田可变进气正时系统的控制元件有空气流量计、节气门位置传感器、水温传感器、曲轴位置传感器及凸轮轴位置传感器，执行器为一个脉冲电磁阀。

与大众链张紧式配气正时调节机构相比，不同的是电磁阀控制的执行机构不同。

可变进气正时系统的自诊断见图7－11。主要信号和修正信号确定标准正时的大小，并由电脑转化成控制电磁阀的占空比信号，从而控制进入执行机构的压力和流量。电脑同时从曲轴位置传感器及凸轮轴位置传感器信号确认实际的进气门正时，并与标准正时比较，比较有较大差值时为执行器或执行机构有故障。

[Engine ECU]
曲轴位置传感器
节气门位置传感器
空气流量计
水温传感器
车速传感器
凸轮轴位传感器
目标正时
修正信号
实际正时
占空比
正时反馈信号
可变配气正时阀

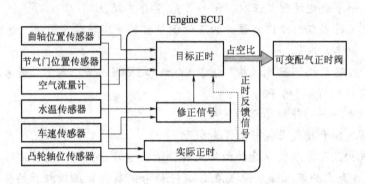

图7－11　可变进气正时系统的自诊断

丰田车系发动机可变进气正时系统具体工况控制如图7－12所示。

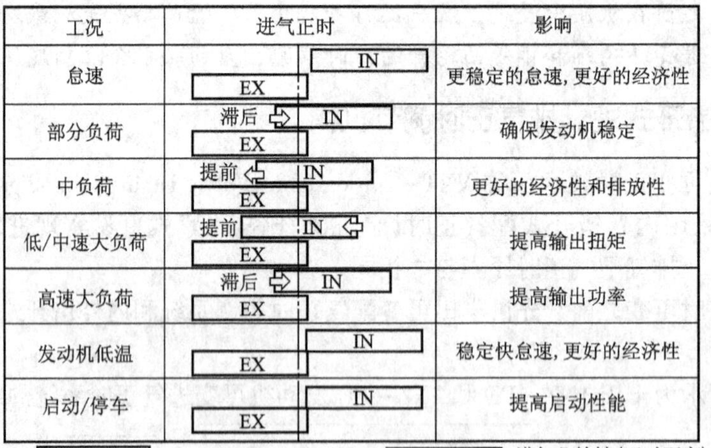

工况
进气正时
影响
怠速
IN
EX
更稳定的怠速，更好的经济性
部分负荷
滞后
IN
EX
确保发动机稳定
中负荷
提前
IN
EX
更好的经济性和排放性
低/中速大负荷
提前
IN
EX
提高输出扭矩
高速大负荷
滞后
IN
EX
提高输出功率
发动机低温
IN
EX
稳定快怠速，更好的经济性
启动/停车
IN
EX
提高启动性能
EX 排气凸轮轴（正时不变）
IN 进气凸轮轴（正时可变）

图7－12　可变进气正时系统具体工况控制

内外错开式配气正时调节机构工作原理如下：

在启动时，正时不需要调整。所以设计上，由弹簧控制锁止销控制叶片和壳体为固定连接。发动机运行时油压控制锁止销向前（以发动机为参照）移动，壳体和链轮分离，防止干涉可变进气正时。图7－13所示为启动时正时控制。

内外错开式配气正时调节机构和链张紧式正时调节机构是没有专用名字的，所以作者为了表达方便和读者更易理解，才起的名字，希望汽车界广泛使用。内外错开式配气正时调节

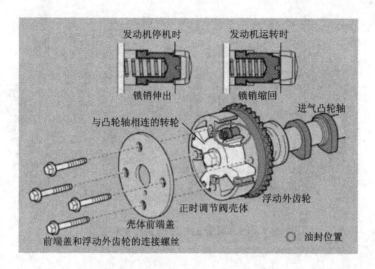

图 7－13　启动时正时控制

机构是指图 7－13 中执行机构的壳体和中间的叶片可以在圆周方向上错开。

丰田车系可变进气正时执行机构的油路是通过轴上密封环之间的环槽进出轴内轴向油道，达到指定位置的。图 7－14 所示为丰田车系可变进气正时执行机构的油路。

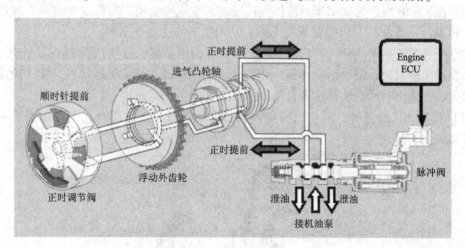

图 7－14　丰田车系可变进气正时执行机构的油路

丰田车系可变进气正时执行机构的工作原理（图 7－15 所示为可变进气正时执行机构结构）。正时齿轮链轮与可变进气正时执行机构的壳体通过螺钉固定连接。壳体内的叶片与凸轮轴通过中心螺丝固定连接。

当控制油液进入 A 区，B 区泄压，由于可变进气正时执行机构的壳体与排气凸轮轴通过链连接不可抗拒，A 区油压只好推动叶片顺时针转动一个角度，使正时提前。同理当控制油进入 B 区，A 区泄压，由于可变进气正时执行机构的壳体与排气凸轮轴通过链连接不可抗拒，B 区油压只好推动叶片逆时针转动一个角度，使正时滞后。

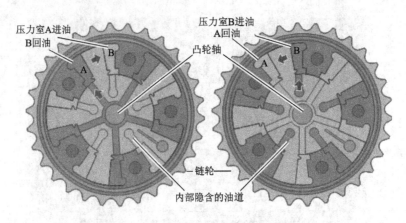

压力室A进油
B回油

压力室B进油
A回油
凸轮轴

链轮

内部隐含的油道

图7－15　可变进气正时执行机构结构

三、排气正时可变技术

1. 提高发动机功率

合理的排气提前角应当在保证排气损失最小的前提下，尽量晚开排气门，以加大膨胀比，提高热效率。当转速增加时，相应的自由排气时间减小，为降低排气损失，应增加排气提前角。图7－16所示为丰田车系进排气门正时可变机构结构，简称双VVT—I技术。工作原理与单VVT—I相同，但控制策略不同，从而实现的功能也不同。

根据来自发动机ECU的占空比信号，控制滑阀的位置，使气门保持在最佳气门正时。此外，发动机停机时，滑阀因受弹簧的弹力使进气侧保持在最大延迟状态，排气侧保持在最大提前状态，为下一次启动作准备，如图7－17所示。

（1）在发动机低温时、发动机启动时、急速运转时、低负荷时。完成如图7－17（a）所示的功能。

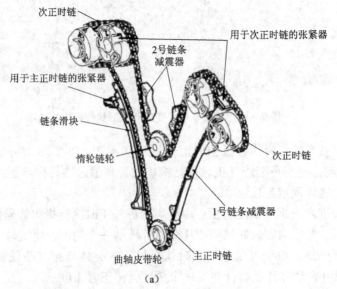

次正时链
用于次正时链的张紧器
2号链条减震器
用于主正时链的张紧器
链条滑块
惰轮链轮
次正时链
1号链条减震器
曲轴皮带轮
主正时链

（a）

图7－16　丰田车系进排气门正时可变机构结构—双VVT—I的四步控制（一）

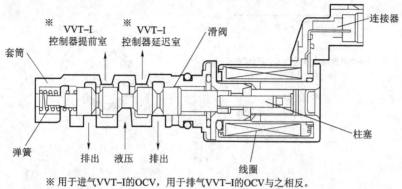

※ 用于进气VVT-I的OCV,用于排气VVT-I的OCV与之相反。

(b)

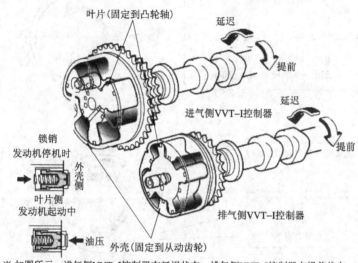

※ 如图所示,进气侧VVT-I控制器在延迟状态,排气侧VVT-I控制器在提前状态。

(c)

图7-16 丰田车系进排气门正时可变机构结构—双 VVT—I 的四步控制 (二)

（2）在中等负荷时。如图7-17（b）所示。

（3）高负荷时且发动机低速运转时，如图7-17（c）所示。

（4）在负荷发动机高运转时，如图7-17（d）所示。

2. 内部发动机废气再循环

在排气行程过程气门叠开期间，进气门和排气门同时打开。可以利用排气管的负压力波增加功率，此时新鲜空气流过高温零件，降低热负荷，减少 NO_x；利用排气管正压力波，同时借助于进气歧管产生的较高的真空度，燃烧室中一部分已经燃烧过的气体就又被吸入到进气道内，在下个吸气冲程会被吸入燃烧室再次燃烧，减少 NO_x 和 HC 排放。故应安排适当的气门叠开角。图7-18 所示为进排气门重叠的内部废气再循环控制示意图；图7-19 所示的是进、排气凸轮轴位置及传感器位置。

车用发动机的使用转速范围宽广，当发动机在低速、小负荷时，进气管真空度大，且同样的叠开角相当的时间长，会产生废气倒流，故为改善低速性能及怠速稳定性，要求气门叠开角小，在车用增压发动机中，为保证低速性能，气门叠开角也常控制在与非增压机同等的

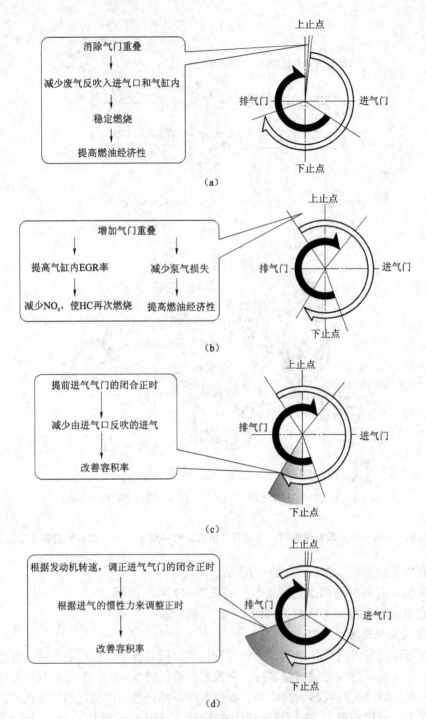

图7-17　各工况时的进、排气门位置

程度。

　　确定配气正时，一般要在实验台上经过反复比较，最后找出合适的方案。由于这种正时调节机构方便、噪声小，又能实现排气门正时可变，所以世界各大汽车公司大多采用这种正时调节机构。图7-20所示为配气正时图。

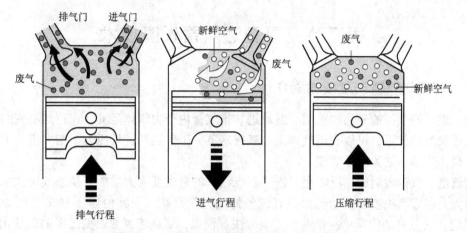

图 7-18　进排气门重叠的内部废气再循环控制

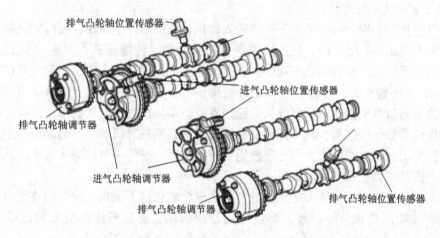

图 7-19　进、排气凸轮轴位置及传感器位置

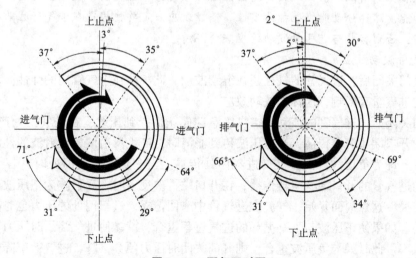

图 7-20　配气正时图

第二节　可变进气管长度技术

一、可变进气管长度技术简介

由于进、排气门的开启和关闭，造成进、排气管内产生气体运动，在特定不变的进气管长度和形状的条件下，可以利用气体运动来提高下一工作缸的进气压力，增大进入下一汽缸的空气量，这就称之为动态效应。

随着电子汽油喷射的广泛应用，进气系统设计的自由度大大增加，动态效应技术得以迅速发展，大多数汽油喷射发动机都具有调整好的进气系统。与其他增压方式（比如涡轮增压）相比，它具有结构简单、惯性小、响应快等优点，更适于频繁改变工况的车使用。

为分析方便，将动态效应分为惯性效应与波动效应两类。

1. 进气管的惯性效应

在进气行程前半期，由于活塞下行的吸入作用，汽缸内产生负压，新鲜空气从进气管流入，同时传出负压波，经气门、气道沿进气管向外传播，传播速度为声速（注意：压力波和新鲜空气的行进速度和方向是不同的，压力波可正反向传播且很快，而空气只能以较低的速度"运动"，不能称为"传播"）。当负压波传到稳压室的开口端时，稳压室内的新鲜空气量很大，且不易被形成负压，所以波又从稳压室开口端向汽缸方向反射回正压波。

如果进气管的长度适当，从负压波发出到正压波返回进气门所经历的时间，正好与进气门从开启到关闭所需时间配合，即正压波返回进气门时，正值进气门关闭前夕，从而提高了进气门处的进气压力，达到增压效果。

可见，它是以稳压室为波节的压力波。若进气管的长度不适当，进气门关闭时，此处压力不是处于波峰而是在波谷位置，即负压波返回时刻，就会降低汽缸压力，得到相反的效果。

知识点滴： 之所以叫惯性效应，是因为这部分气体在进气门和稳压室之间波动时基本保持原来的动能，这部分动能，也称为惯性。惯性效应一定要把握是在进气行程前半期，开口端为稳压室，否则容易与进气管波动效应概念混淆。

2. 进气管波动效应

当进气门关闭后，进气管的气柱还在继续波动，此气柱在进气管内的弹性波动对以后其他各汽缸的进气量有影响，这称为波动效应。

进气门关闭时，进气管内流动的空气因急速停止而受到压缩，在进气门处产生正压波，向进气管的开口端滤清器传播，当正压波传到滤清时，产生反射波，反射波的性质与入射波的性质相反，即为负压波，该波又向进气门处传播。当它到达进气门处时，若气门尚未打开，此波向进气管的开口端滤清器传播，在开口端再次反射时，反射波为正压波，该波又向进气门处传播，这样周而复始，气波在进气管中来回传播，进气门处的压力也时高时低，形成压力波动。如果使正压波与下一循环的进气过程重合，就能使进气终了时压力升高，因而提高充气效率。此时如与负压波重合，则气门关闭时压力便会下降，进气效率降低。

知识点滴： 波动效应一定要把握是在进气门关闭后，开口端反射位置是节气门或空气滤清器。否则容易与惯性效应概念混淆。

研发人员在发动机试验台上使用几何形状可变的进气管找出发动机功率和扭矩升高的最佳区域，记录此时的发动机转速、发动机负荷和节气门位置，从而确定最理想的转矩和功率曲线。再改变进气管长度，找出发动机功率和扭矩升高的最佳区域，从而确定新长度下最理想的转矩和功率曲线，依次改变进气管长度发动机功率和扭矩升高最佳点，从而确定长、短两个进气管长度，把发动机功率最佳点（长管）和扭矩升高最佳点（短管）的发动机转速、发动机负荷和节气门位置分别写入电脑作为比较数据。

汽车行驶时，当发动机转速、发动机负荷和节气门位置对应上时，电脑通过执行器控制进气管达到或长、或短的位置。

长进气管和短进气管的变换时刻与发动机转速、发动机负荷和节气门位置这三个传感器有关。实践证明，长进气管或短进气管与发动机转速相关极大，其次为发动机负荷和节气门位置。

修理中，不用为可变进气管长度执行器不动作怀疑相应的三个传感器有故障，只要目视检查可变进气管长度执行器在动作工况是否动作即可。

二、可变进气管长度技术

1. 长进气道

发动机在低转速时，空气经过长的进气道（图 7 - 21）进入缸，使汽缸充气最佳，发动机输出扭矩增大。

图 7 - 22 为带进气道可变长度的发动机和不带进气道可变长度的发动机在低转速区域内的扭矩对比。

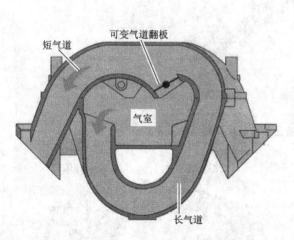

图 7 - 21　奥迪 A6 低速使用长的进气道

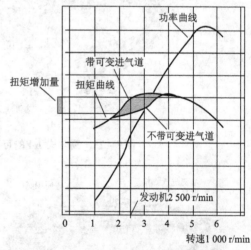

图 7 - 22　低转速区域内的扭矩对比

2. 短进气道

发动机在高转速时，空气流经短进气道进入汽缸，可提高发动机输出功率，如图 7 - 23所示。

图 7 - 24 为带进气道可变长度的发动机和不带进气道可变长度的发动机在高转速区域内的功率对比。

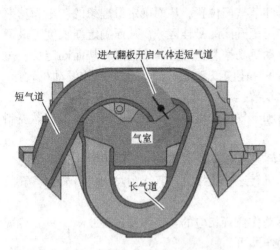

图7-23 奥迪A6高速使用短进气道

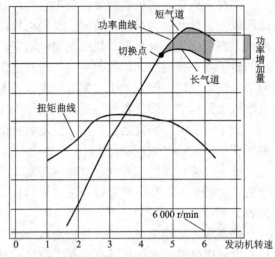

图7-24 高转速区域内的功率对比

在高尔夫A4的可变进气管长度和可变截面积系统中，ECU根据发动机转速信号，通过改变翻板位置来改变进气行程。

转速低于4 000 r/min用长气道，转速高于4 000 r/min用短气道。图7-25所示为高尔夫A4的可变进气管长度和图7-26所示的截面积可变系统。

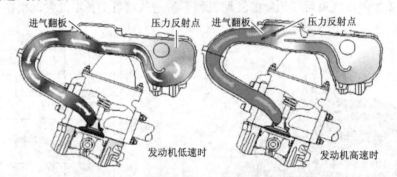

图7-25 高尔夫A4的可变进气管长度和截面积可变系统

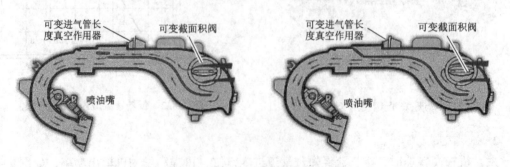

图7-26 截面积可变系统

发动机低速时用小截面积进气，相当于长进气管道。高转速时用大截面积进气，相当于短进气道。

三、进气管长度范围内无级调节的进气系统

调节长、短进气管增加了汽缸的充气量，特别是在发动机低转速范围内增加的汽缸充气量更大，扭矩明显提升。

如图7－27所示，进气管长度范围内无级调节的进气系统的进气管长度随着发动机转速增加而改变。当速度增加到某一定值时，进气通道变短，发动机转速增高，转鼓向逆时针转动，转鼓的转动位置用滑动变阻器反馈信号给电脑用于监测是否达到与ECU控制的位置。

要想实现无级可变的进气系统，研发人员必须在发动机试验台上获得各个进气管长度发出最大扭矩或功率时发动机转速、发动机负荷和节气门位置。并把这些位置写入电脑作为比较数据。应用时，当发动机转速、发动机负荷和节气门位置对应上

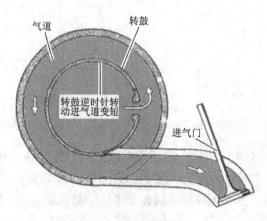

图7－27　理想的进气通道长度
无级调节的进气系统

时，控制进气管几何形状达到理想的位置。这样的进气管长度无级可变进气系统在未来不久会得到应用。

实际中到2007年，丰田公司和大众公司一样只在低速和高速选两个固定的长度，仍没有这样的无级可变进气管，可能是作上述试验得出的结果难于控制。

三、缸内喷射发动机可变进气道技术

下面以奥迪C6A6 Audi A6 L 3.2 LV6—FSI—发动机和C6A6 Audi A6 L 2.0T直4—FSI发动机为例，来说明FSI燃烧方式"均质燃烧"工况进气道长度的两种状态。

1. 奥迪A6 L 3.2 LV6—FSI发动机进气歧管翻板开闭时刻

1）进气歧管翻板"关闭时"的均质燃烧（长进气道）

在发动机转速低于3 750 r/min或发动机负荷低于40%时，进气歧管翻板是关闭的（由特性曲线决定），下部进气道被封闭。于是被吸入的空气就会通过上部进气道加速后呈紊流状流入燃烧室，燃油喷射发生在进气冲程中。

2）进气歧管翻板"打开时"的均匀燃烧（短进气道）

在发动机转速高于3 750 r/min或发动机负荷高于40%时，进气歧管翻板是打开的，这样就可保证发动机在高转速、大负荷时获得更多的进气量。这个过程是通过一个大容量的双级进气管来实现的，该进气管这时切换到功率工况，燃油喷射也是发生在进气冲程中。V6－FSI燃烧方式的进气道长度可变技术与传统缸外喷射发动机没有太大区别。

2. 奥迪C6A6 Audi A6 L 2.0T直4—FSI—发动机进气歧管翻板开闭时刻

图7－28所示为奥迪C6A6 Audi A6 2.0T直4—FSI发动机进气歧管翻板开闭时刻。

由于发动机只在均质模式下工作，因此进气道翻板只用于优化内部混合气的形成。在功率较低且转速范围从1 000—5 000 r/min时进气道翻板被关闭。改善冷机时的怠速、改善充

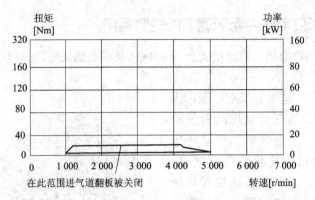

图7-28 奥迪 C6A6 AudiA6 L 2.0T 直4—FSI 发动机进气歧管翻板开闭时刻

气效果，提高发动机运行性能、在超速切断时防止发动机抖、在其他的转速范围进气道翻板被打开，减小进气阻力，因而功率得到提高。从图中可见大多数工况进气歧管翻板是开启的，这个问题的关键在于理解发动机转速高，输出功率不一定高的道理。

五、可变进气系统真空作用器的控制

可变进气系统真空作用器的控制首先要建立真空源。发动机的进气歧管、单向阀、真空罐及真空管完成真空源的建立，真空罐用于存储真空，单向阀设计目的是当节气门开度开大时刻恰是要打开阀门的时刻，此时真空作用器因膜盒膜片两边都为大气压，真空作用器内弹簧会使阀门关闭，打不开阀门。所以设计上加单向阀让真空罐能在节气门开大时保持怠速建立的真空度。图7-29所示为高尔夫A4的真空作用元件。

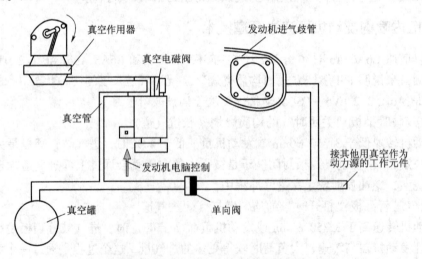

图7-29 高尔夫 A4 的真空作用元件

一旦真空源的组成元件及管路有漏气将导致真空作用器不能克服弹簧拉开阀门，发动机动力下降。

真空电磁阀和真空作用器如图7-30、图7-31所示。真空电磁阀本质是两位三通电磁阀，平时真空电磁阀使真空作用器通大气，通电时膜片两边压力平衡，弹簧使操作杆动作关闭阀门。电脑控制真空电磁阀通电时，真空电磁阀使真空作用器通真空接开阀门。真空作用器的弹簧在真空室内，不在大气室内。

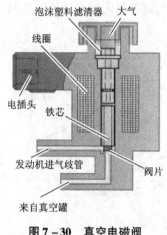

图 7－30 真空电磁阀

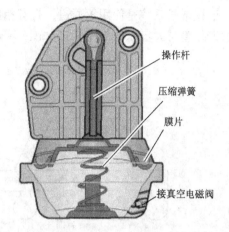

图 7－31 真空作用器

可变进气系统出现故障后导致整车的油耗升高且高速功率差。

1. 检查可变进气系统时注意事项

（1）检查转换机构是否运转自如。用手拉动拉杆看绞接机构所连的杆和轴的运动情况。实际多为轴生锈或积尘变粗卡死，但几率较小。

（2）检查真空管连接是否完好，检查真空系统元件及进气歧管真空罐的密封性。可以对真空管路整体打压后测漏，有漏气后再分段检查。

2. 转换电磁阀 N_{156} 检查

（1）启动发动机，使之怠速运转。突然急加速至 4 000 r/min，此时真空作用器应拉动操作杆。

（2）电磁阀 N_{156} 的电阻为 25 ~ 35 Ω。

（3）通过 01—03，可以对其进行执行元件自诊断，电磁阀不动作说明电脑或线束损坏。

（4）通过 01—08，读取数据流。宝来汽车数据流 095 组为：

Read measuring value block 95			
640 ~ 6 800 r/min	0% ~ 98%	90 ℃	IMC – V ON/OFF

显示区 1 为发动机转速；

显示区 2 为发动机负荷；

显示区 3 为冷却液温度；

显示区 4 为调整电磁阀的通电和断电。

1 区和 2 区是用来看做条件是否达控制切换点。

4 区用来看进气歧管转换电磁阀是否通电。IMC – V 是 Intake Manifold Control-Valve 进气歧管控制阀的缩写。显示区 4 应从 IMC – V OFF 转换成 IMC – V ON。

第三节 丰田发动机的谐振增压

谐振增压系统是使用短通道，将有相同点火间隔的汽缸组与谐振腔相连。然后，谐振腔经过谐振管与大容积充气室相连（图7-32）。

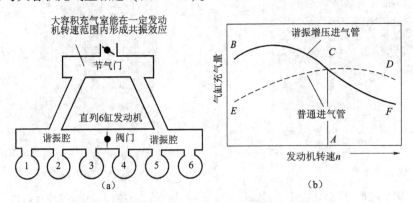

图7-32 直列发动机谐振增压
（a）结构形式；（b）空气输入曲线

进气谐振增压能提高发动机的进气效率是因为进气谐振增压利用了上一缸活塞进气行程下行产生的吸力，导致进气管内的新鲜气体有了动能，此动能被转化成下一缸活塞进气门打开时推动气体流入的汽缸的另一个动力，该动能可用来压缩新鲜充量。

在谐振增压系统中，为了充分利用进气管内脉冲能量产生的气体动能，又使各缸进气互不干扰，进气管通常采用分支方案。

分支的原则是一根进气管所连各缸进气歧管必须不相重叠（或重叠很小）。例如，六缸四冲程汽油机进气脉冲延续时间最好为240°曲轴转角，实际进气间隔角才120°，这时一根进气管所连接汽缸的数目不宜超过3个，同时应该使点火顺序相邻的各缸进气相互错开，如发火次序为1—5—3—6—2—4的6缸机，可采用1、2、3缸及4、5、6缸各连一根进气管。

知识点滴： 四冲程发动机的进气行程占180°，实际因为早开和晚关从配气正时图上可看出大约在240°，6缸发动机实际进气间隔角才120°，即每时每刻都是两个汽缸同时进气，而两个汽缸进气都不会充足。如图7-29所示的设计，阀门在大节气门开度和低发动机转速时关闭，1缸进气未结束时，5缸也进气，但互不冲突，各缸进气更充分。

如图7-29所示，发动机转速低时，阀门关闭。1、2、3缸的进气间隔角变为240°，4、5、6缸的进气间隔角也变为240°。此时汽缸充气量走BC曲线，相对普通进气管各缸进气量增多。高发动机转速时，阀门打开相当于普通进气管，进气间隔角恢复为120°，进气量走CD曲线，阻止发动机转速超过A转速时造成的充气量下降。

发动机谐振增压控制时，谐振增压进气管和普通进气管的切换时刻根据发动机转速和节气门开度控制。例如，某发动机使用谐振增压进气管和普通进气管的切换时刻为发动机转速≤3 900 r/min，而节气门阀开度≥60°时，即汽车上坡或重载时，阀门关闭使用谐振增压进气管。其他工况阀门开启，使用普通进气管。

对于V型发动机通常采用如图7-33所示的各工况时的谐振增压。

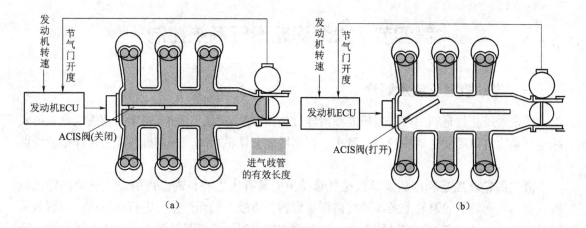

（a）

（b）

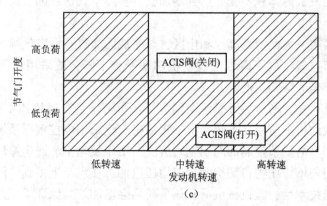

（c）

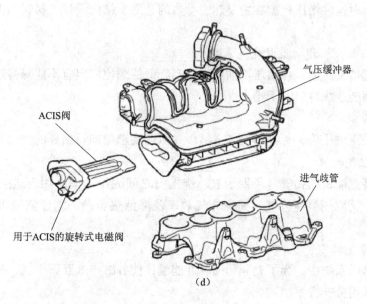

（d）

图7-33　V型发动机

（a）中速高负荷时V型发动机谐振增压；（b）低速时高负荷时V型发动机谐振增压；

（c）V型发动机谐振增压电磁阀控制时刻；（d）V型发动机谐振增压旋转电磁阀

第四节　大众涡轮增压系统控制

一、发动机增压技术简介

所谓增压，就是利用增压器压缩滤清器过来的新鲜空气，增加其密度，使进入汽缸的实际空气量比自然吸气发动机的空气量多，达到增加发动机功率、改善燃料经济性和排放性能的目的。

废气涡轮增压是利用从发动机排气管排出的具有压力和较高温度的废气驱动涡轮机旋转，与涡轮同轴连的泵轮上的泵轮便被带动旋转，将吸入的新鲜空气进行压缩后，再进入发动机汽缸内。从而在汽缸内体积不变，达到增加缸内实际空气量目的。涡轮机和泵轮这一套系统称为增压器。

在我国西北和西南有大面积的高原和山区，这些地区海拔高而空气稀薄，汽油机车辆在该地区行驶时，由于空气密度下降致使发动机功率严重下降，故采用增压汽油机增加进气量，恢复汽油机功率是非常必要的。

过去由于汽油机存在着增压后爆燃倾向增大、热负荷增高，且增压系统较复杂等困难，限制了涡轮增压在汽油机上应用。近年来由于汽油机广泛采用电控喷射系统，以往化油器式发动机增压后混合气不易调节控制的问题随之解决，增压发动机易产生爆燃的问题也可以通过电脑控制点火时间与增压压力得到抑制，使增压汽油机在汽车上得到广泛的应用。

汽油机采用增压技术后，其机械负荷和热负荷均会增加。为保证增压汽油机能可靠耐久地工作，必须对这种增压机型在主要热力参数的选取、结构设计、材料和工艺等方面采取一些措施。

1. 降低压缩比，增大过量空气系数

为了降低爆发压力，在增压汽油机上适当降低压缩比。但也不能降得过低，否则终了压力不够，反而会造成冷启动困难。

2. 供油系统

汽油机采用增压后，每循环进气量增多，所以要求增加每循环的供油量。

3. 改变配气相位

为了提高汽油机的扫气（借助于进、排气门之间的压力差，用新进空气驱赶废气排出汽缸）能力，清除燃烧室废气，提高充气效率及降低热负荷，增压汽油机一般采用较大的气门叠开角。

4. 设置分支排气管

在脉冲增压系统中，为了充分利用脉冲能量，使各缸排气互不干扰，排气管通常也要如进气管一样采用分支方案。

分支的原则是一根排气管所连各缸排气歧管必须不相重叠（或重叠很小）。例如，一般四冲程汽油机排气脉冲延续时间为240°曲轴转角，这时一根排气管所连接汽缸的数目不宜超过三个，同时应该使相邻发火的各缸排气相互错开，如发火次序为1—5—3—6—2—4的6缸机，可采用1、2、3缸及4、5、6缸各连一根排气管。

5. 冷却增压空气

空气经过增压后，温度也随之升高，如果直接进入汽缸，就会使进气密度减小，直接影响功率的增加。将增压器出口的增压空气加以冷却，可提高充气密度，从而提高充气效率。若增压压力不高，也可不必使用中间冷却。此外，还可降低压缩始点的温度和整个循环的平均温度，从而降低热负荷和排气温度。

汽油机采用增压技术后，可使功率提高，耗油率和噪声降低，有利于解决燃料燃烧不完全等问题，排放性能得到改善。

汽油机在低负荷区工作时，燃料消耗率增加较快，费油，提高发动机负荷率和采用汽油喷射系统是提高燃料经济性的有效途径。涡轮增压发动机在低转速时具有较低的燃料消耗率。这对汽车来说，发动机的低速耗油率性能对提高汽车行驶时的燃料经济性是很重要的。不仅如此，排放性能也有所改善，在小负荷范围内，改善排放不明显，但在接近于全负荷工作区，由于增压机的压缩比较低，可进一步减少 NO_x 的排放。

发动机进行涡轮增压匹配试验表明，采用涡轮增压不仅使汽油机的最大功率和最大转矩有较大的提高，燃料经济性也有明显改善，增压后耗油率降低 30% 左右。

汽车上坡或重载时，节气门开度较大，发动机转速却较低，此时排气管排出废气的运动速度较低，泵轮转速低，增压效果不好。为了提供足够的转矩，涡轮增压器蜗壳内的旁通控制阀必须要使增压器在排气管排出废气量和运动速度较低时，控制所有排气冲击泵轮，增压器内泵轮也能以高转速运转，发挥出高效率。另一方面，为了防止发动机在高转速时，涡轮增压器在较高排气量和排气速度时发动机排气不畅和增压压力过高，涡轮增压器蜗壳内的旁通控制阀必须让一部分气流绕过涡轮，直接进入下游排气管。

二、大众废气涡轮增压系统

从控制装置的形式上分类：涡轮增压器可分为旁通阀式涡轮增压器和可调整叶片式涡轮增压器，图 7 - 34 所示为通常旁通阀门式涡轮增压器；图 7 - 35 所示为可调整叶片式涡轮增压器。旁通阀门式电脑控制电磁阀切换大气/高压空气进入气动装置无弹簧端。

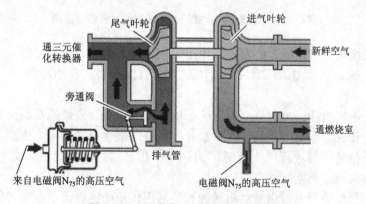

图 7 - 34　通常旁通阀门式涡轮增压器

知识点滴：传统非电控闭环涡轮增压技术，直接把高压空气作用在气动调节器上。

在涡轮增压系统中，气动控制装置内的弹簧用于关闭旁通阀，从 N_{75} 过来的增压后的空气用于开启旁通阀，降低增压压力。传统非电控涡轮增压系统，把泵轮泵过来的高压空气直通气动控制装置无弹簧端，即增压压力高时，打开旁通阀降压。电控的涡轮增压系统中，在电脑控制下，控制电磁阀 N_{75} 让高压空气进入或让大气进入气动调节装置即可。此气动装置无真空参与，所以不能叫真空调节机构。

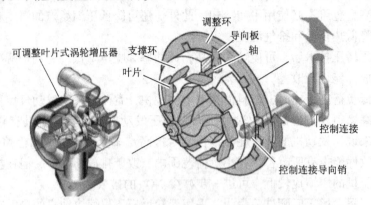

图7-35 可调整叶片式涡轮增压器（例如奥迪200 1.8T）

可调整叶片式涡轮增压器的基本工作原理：ECU根据发动机负荷确定的增压压力控制电磁阀的占空比信号，从而控制叶片角度或旁通阀开度。

图7-36所示为可调整叶片式涡轮增压器的增压调节原理。气动调节器控制连接杆，控制连接杆控制导向销，导向销控制调整环逆时针转动，叶片角度增大。

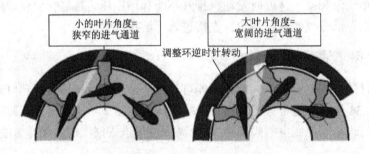

图7-36 可调整叶片式涡轮增压器的增压调节原理

为了使控制增压压力精确，必须将增压压力作为反馈信号。此功能由一个测量范围达到250 kPa（2 500 mbar）的增压压力传感器实现。传感器可以装在中冷器上，也可装在节气门体上。

发动机处于不同负荷，电脑有不同负荷的增压压力。空气流量是发动机的负荷信号，它可以是进气压力传感器，也可以是空气流量计。当空气流量由进气压力传感器计量时，负荷即为压力传感器信号，与增压压力传感器为同一个传感器。当空气流量由空气流量计计量时，负荷由空气流量计确定。

空气流量信号失效后可以用发动机转速和节气门转角确定负荷，作为替代信号。所以实际中也可以用发动机转速和节气门转角确定设置点，存储在电脑中。

如图7-37所示为大众涡轮增压系统工作原理，其可分为增压控制和超速切断控制。

1. 增压控制

电脑根据空气流量计 G_{70} 信号和发动机转速传感器 G_{28} 信号，通过电脑 J_{220} 输出脉宽可变

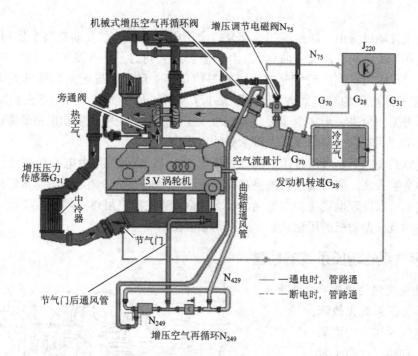

图 7-37 大众涡轮增压系统工作原理

的占空比信号，并将这个信号作用到脉冲阀 N_{75}，脉冲阀 N_{75} 调整旁通阀门的有效开度，控制冲击泵轮的废气量，从而控制泵轮转速，最终控制增压压力。G_{31} 压力传感器反馈监测进气压力值，使其与电脑内要控制的压力相一致。

2. 超速切断工况

大负荷行驶，突然松开油门，节气门迅速关闭，而涡轮转速仍然较高，若不加以控制，增压空气继续流向节气门，可能造成节气门电机堵转的损坏。为防止节气门损坏，发动机控制单元将 N_{249} 打开，接通空气再循环阀的真空回路，使空气再循环阀打开，增压气体在回路中形成局部循环，避免增压空气冲击节气门。

知识点滴： 节气门开度处于应急开度时电机不通电。在大负荷时节气门开度为正向，节气门电机电流也为正向。收油门后，油门踏板位置传感器识别为怠速，电脑控制节气门电机断电，节气门在回位弹簧作用下回到应急位置，此时转速大于 1 500 r/min，电脑的怠速目标转速为 840 r/min，所以电脑控制电机电流反向，使节气门开度小于应急开度时，此时高压空气会阻止电机关闭节气门造成电机堵转烧毁，所以必须设 N_{249} 加以控制。

如图 7-38 所示，电磁阀 N_{75} 断电时，空气通往调节器的旁通阀。通电时，高压空气通往调节器的旁通阀将旁通阀打开，降低

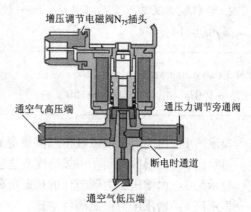

图 7-38 增压调节电磁阀 N_{75} 结构

涡轮转速。

　　涡轮增压发动机使用与爆振控制相配合的增压压力控制。在发动机整个使用寿命期内，要使发动机在最大可能的点火提前角下工作，发挥最大动力，且不损坏发动机，爆振控制是唯一办法。对于爆振首先的反应是减小点火提前角。一旦点火提前角在标准点火角上推迟15°（该极限根据废气的温度而改变），即减小了15°点火提前角，到达点火提前角推迟极限，若仍然爆振，为进一步减少爆振，降低增压压力。使涡轮增压发动机在爆燃极限内运转达到最佳效率，同时废气温度保持在可承受的范围内。

　　对于直喷系统的涡轮增压技术。例如，高尔夫1.4T采用的是由电脑对喷油量进行精准控制的缸内直喷系统。同时因为直喷是在极高的压力下进行的，能够实现稀薄燃烧，因此发动机的压缩比可以设定得更高，这也是为什么大众 TSI 发动机虽然是增压发动机，但压缩比已经接近自然吸气发动机的压缩比了，这个测量缸压时要注意。

三、废气涡轮增压系统的检查

1. 检查废气涡轮增压系统的条件
（1）发动机系统无故障；
（2）进气及排气无泄漏；
（3）发动机温度高于80°；
（4）增压压力传感器 G_{31} 正常。

知识点滴：对于第四点非常重要，为此拔下进气歧管与燃油压力调节器之间的连接软管，将它接到数字压力测示仪 VAG1397/A 的 T 型管上，如图 7 – 39 所示的进气压力的测量，如果实测压力和数据流显示压力相差过大，说明进气压力传感器 G_{31} 有故障，则更换进气压力传感器。没故障时读取数据流。

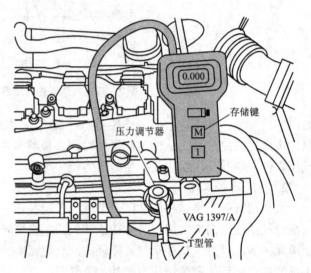

图 7 – 39　进气压力的测量

2. 读取数据流进入发动机系统，08—读取数据流
显示组 114：

Read measuring value block 114			
10%～150%	10%～150%	10%～150%	0%～100%

显示区 1：由油门踏板位置传感器确定的特性曲线值；
显示区 2：由爆振控制、海拔高度自适应确定的发动机负荷；
显示区 3：由增压压力调节到的规定负荷；
显示区 4：增压压力电磁阀占空比。
显示组 115：

Read measuring value block 115

640 ~ 6 800 r/min	10% ~ 150%	990 ~ 2 200 mbar	MAX. 2 200 mbar

显示区 1：为发动机转速；

显示区 2：由增压压力调节到的规定负荷；

显示区 3：理论增压压力；

显示区 4：实际增压压力。

实际值与显示区 3 中进行对比，允许偏差最大 100 mbar。如增压压力过高或过低检查增压压力限制电磁阀 N_{75}、气动控制装置工作是否顺畅、最后增压压力压力单元。

以二挡从 2 000 r/min 开始全负荷加速，达到 3 000 r/min 时，按下数字压力测试仪 VAG1397/A 上存储键 M。此时绝对压力正常值为 1.5 ~ 1.65 bar。若用日常生活中的普通压力表测量时，注意普通表为相对压力表，读数应为 0.5 ~ 0.65 bar。如果超出检查增压压力调整电磁阀，N_{75} 电磁阀电阻为 25 ~ 35 Ω。

3. 增压压力调节执行机构检查

发动机机油温度不低于 60°，进排气无泄漏。拔下 N_{75} 插头，启动发动机，突然加速到最高转速，增压压力调节阀的调节杆应运动。如果调节杆没有动，检查摇臂是否运动自如，如果卡滞，更换涡轮增压器；如果摇臂运动自如，但调节杆不动，更换涡轮增压器。如图 7 - 40 所示的是检查增压压力调节执行机构。

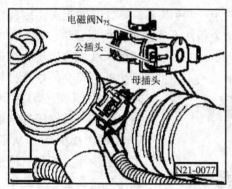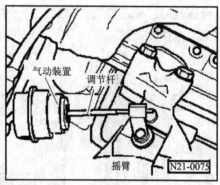

图 7 - 40　检查增压压力调节执行机构

4. 涡轮增压器空气再循环阀 N_{249} 检查

进行 03 执行元件自诊断，触发 N_{249} 工作是否正常。N_{249} 电阻规定值为 21 ~ 30 Ω。

5. 超速切断阀检查

超速切断阀位于增压器前部，该阀在超速及怠速时由真空作用打开。图 7 - 41 所示为检查超速切断阀。

将手动真空泵 VAG1390 连接到超速切断阀上的真空接头上，操纵手动真空泵，超速切断阀两管应打开相通。操纵手动真空泵的通气阀使超速切断阀从真空切换为通大气，超速切断阀两管应不通。

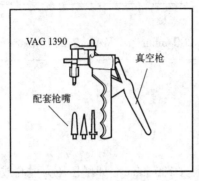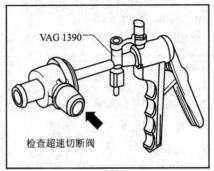

图7-41 检查超速切断阀

四、涡轮增压系统常见故障

排除涡轮增压系统的故障要仔细区分是涡轮增压系统故障，还是发动机其他系统故障。节气门体有故障时会产生与增压系统一样的故障现象，要通过做基本设定来解决。发动机动力不足时，细检查进气系统是否有堵塞和漏气的地方，多数情况为堵塞和漏气引起。

1. 增压器漏油故障的表现

漏油是增压器最常见的故障。表现为从泵轮端口或涡轮端口漏出机油，造成排气管冒出大量蓝色烟雾，导致汽油机动力下降，拔机油尺明显见油位下降。

2. 增压器漏油故障的原因分析

发动机运转时，增压器的转速高达每分钟10万转以上，并且温度很高，因此增压器必须处于完全的流体摩擦的润滑条件下。如果这个条件不能满足，增压器轴、浮动轴承、中间壳的承孔就会出现干摩擦。摩擦产生的高热会使增压器轴、浮动轴承、中间壳三者之间发生磨损、烧蓝，使增压器两端的金属密封环磨损失效，从而引起漏油。机油压力不足、流通量不够或排气过高温是导致增压器漏油的直接原因。图7-42所示为增压器漏油位置。

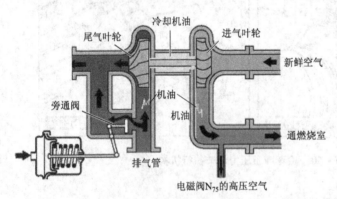

图7-42 增压器漏油位置

增压器的回油管变形、阻塞或曲轴箱内气压太高，造成回油不畅，会使增压器中间壳体内的机油压力增大，从而造成机油从增压器两端有一定开口间隙的密封环处漏出。空气滤芯堵塞，造成进气管真空度增大，导致机油从密封处主动漏进进气管。

3. 预防故障应采取的措施

（1）正确使用涡轮增压器应保持起车和收车各3 min以上怠速运转。增压发动机启动后，应首先怠速运转3～5 min，让机油充分润滑增压器后，再挂挡投入运行。如在冬季，这个怠速运转预热的时间还可适当加长。在发动机高速运转中，不能突然熄火。收车时，应先收油门，以使增压器有足够的时间降低转速，此时仍有足够的机油进行润滑带走热量，怠速运转 3~5 min 后，增压器的温度已降低，再熄火。

（2）发动机润滑系统的定期维护。定期更换机油和机油滤清器。若在增压器进油管路中也设有机油滤清器，要与三滤（汽油滤芯、机油滤芯、空气滤芯）一并更换。

对于有漏油、烧损故障的增压器，整体更换的处理措施是必要。但是一定要弄清引发故障的最初原因，否则可能一年换几个增压器。

（3）防止异物进入进、排气道给泵轮叶轮或涡轮带来致命的损伤。

4. 与涡轮增压系统易混的故障

空气滤清器堵塞后，怠速基本正常，加速加不上，发动机随加油转速反而下降，甚至熄火，检测仪检测显示为空燃比超限；空气流量计后漏气，只能怠速运转，加不上速，且加速时放炮；废气再循环阀卡滞，发动机功率不足；节气门开度变化时，气动调节机构应动作平顺；N_{75} 电磁阀损坏后或更换未做基本设定，发动机加速不良。

知识点滴：修理人员一定要熟悉爆振的声音。找一台汽油发动机，把油门猛踩到底时，你听见的"哗哗"或"哇哇"即为爆振声（柴油车上坡时的声音）。电喷发动机有爆振传感器，最大可推迟点火提前角 15°，点火提前角推迟到最大后，正常不可能再爆振，一旦爆振则可能增压压力不可控，导致压力增高。G_{31} 把实际压力信号给电脑，电脑比较标准增压值发现超过公差范围时，即超了 100 mbar，上故障码。查询发动机控制单元有故障存储为"增压超过公差范围"。

增压压力过高，发生爆振，根据经验压力传感器 G_{31} 不易防范故障，多为增压压力限制电磁阀 N_{75} 与增压器气动调节器相连的高压气管断裂，将断裂的真空管重新接好后，故障即可排除。

知识点滴：增压压力限制电磁阀 N_{75} 与增压器气动调节器相连的真空管断裂，导致 N_{75} 失去调节作用，电脑控制失效。从而使增压压力传感器 G_{31} 监测到较高的压力，将该信号传递给发动机控制单元，控制单元产生上述故障记忆。

第五节　无节气门的进气门升程无级调节系统

发动机可变气门正时/升程技术并不陌生，如本田 i - VTEC、宝马 Valvetronic、丰田的 VVT - i 和日产的 VVEL 等的共同目的只有一个，优化发动机的进排气时刻和进排气量，我们前面也已讲过。在 2009 年日内瓦车展上，菲亚特（图 7 - 43）正式发布了其在可变气门技术上的研究成果——Multiair 电控液压进气系统。MultiAir 技术也不例外，MultiAir 是无节气门的进气门正时/升程无级调节系统。

1. MultiAir 的优点

（1）液压腔电磁阀的控制是非常快速灵活的，可以实现"无级变速"，从而减少动力输出的顿挫感。

（2）取消了进气门一侧的凸轮轴。MultiAir 通过一套由凸轮轴驱动电磁液压阀，实现了进气门的升程和正时的无级可调，虽然依旧是每缸 4 气门的结构，但是却取消了进气门一侧的凸轮轴，只保留了排气门一侧的凸轮轴来驱动进排气门。由于气门的开度和开启时间都实现了任意可调，因此这套系统和宝马的 Valvetronic 一样，可以直接由气门的开闭大小来控制

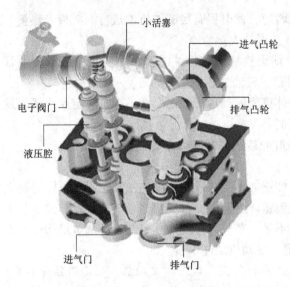

图7-43　菲亚特的 MultiAir 技术实际元件位置

空气的流量，因此也取消了节气门。另外这套进气控制系统采用了完全标准化的设计方案，可以任意组合成双缸、四缸、六缸或者八缸的结构。节气门取消之后，可以大幅度降低引擎进气管道的气阻，发动机的呼吸自然就更加通畅了，燃烧效率自然就提高了。此外，没有节气门的进气管道可以大大降低引擎的泵气损失，减少能量损耗。

2. MultiAir Turbo 技术的应用

对于涡轮增压车型来说，这种取消了节气门的设计会更加明显地体现在动力输出和碳排放方面。因为涡轮增压发动机比同排量自然吸气发动机在进气道当中的空气流量更大，在有节气门的情况下，节气门产生的气阻会更大。而取消了节气门的 MultiAir 会让空气进入变得更为流畅，最大程度地发挥出了涡轮增压的效果。

MultiAir 与涡轮增压的第一款结晶品就是菲亚特 1.4 MultiAir Turbo 引擎。两大技术结合的引擎获得了 10% 的功率输出和 15% 的扭矩输出的同时，还降低了 10% 的二氧化碳排放和节省了 25% 的燃油成本。

3. 工作原理

工作原理是通过在每个汽缸的进气门处设立一套由 ECU 控制的液压机构，菲亚特 MultiAir 实现了对进气门的实时全方位控制。MultiAir 让进气凸轮推动活塞，这个小活塞再通过液压腔与进气门相连。液压腔里面液体的多少是可以通过电磁阀控制，等同于凸轮与进气门之间的驱动关系是通过液压传递的，这样，进气门的正时和升程就可以通过 ECU 来控制了，控制的依据是车辆行驶状况和驾驶者的意图，与可变气门正时/升程技术的目的是一样的。图7-44 为菲亚特的 MultiAir 技术简化原理图。

当工作开始时，ECU 控制电磁阀向液压腔内供给适量的油，然后电磁阀关闭。这时，

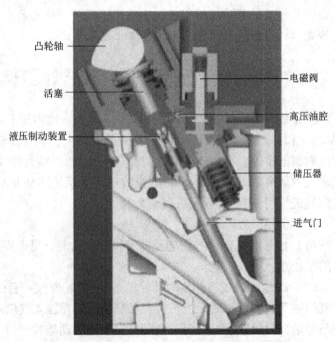

图7-44　菲亚特的 MultiAir 技术简化原理图

液压腔内的油的体积恒定，与液压腔相连的活塞就可以将排气凸轮轴施加的压力传递到进气门，从而完成气门的开启。气门的开度大小则取决于流向液压腔内油量的多少。

当电磁阀开启时，液压腔内的油液就会从高压油腔进入低压油腔。气门则不再跟随排气凸轮轴运动，而是在气门弹簧的作用下完成关闭。阀门关闭的最后一步，则由专用的液压制动装置控制，从而使得气门的每次闭合过程都能做到舒缓而规律。

知识点滴：事实上 MultiAir 技术与电控柴油机的电磁阀控制喷油正时和喷油量的原理一样。

为了让发动机达到更高的效率，气门升程可以通过发动机不同工况的进气需求，进行适时调整。主要有下列几种不同进气策略：气门全升程（full lift），进气门早关 IEVC，进气门晚开 LIVO；另一方面，由于电磁控制系统的高速响应也是传统结构所不能比拟的。因为这个特点，MultiAir 技术才能实现在一个冲程内多次开闭进气门的 Mulilift 多重升程技术，从而使极低负荷下，发动机同样可以拥有较高的燃烧效率。

第八章

排放控制系统

第一节　排放控制系统简介

一、汽车的公害

汽车的公害主要包括三个方面：

(1) 排气对大气的污染。在大气污染中，汽车排放所造成的污染占有相当比重。据有关资料介绍，大气中所含 CO 的 75%、HC 和 NO_x 的 50% 来源汽车的排放。

(2) 噪声对环境污染。

(3) 电气设备对无线电广播及电视的电波干扰，但只是局部问题。

排气污染的影响最大由于排污的危害最大，而且排气净化问题已成为当前汽车工业发展中起决定性作用的因素之一，因此排放的控制在国外汽车越来越受重视。

汽油是多种碳氢化合物的混合物。在发动机汽缸内，汽油和空气混合并燃烧，大部分生成 CO_2 和 H_2O。依据燃烧条件，也有一部分由于不完全燃烧而生成 CO 和 HC 化合物。此外当燃烧温度很高时，空气中的氮与未燃的氧起反应，生成 NO_x。其中 CO、HC 和 NO_x 气体对人类和环境都会造成很大危害。

二、汽车排污的来源

汽车排污的来源有以下三方面：

(1) 从排气管排出的废气，主要成分是：CO、HC、NO_x、其他还有 SO_2、铅化合物和炭烟等；

(2) 曲轴箱窜气即从活塞与汽缸之间的间隙漏出，再自曲轴箱经通气管排出的燃烧气体，其主要成分是 HC；

(3) 从油箱盖挥发、油泵接头挥发、油泵与油箱的连接处挥发出的汽油蒸气，成分是 HC。汽油车排放源的有害气体相对排放量如图 8-1 所示。

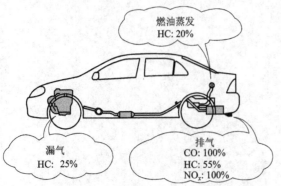

图 8-1　汽油车排放源的有害气体相对排放量

三、排放控制系统

在汽车排出的成分中，CO、HC 和 NO_x 是主要的污染物质，因此，目前汽车的排污标准和净化措施旨在降低这三种成分和含量，为此在汽车上增设了燃烧前处理和燃烧后处理装置。

四、燃烧前处理和燃烧后处理

燃烧前处理是在燃烧过程中，采取措施防止有害污染物的生成，燃烧后处理是在燃烧过程发生之后，用来减少污染物生成的系统。表 8-1 列出了主要的排放控制系统，并将它们分为燃烧前处理和燃烧后处理两组，表中还列出利用这些方法控制的污染物质。

表 8-1　排放控制类型的分类

系　　统	分　　类	控制的污染物
发动机设计/运行	燃烧前处理	HC、CO、NO_x
计算机控制	燃烧前处理	HC、CO、NO_x
点火控制	燃烧前处理	HC、CO、NO_x
废气再循环	燃烧前处理	NO_x
蒸发控制	燃烧前处理	HC
空气喷射	燃烧后处理	HC、CO
催化转化器	燃烧后处理	HC、CO、NO_x

表 8-2　减少排放的方法。

表 8-2　减少排放的方法

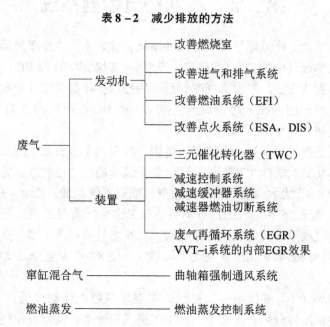

燃烧前处理控制包括燃料配比、发动机结构设计、发动机运行、燃油控制、点火控制、废气再循环，以及蒸发控制。

机内净化措施。与污染物生成之后再对其进行控制相比，由于控制污染物的生成更加有效，因而改进发动机设计是汽车污染控制的最好措施。良好的发动机设计能够降低附加设备和后处理方法的要求。

发动机进气管设计、燃烧室设计、燃料喷射和计算机控制的技术进步使新开发的发动机能够同时获得良好的发动机性能和低的排放水平。例如，通过对燃料系统的控制来减少喷油量，而可以减少 CO 排放，因为它降低了部分燃烧的机会。另外由于燃料喷射的均匀性，也减少了 CO 排放。通过进气管设计和使用燃料喷射技术能实现获取燃料的均匀性。在正常运行工况下，混合气能够提供足够的空气以保证燃料的完全氧化并生成 CO_2。对冷发动机进行进气加热可以改善燃料的蒸发性能，增加点火提前角可以有更多的时间实现完全燃烧。但是这将导致 HC 排放量的上升，同时也增加了燃烧温度，导致 NO_x 排放的增加。

NO_X 产生于燃烧室的高温。稀混合气和点火提前角较大可使燃烧室温度升高，此时产生高的输出功率和低的燃油消耗率，通过对燃料的控制和略微推迟点火能够降低燃烧的温度。使用废气再循环技术，利用废气稀释新鲜混合气也可达到同样的目的。

在发动机设计时采用的另外一个污染物控制方法为进气加热技术，这个技术也被称为进气空气温度调节系统，这类系统使用的主要部件是空气温度调节滤清器。传统上，发动机在冷态工作时，由于与冷空气混合，燃料完全蒸发，因此需要的混合气比较浓。空气温度调节器用一个热的进气管道把排气歧管附近的热空气引入空清器。这样做的结果如下：加热空气，从而改善蒸发效果。好的蒸发效果可以用稍稀的混合气。稍稀的混合气能够降低 HC 和CO 的排放。

第二节　二次空气喷射系统

二次空气供给装置是降低尾气排放的机外净化装置之一。在冷车启动后将一定量的空气引入到排气管中，使废气中的 CO 和 HC 进一步燃烧，以减少 CO 和 HC 的排放，它是减少污染物排放的最早的使用方法。二次空气喷射系统的控制实质是向废气中吹入额外的空气，以增加氧含量，使废气中因未充分燃烧而产生的 CO 和 HC 在排气的高温下再次燃烧，生成CO_2 和 H_2O，达到排气净化的目的。

在采用催化反应器以后，这一方法仍然适用。在对汽车排放要求越来越严格的今天，二次空气供给这种净化方式的作用越来越重要，整个装置的结构也越来越完善，发展成为二次空气喷射系统。图 8-2 为大众直列四缸二次空气喷射系统组成，图 8-3 为奥迪 A6 二次空气喷射系统组成。奥迪 A6 和宝来的部分车型装有二次空气喷射系统，现以该车型的二次空气喷射系统为例，说明系统的组成及工作过程。二次空气喷射系统属于选装部件。如果要达到欧－Ⅳ排放标准，则必须采用二次空气喷射系统。图 8-4 为宝来二次空气喷射系统空气喷射阀位置。

当发动机控制单元 J_{220} 发出指令，控制二次空气泵继电器动作后，二次空气泵就被启动，空气经空气泵加压后分别进入两个二次空气进气组合阀；同时，控制单元控制二次空气进气阀打开，使与其相连的真空作用到二次空气进气组合阀上，如图 8-5 为奥迪 A6 二次空气进气组合阀。进气组合阀在真空的作用下开启，便将气泵送来的二次空气吹入到汽缸盖的排气通道中。

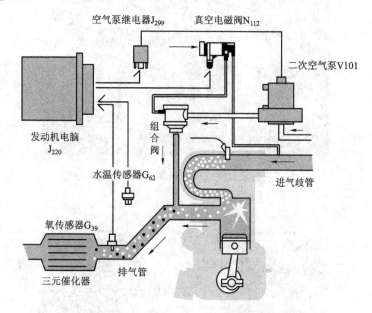

图 8 - 2　大众直列四缸二次空气喷射系统组成

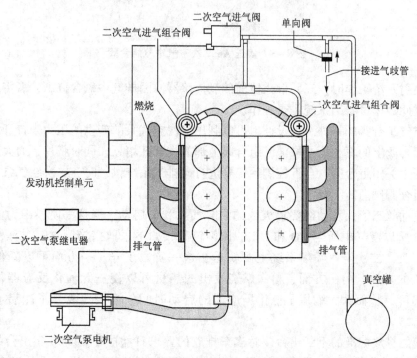

图 8 - 3　奥迪 A6 二次空气喷射系统组成

由此可见，二次空气喷射系统并不是一直在工作，而是由发动机控制单元根据需要控制，在部分时间内起作用。发动机冷启动时工作时间约 100 s，而热启动时工作时间约 10 s。

图 8-4   宝来二次空气喷射系统空气喷射阀位置

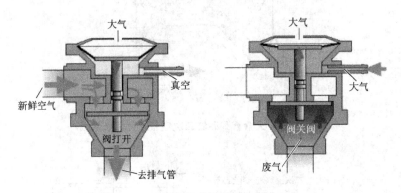

图 8-5   奥迪 A6 二次空气进气组合阀

二次空气喷射系统工作时，三元催化器前的氧传感器，因排气中氧含量高，氧传感器电压输出低，通过此数据可看出系统是否工作。

二次空气组合阀的另外一种设计也可以利用二次空气泵的产生的压力来打开和关闭组合阀。此时组合阀上的真空管要取消，组合阀上部的大气孔堵死，同时膜片下通大气，用大气和废气的压力关闭组合阀，当近控制系统要进行向排气系统供气时，二次空气泵工作产生的压力打开组合阀阀门。

在冷启动状态下，发动机要求极浓的混合气以利于启动，但这一阶段因为混合气不能充分燃烧，所以废气中所含 CO 和 HC 的比例较高，如不采取措施，这一过程中将造成大量的排放污染。二次空气喷射系统主要就是在这一阶段工作。一方面可以降低冷启动阶段有害物质的排放；另一方面，再次燃烧发出的热量可以使三元催化反应器很快达到所需的工作温度，从而大大缩短了催化反应器的启动时间，极大地改善了冷启动阶段的排气质量。

随着新的排放标准的不断出台，对汽车排放的要求日益严格。2000 年出台的欧-Ⅲ标准和 2005 年即将实施的欧-Ⅳ标准，除各项排放指标都比欧-Ⅰ、欧-Ⅱ标准有所提高外，检测方法也有所改变，过去的检测是在热启动情况下进行，而且可以经过 40 s 后再检验，而现在改为在冷启动状态下直接进行检验。这就要求发动机在冷启动后的排放必须达到一个新的标准，否则不会通过如此严格的检验。

在现代汽油发动机控制系统中,二次空气系统恰恰能很好地解决这一问题,所以二次空气喷射系统已成为轿车排放达到欧-Ⅲ、欧-Ⅳ标准的必备装置。目前,奥迪 A6、帕萨特等车型均采用此系统,提前进入了更为彻底的环保行列。

第三节　油箱蒸发物排放控制系统

一、活性炭罐控制系统

油箱中的燃油因外部空气和排气管的热辐射变热,加之从系统回油管流回的过量燃油,它在流过发动机零部件时,这些部件已被热的发动机辐射加热,结果燃油箱中的燃油变热挥发。这就产生了排放物,它主要来自燃油箱的燃油蒸气。

蒸发物排放受环保法规的限制。该法规要求安装蒸发物排放控制系统,该系统配备有安装在油箱通风管末端的活性炭滤清器(又叫活性炭罐)。活性炭滤清器中的活性炭吸附燃油蒸气,为了使活性炭罐在饱和后,具有再生功能,在发动机运行时,进气管中产生真空将这股新鲜空气和汽油蒸气经过炭罐吸进进气管。这股空气流吸收了储存在活性炭中的燃油蒸气,并把它们带到发动机中以供燃烧。

为了使空燃比控制更精确和利于自诊断,在与进气管相通的导管上安装炭罐电磁阀,计量这股再生"清洁"气流。

清洁气流必定是不知道成分的油气混合物,因为它含有新鲜空气,也含有从活性炭罐中吸收的一定浓度的燃油蒸气。因此对于空燃比闭环控制系统,清洁气流是主要的干扰因素。相当于进气总量的 1% 且主要是由新鲜空气组成的清洁气流,将会使全部进气混合气稀释 1%;另一方面,清洁气流含有较多的汽油成分时,也可使混合气加浓 30%,即活性炭罐的汽油成分会对空燃比影响从 1% ~30%。如图 8-6 所示为大众蒸发物排放控制系统。

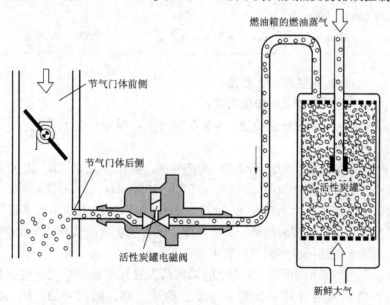

图 8-6　大众油箱蒸发物排放控制系统

活性炭罐电磁阀在保持空燃比偏移量最小的同时，确保活性炭罐有足够的通气量，才能保证活性炭吸附的吸附能力不下降。

急速时进气歧管有最大的真空度，此时活性炭罐电磁阀打开是最好时机，其他工况打开，由于进气歧管没有最大的真空度，活性炭罐电磁阀打开也没有实际意义。

在急速阶段，氧传感器的空燃比反馈控制系统未工作时，只有极少的清洁气流能进入进气系统或根本不进入进气系统。因为即使氧传感器的信号进入电脑，某些工况电脑也不进行反馈调节，系统也没有能够补偿清洁气流引起的混合气浓度偏移量的程序。所以 ECU 为了让此时的混合气不受来自油箱的气流干扰，活性炭罐电磁阀在此时间段中关闭。例如，启动和急速的某些工况，活性炭罐电磁阀关闭。

又如，为防止未燃烧的燃油蒸气进入催化转化器，一旦节气门全闭时，活性炭罐电磁阀立即断电关闭，以响应供油中断。

在热车时，急速和部分负荷节气门后有真空吸力，且空燃比反馈控制起作用，这时是活性炭罐电磁阀打开的最好时刻。

清洁气流吸收一定的气态"燃油蒸气"（或叫"燃油负荷"），燃油负荷的大小由来自先前的再生循环数据（电脑内时间计数器记录上一次活性炭罐电磁阀打开到现在积累的时间）来确定在刚接通清洁气流时的占空比。系统选择最合适工况，由 ECU 发出占空比信号以一定开度打开电磁阀。与此同时，控制系统减小喷油持续时间，以补偿清洁气流中的预期燃油含量，防止混合气过浓。

由于混合气调整功能是一个氧传感器的独立处理过程，因此系统可以确认任何由燃油负荷引起的空燃比偏移量，并且能根据初始状态作适当的修正。

综合以上内容，分析大众发动机的油箱蒸发物排放控制系统数据。

显示组 010（油箱通风）：

Read measuring value block 10			
0% ~99%	0.3 ~1.2	−3.0 ~ +3.2	0.00 ~0.30

显示区 1：活性炭罐电磁阀的占空比；

显示区 2：油箱通风的空燃比校正系数；

显示区 3：为活性炭罐的充满程度，−3.0 时活性炭罐中无燃油蒸气，+3.2 时活性炭罐中充满燃油蒸气；

显示区 4：为活性罐过滤系统（AKF）冲洗程度，数值为 0.00 时，从 AKF 活性炭罐系统没有吸入混合气，数值为 0.30 时为吸入空气量的 30% 来自 AKF 系统。

为了对清洁空气流进行"负荷敏感"控制，2000 年以后的电脑运用了进气管模型的原始参数，这些参数包括进气管的内部压力和温度。这有利于清洁气流的准确计算。系统设计范围为清洁气流所含燃油可占燃油总量的 40%。

在一些日系车里多采用如图 8-7 所示的油箱蒸发物排放控制系统。电脑控制真空电磁阀接通真空源，真空吸力作用在真空膜片上，膜片上移，阀门开启，HC 进入节气门体后部。

二、油箱泄漏检测系统

以上讲的是国内大众汽车现阶段的油箱蒸发物排放控制系统，即当前要求只是局限于检查活性炭罐是否处于正常工作状况。

新的油箱蒸发物排放控制系统要求采取措施探测到蒸发排放控制系统中油泵与油箱的接缝及油箱盖上的任何一点的泄漏情况。

1. 第一种诊断油箱泄漏的方法是采用真空测试诊断燃油系统的泄漏

图 8 - 8 所示的是采用真空测试诊断燃油系统的泄漏。

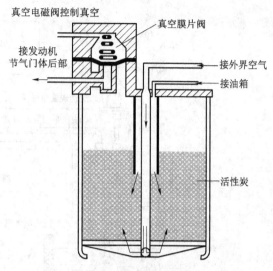

图 8 - 7　日系油箱蒸发物排放控制系统

先用一个截止电磁阀中断供给活性炭罐的新鲜空气，从而密封油箱系统。然后，使发动机在怠速下运行，打开活性炭罐电磁阀，这样进气管的真空度会扩展到油箱的整个系统。装在油箱内的压力传感器监测到打开活性炭罐电磁阀以后的压力变化，压力变化曲线在指定时间内应下降为进气歧管压力，否则系统可确定存在泄漏。

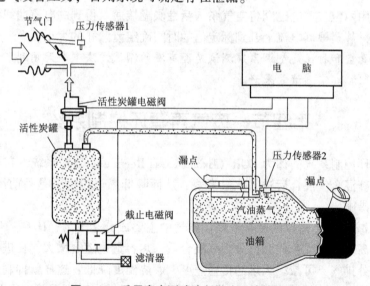

图 8 - 8　采用真空测试诊断燃油系统的泄漏

2. 另一种诊断油箱泄漏的方法是采用基准孔的泄漏诊断

图 8 - 9 所示的是在燃油系统加压测试。这种测试方法不再是用压力传感器监测到的压力值作为测试参数，而是用空气泵的工作电流作为测试参数。

过程是用电动空气泵给燃油箱加压，加压时压力上升后，电机的运转阻力会使电机的工作电流加大，即如果燃油箱是个密封系统的话，电机因阻力电流在标定时间内会上升至一个指定值。

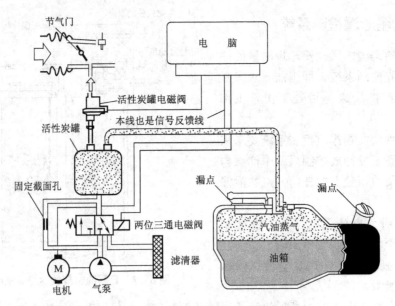

图 8-9　在燃油系统加压测试

根据固定截面的基准孔，汽车行驶中或发动机运行时活性炭罐电磁阀会通过确定的空气流量。

电脑控制用两位三通电磁阀将空气泵与活性炭罐接通。得到的电流曲线将指明燃油系统是否存在泄漏，甚至根据电流上升到标定值的时间确定泄漏孔的大小。

结论：抽真空和打压是空调系统测试是否有漏的测试方法，今天用到了油箱检漏上，其中打压测试要比抽真空测试效果好。

第四节　废气再循环控制系统

废气再循环控制系统简称为 EGR（Exhaust Gas Recirculation）系统，它是将一部分排气引入进气管与新混合气混合后进入汽缸燃烧，从而降低燃烧温度，是目前用于降低 NO_x 排放的一种有效措施。

EGR 系统减少 NO_x 排放的基本原理：排气中主要成分是 CO_2、H_2O、N_2 等，这三种气体的热容量较高。当新混合气和部分排气混合后，热容量也随之增大。在进行相同发热量的燃烧，混入部分排气，可减缓火焰的传播速度，燃烧温度降低，这样就抑制 NO_x 的生成。

由于采用 EGR 系统，使混合气的着火性能和发动机输出功率下降。因此应选择 NOx 排放量多的发动机运转范围，进行适量的 EGR 控制。EGR 的控制指标大多采用 EGR 率表示，其定义如下：

EGR 率 =（进入汽缸的排气量/进入汽缸的气体总量的比值）× 100%

电子控制的废气再循环系统（Electronic Exhaust Gas Recirculation，EEGR），不仅结构简单，而且可进行较大 EGR 率（15% ~20%）控制。另外，随着 EGR 的增加，燃烧将变得不稳定，缺火严重，油耗上升，HC 的排放量也增加，当燃烧恶化时，可减少 EGR 率，甚至完全停止 EGR。

电脑控制的 EGR 控制系统的主要功能，就是选择 NO_x 排放量多的发动机运转范围，进行适量 EGR 控制。

一、开环控制式排气再循环系统

早期可变 EGR 率废气再循环控制的工作原理是：根据发动机台架试验确定的 EGR 率与发动机转速、进气量等的对应关系，将有关数据存入发动机 ECU 内的 ROM 中。发动机工作时，电脑根据各种传感器送来发动机转速、进气量等的信号与微机的 ROM 中的数据对应上时，输出这个工况下的 EGR 率的指令，控制电磁阀的开度，以调节排气再循环的 EGR 率。

注：早期国内进口日本车系大多采用这种排气再循环系统。

二、闭环控制式排气再循环

由前述可知，在开环控制式排气再循环系统中，EGR 率只受微处理机预先设置好的程序控制，不检测发动机各种工况下的 EGR 率。而在闭环控制式排气再循环系统中，电脑以 EGR 率作为反馈信号实现闭环控制。

现在为了保证控制电磁阀的实际开度与电脑内控制的开度一致，并能进行自适应，加装了反馈电磁阀位置的传感器。

注：有滑动变阻器类反馈位置信号的系统，都可以设计成能自适应的系统，所以也必须有基本设定。

大众宝来 1.8 L 发动机 EEGR 系统的组成和作用：图 8-10 为宝来 1.8 L 发动机 EEGR 系统的位置；图 8-11 为宝来 1.8 L 发动机 EEGR 系统的组成。

由于电脑控制 EGR 时，选择 NO_x 排放量多的发动机运转范围，进行适量 EGR 控制，所以停止废气再循环有以下不利工况：

（1）发动机水温低于 50 ℃时，不应进行废气再循环；

（2）怠速和小负荷时，NO_x 排放量不高，不进行废气再循环；

（3）全负荷和急加速时，不应进行废气再循环，防止损失发动机动力；

（4）怠速/超速时废气再循环不工作。

图 8-10　宝来 1.8 L 发动机 EEGR 系统的位置

NO_x 排放量随负荷增加而增加，电脑控制的 EGR 率也应随之增加，废气再循环量的 EGR 率小于 18%。

废气再循环控制阀 N_{18} 和位置传感器 G_{212} 如图 8-12 所示。废气再循环控制阀 N_{18} 接收发动机控制单元发出的脉冲控制信号来控制再循环阀的动作，位置传感器 G_{212} 反馈控制阀位置。

废气再循环控制阀 N_{18} 清洗或更换之后要作基本设定，使之与电脑内存储值相符，否则

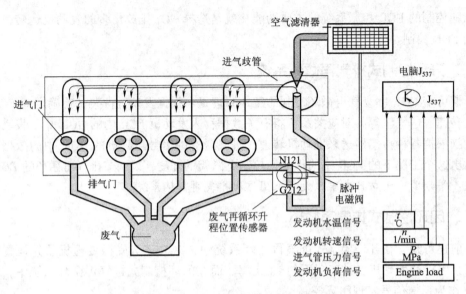

图 8 -11　宝来 1.8 L 发动机 EEGR 系统的组成

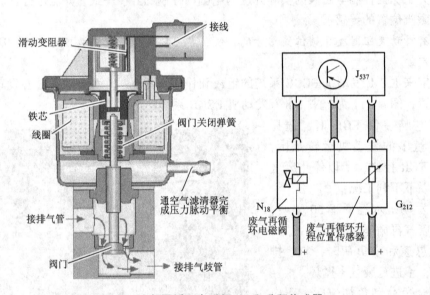

图 8 -12　废气再循环电磁阀 N_{18} 和升程传感器 G_{212}

发动机怠速抖动，出现 G_{212} 故障码。目前大众宝来 1.8 L 发动机的 EEGR 系统，基本设定 01 -04 -074。

如果 N_{18} 出现故障，则废气再循环系统停止工作。发动机控制单元可以通过监测进气管压力监测到相应的故障信息。

如果废气再循环阀出现故障，因为它是机械阀，所以无故障记忆，只能通过常规方法检查。

宝来 1.8 L 发动机废气再循环阀系统的数据可以进入发动机控制单元，01 -08 -076 读取数据块，为保证能看到 EEGR 系统工作，发动机应以中小负荷运转。

显示组 076：

读取数值块 76			
发动机转速	发动机负荷	EGR 电位计 G_{212} 信号	EGR 率

因为废气再循环可以减少废气中氮氧化物的浓度，所以必须监测该系统是否运行正常。开启 EGR 阀引入部分废气返回进气管，由于残余废气进入进气管，进入汽缸，所以首先影响进气管的真空度，然后影响燃烧过程。根据这种特性，诊断 EGR 系统有以下两种方法：

（1）用进气管压力传感器监测进气管压力：在节气门部分开度时短暂地关闭 EGR 阀。EGR 阀的关闭改变了进气管真空度。这个变化由进气管压力传感器来监测，并且它的大小就是 EGR 系统工作状况的标记。此种方式较为多用。

（2）基于怠速稳定性的诊断：这种方式运用于没有热膜式空气质量流量计或没有进气管压力传感器的系统中。怠速时，电脑控制 EGR 阀稍微开启，残余气体的增加导致发动机运行状况恶化。可以通过监测系统中产生的运行恶化工况来诊断 EGR 系统工作是否正常。怠速自诊断测试中能废气再循环，那它真正的实际工作工况也能废气再循环，此种方式较为少用。

有些车目前曲轴箱强制通风为节气门前一根管和节气门后一根管的普通方式，没有 PCV 阀进行量的控制。

废气再循环系统在大众汽油车上目前（2007 年）仅宝来 1.8 L 装有。

第五节 曲轴箱强行通风系统

早期从汽缸的活塞环窜入到曲轴箱的气体和曲轴箱内的润滑油蒸气，是用通风管直接排到大气中去的，这部分气体中含有高浓度的未燃烃、润滑油蒸气，不完全燃烧产物以及不同量的废气成分等。

现在汽车上采用将窜气引入汽缸内燃烧掉的曲轴箱强制通风系统（Positive Crankcase Ventilation System，PCV）。PCV 有开式和闭式两种，图 8 - 13（a）为开式系统，它是在早先曲轴箱通风的基础上，将曲轴箱和空气滤清器下方的进气管连通，并且加装一个 PCV 阀，而将原通风管拆除后形成的。这种结构简单、改装方便，不必维修保养，可基本上消除曲轴箱排放。但自通气孔进入曲轴箱的空气未经滤清，而且当曲轴箱内排放大量增加时，有从通气孔倒流到大气中去的可能性。

闭式 PCV 系统如图 8 - 13（b）。将通气孔改接在空气滤清器已滤清的一边，从而避免了开式系统的缺点。新鲜空气先经空气滤清器，然后进入曲轴箱和窜气混合，发动机工作时，利用进气管真空度把 PCV 阀打开，进入汽缸进行燃烧。当发动机在高速全负荷工作时，一旦窜气量过多而不能完全吸尽时，多余的窜气还可以从曲轴箱倒流入滤清器经进气管吸入汽缸。这种方式既不会使窜气排入大气，又能用新鲜空气进行曲轴箱换气。由于这种装置的双重优点，目前在世界上已被普遍采用。

PCV 阀的功用是根据发动机不同的工况，利用进气管真空度的改变，自动控制曲轴箱窜气的再循环量，是一种计量阀。其结构和原理如图 8 - 15 所示。

如图 8 - 14 所示发动机不启动时 PCV 阀的工作情况。

当怠速或小负荷时，进气管的真空度大，阀门就向通路变小的方向移动，防止过多的窜气进入汽缸，影响燃烧。如图 8 – 15 所示急速时节气门关闭的 PCV 阀工作情况。

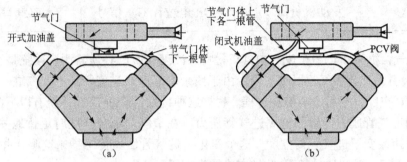

图 8 – 13　开式和闭式的曲轴箱强制通风系统

（a）开式系统；（b）闭式系统

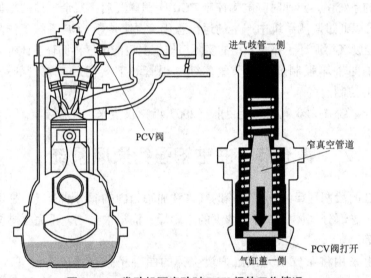

图 8 – 14　发动机不启动时 PCV 阀的工作情况

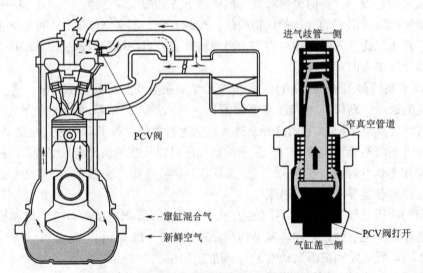

图 8 – 15　急速时节气门关闭 PCV 阀的工作情况

　　当节气门全开时，节气门体真空度低，发动机下窜气量更大，PCV 阀向下移动，阀门流通断面增大而提供最大的窜气流量。如图 8-16 所示的节气门全开时 PCV 阀的工作情况。

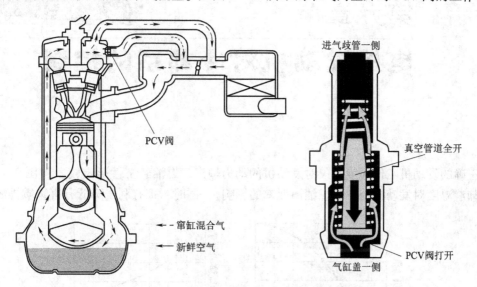

图 8-16　节气门全开时 PCV 阀的工作情况

第九章

电控发动机对冷却系的控制

正确的发动机工作温度不仅对发动机的动力输出、燃油经济性影响较大（图 9 – 1 发动机冷却液温度对发动机功率和燃油消耗率的影响）；同时，也有利于降低有害物质排放。

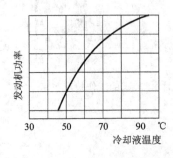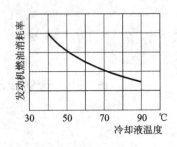

图 9 – 1　发动机冷却液温度对发动机功率和燃油消耗率的影响

发动机的性能依靠适当的冷却。若在部分负荷（Part throttle range）时，冷却液温度较高一些（95 ℃ ~ 110 ℃），则能降低燃油消耗及有害物质的排放；若在全负荷时（Full throttle range）冷却液温度较低一些（85 ℃ ~ 95 ℃），则进气加热作用较小，能提高发动机性能，增加动力输出。若能依据发动机负荷使发动机在该状态下有一个适宜的温度，则能较大改善发动机的性能与降低有害物的排放，于是电子控制发动机冷却系统应运而生。冷却液的循环（节温器控制）、冷却风扇的介入控制均由发动机负荷决定是此种冷却系统的特征。图 9 – 2 所示为发动机冷却液温度在部分负荷和全负荷的温度控制。

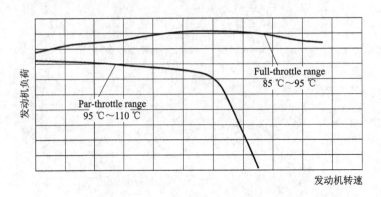

图 9 – 2　发动机冷却液温度在部分负荷和全负荷的温度控制

一、冷却液温度调节的必要性

汽车发动机是在各种不同的气候条件下运转，且发动机的负荷变动也很大。为了使冷却液温度保持稳定在一个较小的范围内，必须对冷却液温度（也就是发动机温度）进行调节。

适应于不同工况的有效方法是可以使用节温器来调节温度，该节温器装有对温度敏感的膨胀元件，节温器的工作不受冷却系中压力上升和下降变动的影响。当冷却液温度下降时，节温器开启一个阀门使散热器旁通水道的流量增加，不走散热器。这种方法使工作温度稳定，汽车暖气系统的工作性能良好，排放中的污染物减少，也降低了发动机的磨损。

进一步发展可采用脉谱图（MAP 图）控制的节温器。电子控制的节温器不同于单纯的膨胀元件控制的节温器。这种节温器在很大程度上采取于电脑对节温器的加热控制。在 MAP 图控制的节温器中，石蜡元件加热后，模拟增加的冷却液温度便设定在最佳温度水平。

如图 9 - 3 所示为温度调节单元 F265（温度调节执行机构，功能相当于传统的节温器，）控制。

当处于启动或停车工况时，无电压加载。温度调节单元的加热系统不是加热冷却液，而是加热温度调节单元的石蜡体部分，使大循环打开；加热电阻位于膨胀式温度调节单元的石蜡中；电阻根据特性图加热石蜡，使石蜡膨胀发生位移，温度调节单元通过此位移进行机械调节；加热是由发动机控制单元发出的一个脉冲信号来完成的，加热程度由脉宽和时间决定。

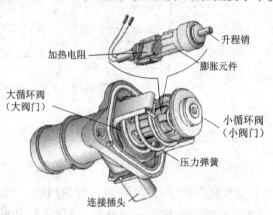

图 9 - 3　冷却液温度调节单元 F265

（图注：加热电阻　升程销　膨胀元件　大循环阀（大阀门）　小循环阀（小阀门）　压力弹簧　连接插头）

二、风扇转速调节的必要性

在低速时，车辆需要高的冷却能力，因此散热器必须强制通风。轿车通常用注模法制成单体塑料风扇；商用车用驱动功率高达 20 kW 的风扇同样用注模法制成。功率消耗不大的风扇常用直流电动机驱动，功率可达 600 W。虽然风扇在叶片形状及布置上是采用低噪声设计的，但由于风扇经常高速旋转，仍会产生较大的噪声。

注： 因为费用高，电驱动不用于中型轿车和大型车辆，在这些车辆上，风扇是用皮带由发动机直接驱动。在重型货车上，风扇直接装在曲轴上，省却中间传动件。

对风扇的控制需要特别注意，视车辆的形式和行驶条件的不同。高速时，迎面气流可在高达 95% 的时间内提供足够的冷却，在此期间，电脑控制停止风扇运转，则用于驱动风扇的燃料可以节省下来。为此采用电驱动的风扇时，可以用一个多级或无级控制系统来控制，即只有当冷却液超过规定温度时，温度控制的电动开关或发动机电子装置才启动风扇。

此系统应用于大众宝来 APF（1.6 L 74 kW 4 缸直列）发动机上，该系统中的冷却液温度调节、冷却液的循环（节温控制）、冷却风扇的工作均由发动机负荷决定并由发动机控制单元控制，使之相对于装备传统冷却系统的发动机在部分负荷时具有更好的燃油经济性及较低的 CO/HC 排放。未来生产的发动机上将逐步推广。

知识点滴：发动机电动冷却风扇的工作是计算机根据冷却液温度、怠速开关状态及行驶车速，在需要时开关电扇。电子扇在不需要时停止，交流发电机的发电电流自动变小，发动机可以节省燃料，提高经济性。

三、控制系统原理

图9-4所示为冷却液温度电子控制原理示意图。

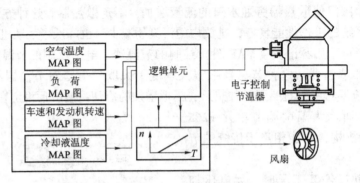

图9-4　冷却液温度电子控制原理示意图

四、控制系统组成和主要逻辑关系

图9-5所示为冷却液温度电子控制系统组成。主要逻辑关系有发动机转速传感器 G_{28} 和发动机负荷传感器 G_{70} 确定冷却液温度"特定值1"；车速 ABS 电脑 J_{104} 传入发动机电脑 J_{361} 和空气流量计内的进气温度 G_{42} 确定冷却液温度"特定值2"；发动机温度 G_{62}、发动机转速 G_{28} 确定预控制脉冲；负荷 G_{70}、发动机转速 G_{28} 控制散热风扇一挡时和二挡时的温度差异。

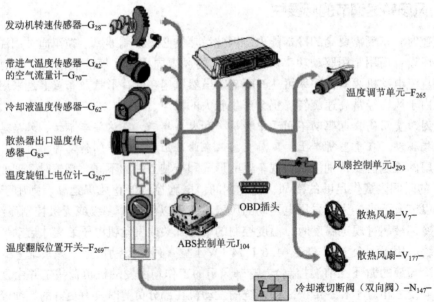

图9-5　冷却液温度电子控制系统组成

传感器采集所有信息，发动机电脑 J_{361} 对这些信息时刻进行计算，并根据计算结果，进行如下两项相应控制。

（1）激活加热电阻，打开大循环，调节冷却液温度；

（2）激活冷却风扇，迅速降低冷却液温度。

五、冷却液分配单元

电子控制冷却系统以最小的更改改变了传统的冷却循环，完成了冷却循环的重新布置：冷却液分配法兰与节温器合成一体，发动机缸体上不需要任何温度调节装置。图9－6所示为冷却液分配单元图。

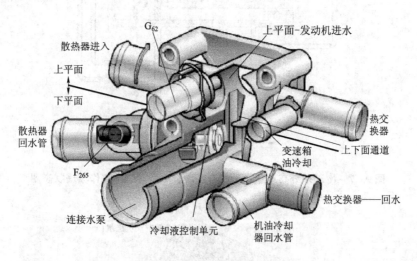

图9－6　冷却液分配单元图

六、冷却系统布局图与温度调节单元在各工况时的状态

图9－7所示为冷却系统布局和发动机冷启动、小负荷工况工作原理状态图。

1. 发动机冷启动、小负荷时

当发动机冷车启动、暖机期间，与传统的冷却系统一样，为了使发动机尽快达到正常工作温度，系统为小循环。在冷启动、暖机及小负荷时，冷却液经过发动机缸盖、分配器上平面流入，此时，小循环阀门打开，冷却液通过小阀门直接流回水泵处。形成小循环。在暖机后的小负荷时，冷却液温度为：95 ℃ ～110 ℃。图9－8所示为发动机冷启动、小负荷工况节温器状态图。

2. 发动机全负荷时

图9－9所示为发动机全负荷工况状态。当发动机全负荷运转时，要求较高的冷却能力。控制单元根据传感器信号得出的计算值对温度调节单元加载电压，溶解石蜡体，使大循环阀门打开，接通大循环，同时关闭小循环通道，切断小循环。在全负荷时冷却液温度为85 ℃ ～95 ℃。图9－10所示为发动机全负荷工况电子节温器状态图。

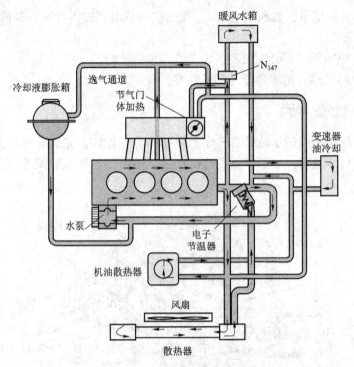

图9-7　冷却系统布局和发动机冷启动、小负荷工况工作原理状态图

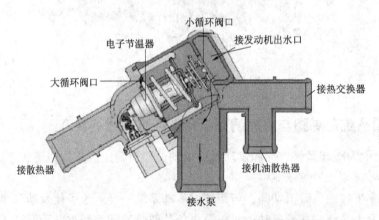

图9-8　发动机冷启动、小负荷工况节温器状态图

七、带电子控制冷却系统的发动机控制单元与系统工作原理

电子控制冷却系统电控系统如图9-11所示的宝来 APF 电子冷却系电路示意图。

SIMOS（西门子）3.3 发动机管理系统中设有电子控制冷却系统的特性图。发动机控制单元的功能已经扩展，与电子控制冷却系统的传感器、执行器相连接。调节单元加载电压（输出）；散热器回流温度（输入）；散热风扇控制（两个输出）；加热器控制电位计（输入）。电子控制冷却系统具有自诊断功能。

1. 带电子控制冷却系统的发动机控制单元

该发动机的控制系统是 SIMOS3.3 系统，"电脑"在程序中已编有电子控制冷却系统的

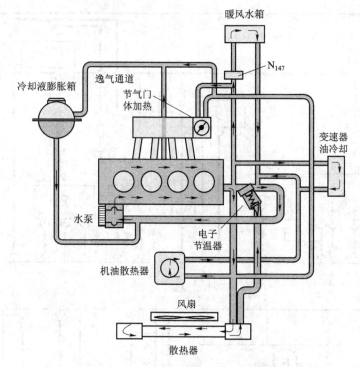

图 9 – 9　发动机全负荷工况状态图

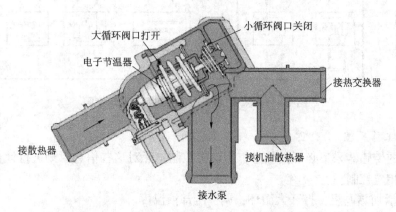

图 9 – 10　发动机全负荷工况电子节温器状态图

特性图，与传统的发动机控制单元相比功能增加了，它接收电子控制冷却系统的传感器送来的信号并驱动电子控制系统的执行器，并且设计了电子控制冷却系统的监控电路，因此电子控制冷却系统具有自诊断功能并包括在发动机控制系统的自诊断中，可以用 VAS5051/VAS5052/VAG1552 或 VAG1551 进行自诊断。

2. 输入与输出信号

输入发动机控制单元的信号有：散热器出口温度；冷/暖风控制电位计。

发动机控制单元输出信号有：温度调节单元加载到电子节温器的电压；散热风扇控制（两个风扇分别用单独的输出信号）。

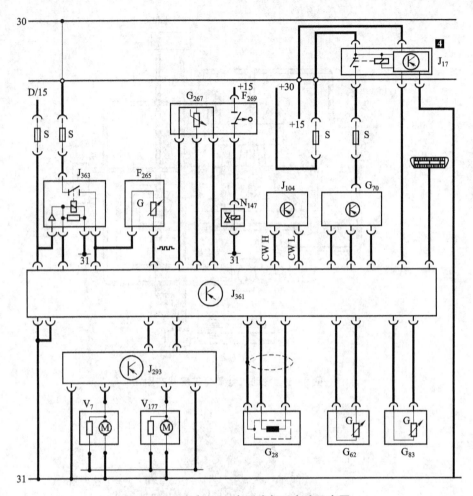

图 9 – 11   宝来 APF 电子冷却系电路示意图

3. 基本工作原理

该系统的传感器采集必要的信息，发动机控制单元对这些信息时刻进行计算，并根据计算结果进行相应控制：

（1）激活加热电阻，打开大循环，调节冷却液温度。

（2）激活冷却风扇，迅速降低冷却液温度。

4. 开暖风时的控制

（1）当温度旋钮开关处于"非关闭"位置时，也就是说，只要温度调节旋钮不关闭，微动开关就处于打开状态，就激活双向阀 N_{147}，并且通过真空驱动热交换器（暖风水箱）的冷却液切断阀（修理工常说的暖水阀），使其打开。

（2）车辆使用暖风过程中，空调控制面板上的温度调节旋钮（G_{267}）识别驾驶员的意图（温度），从而调节冷却液温度。当温度旋钮处于 70% 位置时，冷却液温度将达至 95 ℃。

车辆加热过程中，通过电位计识别驾驶者对车辆加热的要求，调节冷却液的温度，使其处于合适的温度范围（如果温度差异达到 25 ℃，则认为不正确）。图 9 – 12 所示为暖风/冷风开关，图 9 – 13 所示为暖风/冷风开关在不同位置时的冷却液温度控制。

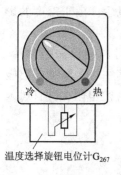
温度选择旋钮电位计G$_{267}$

温度选择微动开关F$_{269}$

图9-12　暖风/冷风开关

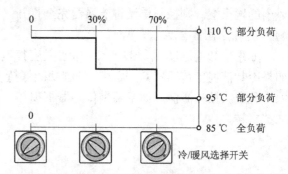
冷/暖风选择开关

图9-13　暖风/冷风开关在不同位置时的冷却液温度控制

5. 两个冷却液温度传感器（G$_{62}$和G$_{83}$）及散热风扇控制

图9-14冷却液温度传感器位置。冷却液温度传感器 G$_{62}$ 和 G$_{83}$ 的"特征值"存储于发动机控制单元中。实际的冷却液温度值通过循环系统中两个不同的位置识别，并且传输给发动机控制单元电压信号。

冷却液温度实际值1 即 G$_{62}$于冷却液法兰的冷却液出口处采集；冷却液温度实际值2 即 G$_{83}$于散热器前出水口处采集。预编在"电脑"里的冷却液的"特性值"与温度值1相比后，给出一个脉冲信号，为节温器的加热电阻加载电压；温度值1和温度值2比较后，调节散热器电子扇。

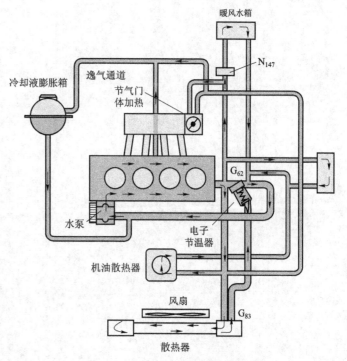

图9-14　冷却液温度传感器位置

八、全负荷和高速时的冷却风扇的控制

全负荷时要求具有足够的冷却能力。为了提高冷却能力，控制单元为风扇电机设置了两个转速。依靠发动机出水口与散热器出水口温度的差异来控制风扇的转速。发动机控制单元中储存有风扇介入或切断的两张特性图，它们的决定性因素是发动机转速 G$_{28}$ 和空气流量 G$_{70}$。

车速超过100 km/h，风扇不介入对发动机冷却，因为高于此车速时，风扇无法提供额外的冷却。车辆带牵引或空调系统介入后，两个风扇电机均工作（节温器开启大循环）。

九、失效时的冷却风扇控制

如果故障发生在第一风扇的输出端，则第二风扇被激活（替代）。如果故障发生在第二风扇的输出端，则控制单元将节温器完全打开（安全模式）。关闭发动机后，由于温度的影响，风扇会继续运转一段时间。

如果冷却液温度 G_{62} 损坏，冷却液温度控制以 95 ℃ 为替代值，并且风扇以一挡常转。如果冷却液温度传感器 G_{83} 损坏，控制功能保持，风扇一挡常转。如果其中一个温度超出极限，风扇二挡被激活。如果两个传感器都损坏，最大的电压值被加载于加热电阻，并且风扇二挡常转。

第十章
电控发动机的自诊断

第一节 汽车 OBD Ⅱ

OBD Ⅱ（California's second generation On—Board Diagnostic System）是美国伽利福尼亚第2代随车故障诊断系统的缩写，而 EOBD（European On—Board Diagnosis System）是欧洲随车故障诊断系统的缩写。这些微机故障诊断系统是把汽车各系统电控单元通过 K 线连在一起，检测仪通过 K 线可对各个电控系统进行诊断。汽车电控系统出现故障时，故障指示灯 MIL（Malfunctions Indicate Lamp）闪亮告之驾驶员汽车电控系统出现故障，并将故障以代码的形式存储在汽车各系统电控单元（ECU）中，为汽车维修人员诊断和排除故障提供依据。

早在 20 世纪 70 年代末 80 年代初，世界上大多数汽车制造商就开始使用电子手段并按美国环境保护局（Environmental Protection Agency，EPA）对汽车废气排放的标准来检测和控制发动机各部件功能以及诊断发动机故障。最初（1988 年以前）世界各国汽车制造商所生产的各种型号电控汽车所配置的 OBDI（称第 1 代随车故障诊断系统）没有统一的标准，其生产出来的故障诊断连接插座、故障代码、通信协议等形式内容都大不相同，给电控汽车的故障诊断和维修带来了诸多不便。

1988 年，美国汽车工程师协会（SAE）创建了第 1 个故障诊断连接插座和一套故障诊断试验信号（故障代码）作为标准进行推广，美国环境保护局采用了 SAE 大多数标准并作为推荐世界范围统一使用的标准（即第 2 代电控汽车微机故障诊断系统 OBD Ⅱ），要求 1996 年以后生产的轿车和轻型载货汽车的电控系统都要求配置 OBD Ⅱ，并从 2000 年 1 月 1 日开始，所有汽车制造商所生产的轿车及轻型载货汽车都必须配置 OBD Ⅱ 系统。

随后欧共体也相应要求欧洲各国汽车制造商生产的轿车都相应配置欧洲电控汽车微机故障诊断系统，即 EOBD，其采用的故障诊断连接插座、故障代码、结构单元、系统名称、故障代码显示都相应采用 SAE J962、SAE J2012、SAE J1930 和 SAE J1978 标准，并根据欧共体条文规定，2001 年欧洲所有新生产的汽油发动机轿车一律配置 EOBD 系统，而对于柴油发动机轿车要求到 2004 年必须强制配置 EOBD 系统，其目的就是用以经常监测废气排放的发动机各部件及子系统、汽车底盘、车身附属装置和设备及部件的工作状况，同时还可用作汽车故障诊断及网络故障诊断。

一、通信协议

根据 ISO 15031—5 标准，CAN（控制器局域网）采用 ISO 15765—4 标准，OBD Ⅱ 和

EOBD 都使用 3 个基本的通信协议。然而有的制造商在通信模块协议上作了一些修改，但是基本型克莱斯勒汽车和所有欧洲生产的汽车以及大多数亚洲进口的汽车都使用国际标准化组织 ISO 9141 通信协议电路，而美国通用（GM）汽车公司生产的轿车及轻型载货汽车使用 SAE J1850 VPW（可变的脉冲宽度调节）通信协议电路，福特（FORD）汽车使用 SAE J1850 PWM（脉冲宽度调节）通信协议电路。可通过仔细观察 OBD 故障诊断连接插座，来判断通信协议电路类型。如果故障诊断连接插座在 4、5、7、15 和 16 管脚有母插头，则该车使用 ISO 9141—2（或 KWP2000 或 ISO142300）协议电路；如果故障诊断连接插座在 2、4、5、10 和 16 号 13 脚有金属引头，则该车使用的是 SAE J1850 PWM 协议电路；如果故障诊断连接插座在 2、4、5 和 16 号管脚有金属引头，而 10 号管脚没有金属引头，则这些车用的是 SAE J1850 VPW 协议电路。

二、故障诊断连接器

按照 ISO15031—3（或 SAE J1962）标准，OBD Ⅱ 和 EOBD 故障连接器结构基本一样，但 EOBD 和 OBD Ⅱ 故障连接器在引脚内容上略有差别。如图 10 – 1 所示的 OBD Ⅱ 或 EOBD 故障诊断连接器。

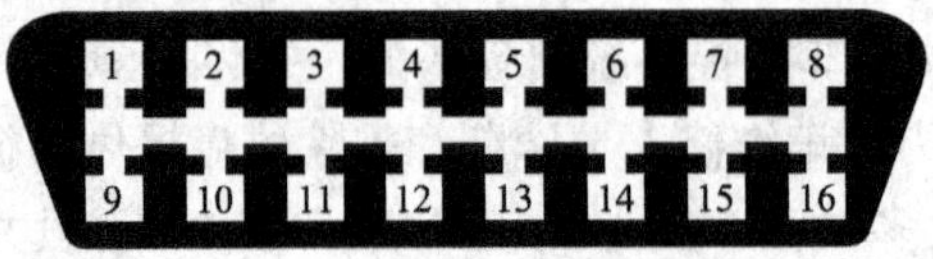

图 10 – 1　OBD Ⅱ 或 EOBD 故障诊断连接器

1. OBD Ⅱ 故障诊断连接器引脚含义
管脚 2——SAE J1850 Bus +（正极）；
管脚 4——车身搭铁；
管脚 5——信号搭铁；
管脚 6——CAN High（J – 2284）（控制器局域网高端）；
管脚 7——ISO 9141—2 K Line（通信线）；
管脚 10——SAE J1850 Bus –（负极）；
管脚 14——CAN Low（J—2284）（控制器局域网低端）；
管脚 15——ISO 9141—2L Line（激活线）；
管脚 16——蓄电池正极。
其他插口管脚暂空缺或由各制造厂自行引用。

2. EOBD 故障诊断连接器管脚含义
管脚 1——专门为制造商所留（点火开关正极）；
管脚 2——SAE J1850 Bus +（正极）；
管脚 3——专门为制造商所留（转速信号）；
管脚 4——车身搭铁；
管脚 5——信号搭铁；
管脚 6——多功能组合仪表；
管脚 7——ISO 9141—2 K Line（通信线/发动机控制器）；
管脚 8——汽车电路接线端：87；
管脚 9——底盘（ABS，ASR，ESP 和 ETS）；
管脚 10——SAE J1850 Bus（负极）；
管脚 11——电控发动机和报警系统；

管脚 12——Bus 串行数据；

管脚 13——暂空缺；

管脚 14——CAN - L（控制器局域网双向信号线）；

管脚 15——ISO 9141 - 2 L Line（激活线）；

管脚 16——蓄电池正极。

EOBD 连接器的管脚 2、4、5、7、10、14、15 和 16 与 OBD Ⅱ 一致，其中管脚 4、5 均为搭铁，管脚 16 均为蓄电池正极，管脚 2 均为 SAE J1850 Bus +（正极），管脚 10 均为 SAE J1850 Bus -（负极），管脚 7 均为 ISO 9141 - 2 K Line 控制器通信线，管脚 15 均为 ISO 9141 - 2 L Line（激活线），其他管脚的用途及含义各汽车制造商使用情况各不相同。

三、故障代码

根据 ISO 5031—6（或 SAE J2012，以后也可能执行 SAE J1939）标准，OBD Ⅱ 和 EOBD 都统一使用标准的故障代码。其故障代码共由 5 位数组成，其各位数的含义如下：

第一位系统英文字母代码：

B——Body 车身；C——Chassis 底盘；P——Power 动力系统（发动机电控发动机）；U——网络。

第二位标准代码或生产厂家代码：

0——SAE 定义的代码；1、2、3——各厂商自定义的代码。

第三位故障范围代码：

1、2——燃油和空气控制系统；3——点火系统；4——废气或第二空气喷射控制系统；5——车速和怠速控制系统；6——微机输出电路；7、8——电控发动机控制系统；9、0——保留或 SAE 定义系统。

第四位和第五位故障码内容：

00 ~ 99 代表具体故障。

例如，P0100 为空气流动电路故障代码（SAE 定义），P1456 为电子加热催化剂故障代码（生产厂商自定义）。

通常厂家对一个系统的故障码部分用 SAE 定义，部分用生产厂家定义。例如，大众公司即有 SAE 定义的故障码字母打头的五位码，也有生产厂家自己定义的 VAG 故障码，特点是数字打头的五位码。

OBD Ⅱ 和 EOBD 的自检功能是不完全相同的。基本区别只差在是否进行燃油箱及燃油系统的泄漏试验、探测发动机不（发）点火的转速至最高转速，还是只至 4 500 r/min、故障发生经历多少个驾驶周期故障指示灯才闪亮、使用的通信协议、用故障指示灯显示汽车行驶距离。

汽车故障代码及数据的读取是通过 OBD Ⅱ 或 EOBD 连接器与汽车通用诊断仪连接，使通用诊断仪与汽车建立通信，根据车型及需要选择希望的检测模块，接收所需要的诊断数据，显示读取在线动态数据。目前 OBD Ⅱ 技术除用以监测废气排放值、故障检测与诊断外，还发展到了用因特网进行在线故障诊断。

第二节 汽车电脑检测仪

一、汽车电脑检测仪

为了方便汽车维修人员对汽车各部分的电子控制系统进行维修，许多汽车制造厂家为自己生产的带有电脑的汽车设计了专用的电脑检测仪。例如，大众的英文 VAG1552、VAG1551、VAS5051、VAS5052。图 10 - 2 所示为大众检测仪。图 10 - 3 所示为大众检测仪 VAS5051、通用、尼桑、丰田/本田的检测仪。

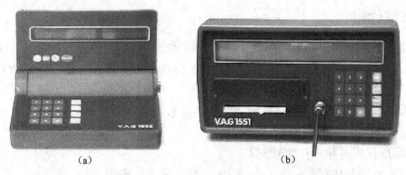

(a)　　　　　　　　　　(b)

图 10 - 2　大众检测仪左 VAG1552　右 VAG1551

(a) VAG1552；(b) VAG1551

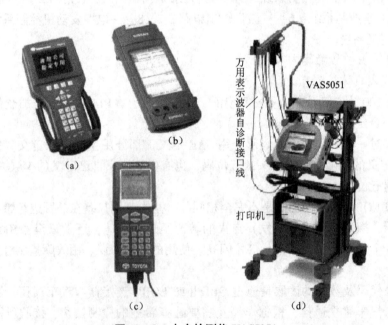

(a)　　　(b)　　　(c)　　　(d)

图 10 - 3　大众检测仪 VAS5051

(a) 通用 Tech2；(b) 尼桑 Consult - Ⅱ；(c) 丰田/本田 MTS3100；(d) 大众检测仪

现在，汽车采用了越来越多的电控系统，检修汽车电脑及控制系统的检测设备也在不断发展。一些汽车维修设备制造厂为检修不同车型的电脑设计出了一些通用型的汽车电脑解码器。

例如，深圳威宁达公司的金德 K60 及新款 K81、深圳创威联电子有限公司的 AUTOBOSS 车博士 WU—2000 及新款的 WU—2008、金奔腾公司的彩圣、深圳三源公司的修车王等。这种汽车电脑解码器本身也是一个小型电脑，它的软件中储存有各国不同车型的电脑及控制系统的检测程序和数据资料，并带有配各种车诊断口的检测插头。这种解码器供电后，只需将被测汽车的生产厂家名称和车辆识别码输入汽车电脑解码器，就能从软件中调出相应的检测程序。然后按照解码器屏幕提示的检测步骤，再将相应的故障检测插头和汽车上的电脑故障检测插座连接，就可以对汽车发动机、电控发动机、制动防抱死装置等各个部分的电脑及控制系统进行有选择的检测。

汽车电脑检测仪和汽车电脑解码器都可以很方便地读出储存在汽车电控发动机电脑内的故障代码。汽车电脑解码器国内一般没有，它是早期汽车电控系统的检测设备，只能读故障码，我国没经历这个低级阶段，直接进入汽车电脑检测仪阶段，但大多数人仍习惯称它为解码器。

汽车电脑检测仪不仅能读码，而且故障代码后还写出故障代码的含义，这样就省却了查故障码表这个过程，为检修电控发动机的控制系统节省了时间。现在的大众 VAG1552、金德 K6、K81、车博士 WU—2000、金奔腾等，这些的检测仪具备读汽车故障码、读动态数据流和执行器动作测试、控制电脑编码，有的还有示波器功能和 PDA 的功能。

好的检测仪主要要求数据流刷新更快和强大的波形显示功能。其他可与电脑连接，存储测车数据，建立修车档案；可选配传感器测试盒，模拟/测试汽车传感器；可选配 CAN 诊断接头，测试装配 CAN BUS 系统车系。

常见能诊断的车型有中国通用、北京现代、广州本田、华晨宝马、一汽大众、上海大众、郑州日产、天津丰田、天津一汽、奇瑞轿车、中华轿车、一汽马自达6、江淮瑞风、海南马自达、东南汽车、一汽吉轻、江铃陆风、南京菲亚特、沈阳金杯、东风雪铁龙、长城汽车、长安汽车、长安铃木、长丰猎豹、哈飞、柳州五菱、昌河汽车、昌河铃木、浙江豪情。

随着车型的不断更新，汽车的电脑及控制系统也在不断改进，因此专用或通用的汽车电脑检测仪在使用几年后，应向制造厂家更换新的软件卡，以提高该检测仪的检测能力，使它能检测各种最新车型的电脑控制系统。

二、大众检测仪

（一）大众检测仪三线和八线 OBD Ⅱ 母插头

大众车系通常位于驾驶室仪表板下方、表台烟灰盒下方或手制动手柄下方附近。通过一根 K 线，或二根线，即一根 K 线，另一根为 L 线，与汽车各部分的电脑（如发动机电脑、电控发动机电脑、制动防抱死装置电脑等）连接。只要把汽车制造厂提供的该车型的电脑检测仪与汽车上的电脑故障检测插座连接后，16 针电脑 OBD Ⅱ 故障检测插座中的常火线会给 VAG1552 检测仪供电，然后打开点火开关，点火开关给汽车上的各个电控系统供电。就可以很方便地对汽车的发动机、电控发动机及其他部分的电脑和控制系统进行检测。这种电脑检测仪只能用于指定的车型，对于其他厂家的车型不能使用。

（二）三线 OBD Ⅱ 母插头

1. 连接检测仪

检测仪从 OBD 插头 16 脚和 4 脚获得工作电源。图 10-4 所示为大众检测仪与电脑 K 线的连接。

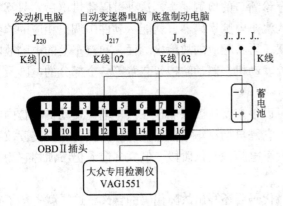

图 10-4　大众检测仪与电脑 K 线的连接

2. 第一层菜单

检测仪显示输入地址码（修理人员与哪个控制单元通信）。此时要输入控制单元的地址码，如发动机地址码为 01、变速器地址码为 02、底盘制动地址码为 03 等。例如，检测仪和电喷发动机控制单元通信，输入 01，确认后，诊断仪若不能与发动机控制单元通讯，但能与其他控制单元通讯。这说明发动机控制单元可能无电源、搭铁或控制单元损坏。若诊断仪显示屏不亮则需要检查 OBD 16 针的 16 脚和 4 脚之间是否有电压。

通过地址码进入相应电脑后，检测仪显示关于控制单元的信息，包括，电脑的零件号、程序版本号、单元编码等主要信息，修理人员要比对这些信息与本车的发动机配置是否一致，单元编码与其他总成配不配套。例如，配电控发动机的发动机和配手动变速器的发动机是同一发动机，发动机的线束、传感器并不一样。电脑收发的信号也不一样，比如同为水温传感器，手动变速器和电控发动机车的曲线是不相同的，所以要用单元编码启动相应的程序。

3. 第二层菜单

诊断仪询问要完成哪项功能。大众车共提供了以下 10 项主要功能：

（1）控制单元版本：进入输入功能代码 01；

（2）读取故障码：进入输入功能代码 02；

（3）执行元件诊断：进入输入功能代码 03；

（4）基本设定：进入输入功能代码 04；

（5）清除故障记忆：进入输入功能代码 05；

（6）结束返回上级菜单：进入输入功能代码 06；

（7）控制单元编码：进入输入功能代码 07；

（8）读取数据流：进入输入功能代码 08；

（9）读取单个数据流：进入输入功能代码 09；

（10）自适应：进入输入功能代码 10。

修理人员输入想要操作的代码（按照上述功能代码输入即可），检测仪会自动和电脑之间配合输出修理人员所要的数据，比使用手机简单多了。但反过来要透彻分析数据则比手机使用又难多了。所以大家应侧重动态数据分析与电控部分和机械部分的关系，解码仪使用都差不多，只要了解一款即可。

（三）八线 OBD Ⅱ 母插头

当车辆使用 CAN BUS 总线结构
后，VAS5051 等诊断仪器必须使用相
对应的新型诊断线（VAS5051/5A 或
VAS5051/6A），否则无法读出相应的
诊断信息。另外，车上的诊断接口也
做出了相应的改动。注意：VAS5051
仪器的版本号必须大于 3.0 以上才能
使用诊断 CAN BUS 总线。新型诊断线
能够适用于旧型诊断接口。图 10 - 5
所示为使用 CANBUS 后的 OBD Ⅱ
插头。

图 10 - 5　使用 CAN BUS 后的 OBD Ⅱ 插头

使用 CAN BUS 后的 OBD 插头的针脚与对应线束的关系为：1 号针脚点火开关 15 号线、4 号针脚接地、5 号针脚接地、6 号针脚 CANBUS（高）、7 号针脚 K 线、14 号针脚 CAN BUS（低）、15 号针脚 L 线、16 号针脚 30 号常火线。

第三节　电控发动机的诊断方法

一、常用的诊断步骤

我们对汽车进行故障诊断时，自诊断系统的故障码信息是人机对话的桥梁。它简化了诊断过程，使电控系统的故障诊断与维修变得快捷、方便。但并不是所有故障码都能真实反映故障所在，盲目运用将会使诊断误入歧途。

1. 诊断顺序和原则

在诊断电喷发动故障时一般遵循以下几项原则。

（1）判断故障原因是在电控部分还是在机械部分？采用的方法就是利用故障检测仪检查是否有故障记忆，如果有故障记忆，则可基本确定故障原因在电控部分；如没有，则可初步确定故障原因是在机械部分。

（2）根据故障记忆的内容及提示产生故障的相关原因去确定系统中的故障部位，这些故障部位大多发生在各类信号传感器及连接导线和接插件上。

（3）在没有故障记忆或排除了电控系统故障的基础上，按照通常的发动机故障排除规律，根据发动机的故障现象，并通过对发动机工作状况的检查，如电动燃油泵的供油能力、油路的压力状况、火花塞工作状况、点火线圈工作状况和汽缸压力等来确定可能引起故障的部件。

经过上述三步工作后应该说可以解决发动机所产生的故障了。但有时却是经过上述三步工作之后，故障依旧，这种情况有时让人无法理解，甚至遇到这种情况便束手无策了。系统的自诊断系统无故障代码显示，一般称电控系统存在软故障（也称无码故障）。

二、故障码的使用方法

故障码可分成两类：自生性故障码和它生性故障码。自生性故障码就是由故障码所指示的元器件或相关的电路故障导致的故障码。它生性故障码是非故障码所指示的元器件或相关电路包括非电控电路所导致的故障码。若自诊断系统储存的是自生性故障码，故障可通过换件或维修相关的电路修复。若是它生性故障码，更换故障码显示的元器件或维修相关电路不但不能消除故障，有时甚至导致维修工作误入歧途。

1. 它生性故障码的使用误区

误区一：有些维修人员不管自诊断系统存储的是它生性故障码还是自生性故障码都采用换件或维修相关电路的方法修复。此时，件换了，钱花了，时间也浪费了，故障却依旧。这就是由于忽略了它生性故障码的存在。

误区二：有些维修人员经检测发现自诊断系统存储的是它生性故障码后，就认为故障码的作用到此结束，按没出现故障码处理。其实它生性故障码对我们查找故障同样有价值。我们应对其深入分析，挖掘它的本质。

2. 它生性故障码实例及应用

例1：发动机抖动，高速时有回火现象，不平路面更易发生。调取故障码，显示故障码表示爆振传感器有故障；检测故障码指示的传感器及线路，一切正常。最后查出原因是传动轴支撑松旷振动。

例2：发动机工作不良，排气管冒黑烟。读取故障码，有氧传感器电压过高故障码。检测氧传感器及相关电路均正常。而真正故障原因是水温传感器信号失真。

以上两个例子中自诊断系统储存的都是它生性故障码。结合以上实例，谈谈本人应用它生性故障码时得出的一点体会。

例1中的爆振传感器故障码经检测知其为它生性故障码。当时如果忽视故障码，仅按发动机抖动等现象检测，很可能要走很多弯路。试想，既然显示了爆振传感器故障码，电脑很可能收到了爆振传感器异常信号。会不会是外界原因导致爆振传感器向电脑输送虚假信号呢？这里故障码为我们查明故障指明了一个大致方向。爆振传感器给电脑输送虚假信号的原因主要有两方面：一是发动机振动频率接近爆振频率，给电脑输送假爆振信号；二是由于传感器屏蔽线不良，引起的强电磁干扰，给电脑输送不正常信号。例1是由第一个原因引起的。由于传动轴松旷振动，导致发动机振动，特别是在高速或不平路面上时发动机振动频率更容易接近爆振频率，电脑误认为爆振，便推迟点火，多次推迟点火无效，误认为爆振传感器损坏。同时由于点火过迟而产生回火现象。

例2中的故障码显示氧传感器电压过高故障，经检测氧传感器及其电路均正常，也是它生性故障码。氧传感器的作用是检测排气中的氧浓度反馈给电脑，如氧传感检测到的氧浓度过高或过低并超过氧传感器的调节界限，电脑就指示氧传感器故障。因为氧传感器及其相关电路都是正常的，所以故障码显示的氧传感电压过高（或过低），说明混合气的确过浓（或过稀）。因此我们可以从混合气浓度方面着手，而不是马上怀疑电脑有问题。除氧传感器本身外，使混合气过浓的因素主要有油压、空气流量计、进气压力传感器、水温传感器、进气温度传感器、节气门位置传感器、喷油器、火花、点火正时、活性炭罐等。结合故障现象，检查发现发动机温度过高，电子风扇不工作。这是为什么呢？原来该车冷却风扇工作信号是由水温传感器提供给电脑的，风扇不转和混合气过浓，矛头都指向水温传感器。通过读取数据流发现水温传感器一直指示极低温。电脑一直按极低温度供油，因而混合气极浓，水温传感器给电脑输送低温信号因而风扇不转。

当传感器出现它生性故障码时我们还应考虑是否相关的机械原因引起的电脑判断失误，或两传感器信号出现逻辑混乱使电脑判断错误等。比如空气流量计故障码也常是它生性故障码，一些机械故障如进气系统漏气，进、排气系统堵塞，EGR 阀漏气，曲轴箱通风装置漏气等都会使进气流量信号与节气门开度信号不匹配，使电脑误认为空气流量计故障。有时氧传感器信号失真，电脑也会误认为空气流量计故障导致氧传感器不能调节。

在维修中遇到故障码时，不要盲目地更换相关元器件，应先进行信号判断、线路检测。若检查后相关元器件及线路均正常（即它生性故障码），不要马上怀疑电脑故障，也不要把故障码弃置不顾，应把故障码信息结合故障现象进行综合分析、判断，以正确寻找故障部位。

三、数值流的使用方法

电控单元在控制发动机工作的过程中，若是发动机工作正常，则传感器的信号是不会超出"标定范围"的，而电控系统的自诊断系统功能就是判断这些传感器的信号是否超出了这个范围，只有信号超出标定范围后，自诊断系统才能知道这种信号不能作为控制信号使用，这时自诊断系统才能确定系统中有故障，才能有故障记忆，才能给出故障代码。

如果信号没有超出给定范围，但却与实际情况有较大的偏差，这种不准确信号仍会使电控单元按照提供的不准确信号控制发动机工作，从而造成发动机产生故障现象，而自诊断系统不能给出故障代码，这些就是控制系统产生软故障的根本原因。

四、发动机电控系统的软故障诊断

发动机出现上述故障现象，而其电控系统的自诊断系统又无故障记忆时，必须进行电控系统的运行数据分析，来进一步找出产生故障的原因。方法是利用故障诊断仪的数据流阅读功能，调出电控系统的实际工作参数（在出现故障现象时），这些参数可分成三种类型：第一种是基础参数，如发动机转速；第二种是重要参数，如进气量（或进气歧管压力值）、点火提前角、喷油时间和节气门开度值等；第三种是修正参数，如冷却液温度和进气温度等。

当发动机在无故障代码的情况下出现故障现象时，应首先将实际显示的数据与标准值作比较，确定其值是否超出正常范围及偏差的程度。比如：当出现怠速不稳故障时，应首先检查控制形成怠速混合气的进气参数和喷油时间参数，同时要确定氧传感器信号是否正常？如果氧传感器信号不正常，则应先确定氧传感器自身是否损坏？氧传感器信号是电控单元判断混合气空燃比是否正确的依据，如果氧传感器自身损坏，会造成给电控单元提供错误信号，从而造成电控单元错误控制喷油量。例如，氧传感器错误地提供一个混合气偏浓的信号，则电控单元会依据这个控制信号减少喷油量，从而造成实际混合气浓度偏稀，这时发动机会出现怠速运转不稳现象；如果检查氧传感器正常，而进气量测量信号出现偏差，比如给电控单元提供一个较高的进气量信号，这时电控单元会控制喷油器喷出较多的燃油以匹配这个较高的进气量信号，从而造成混合气过浓引起怠速不稳现象，同时发动机运行油耗增大，这时检查喷油时间参数，会发现其值也会偏离正常值。

有时空气流量传感器自身有故障，在怠速时不反映出故障现象，只是在发动机加速时，出现发动机无法高速运转，严重时最高转速仅能达到3 000～4 000 r/min，造成这种现象的原因是进气量信号电压太低，电控单元接收到较低的进气量信号，从而控制发动机在低负荷、低转速条件下运转。

其他一些修正信号，如进气温度信号和冷却液温度信号，这两种温度信号如果出现偏差，也会造成发动机带故障运转，比如向电控单元提供较低温度信号，则电控单元会控制发动机按暖机工况运行，这时发动机的怠速会出现忽高忽低的现象。

如果检查电控系统中的信号参数都正常，而发动机仍然有故障表现时，这时应按发动机的基本检查程序进行检查，如检查点火系统工作情况（火花塞状况、分缸高压线的阻值等），供油压力是否正常，汽缸压力是否正常，等等。

第四节　数据流分析

电控单元在控制发动机工作的过程中，它所接收的各种传感器信号是人们给定的范围，而电控系统的自诊断系统功能就是判断这些传感器的信号是否超出了这个范围，只有信号超出规定范围后，自诊断系统才能知道这种信号不能作为控制信号使用，这时自诊断系统才能确定系统中有故障，才能有故障记忆，才能给出故障代码。而如果信号没有超出给定范围，但却与实际情况有较大的偏差，这种不准确信号仍会使电控单元按照提供的不准确信号控制发动机工作，从而造成发动机产生故障现象，而自诊断系统不能给出故障代码，这些就是控制系统产生软故障的根本原因。

维修人员可以通过对这些数据流中的各项参数进行分析，判断电控系统或元器件工作是否正常，从而为查找故障提供有效依据。

一、串行数据

串行数据这个名字来源于它传递的数据参数是连续的，是一个接一个的。当所有的数据被接收以后，在接收电脑上显示的上一次的每个数据将会被更新或刷新。因此数据的刷新速度取决于在数据流中有多少个字以及数据传递的快慢。

数据传递速度与波特率有关。波特率取决于每秒所能传递数据位的个数。例如：如果一个数据流有12个参数，并且每个参数都被转换为一个8位的数据字，那么这个数据传递的总尺寸为96位数据（12个字×8位/字）。如果这个数据每秒可以被传递一次，该波特率为96位/秒或96波特。在这种情况下，显示屏将每秒刷新一次数据值。

串行数据是由一个电脑发出并由其他电脑接收和显示的电子编码信息，使用模拟/数字电路传递来自传感器、执行机构的电脑的数字化数据和其他计算信息。就意味着每个传感器或执行机构的数值在传递给接收的电脑之前都将被转换为一个字节（8位）的二进制字。

为了便于在一些经常使用的常见设备中显示这些数据，接收的电脑将把它接收到的每个二进制字进行转换并且用模拟电压、温度、速度、时间或其他常用的测量单位显示出来。

对于丰田发动机控制系统来说，有三种不同类型的串行数据可以根据使用要求被诊断测试仪接收和显示。它们是OBD、OBD Ⅱ和V—BOB。在上面所有的三种情况中，数据将被电脑（ECM或V—BOB）数字化并且被显示在诊断测试仪上。这三种数据源之间的主要区别是数据流中的可用特殊参数和传递数据的速度及在诊断测试仪上显示的刷新速度。显示发动机数据。

可用的串行数据类型取决于所用的车辆。从 1989 年开始生产的带有 OBD 的丰田车，在 DLC_1（检测接头）的 VF_1 端口或 DLC_2（TDCL）的 ENG 端口有串行数据流。能够提供串行数据流的车辆可以通过 TE_2 电路来识别。根据车辆的不同，有约 20 种不同的传感器、执行器及诊断数据参数出现在 OBD 数据流中。

在 1994—1996 年的车型的 OBD II 系统中，在 DLC_3（O1962 接口）的 2 端口有高速数据流。有超过 50 个的数据参数出现在 OBD II 发动机数据流中。

从这些车辆上读取串行数据的最简单方法是使用诊断测试仪。

对于 1989 年及更早的不能提供串行数据流的车型，车辆转接盒（V‑BOB）可以为你提供诊断测试。通过将 V‑BOB 与 ECM 串接，每条线上的信息都可以被串行化并被诊断测试仪显示。虽然安装 V‑BOB 需要占用一定的时间，但这样做可以无限制地获得大量的高速数据，这是非常值得的。如图 10‑6 所示的是典型的串行数据参数。

OBD数据

INJECTOR	5.8ms
IGNITION	22°CA
IAC STEP#	53
ENGINE SPD	1825rpm
VAF	1.28V
ECT	194°F
THROTTLE	7°
VEHICLE SPD	45MPH
TARGET A/F L	1.25V
TARGET A/F R	1.25V
A/F FB LEFT	ON
KNOCK RETARD	ON
A/F FB RIGHT	ON
STA SIGNAL	OFF
CTP SIGNAL	OFF
A/C SIGNAL	OFF

OBD‑II数据

FUEL SYS #1	OPEN
FUEL SYS #2	OPEN
CALC LOAD	0.0%
COOLANT TEMP	82°F
SHORT FT #1	0.0%
LONG FT #1	1.5%
SHORT FT #2	0.0%
LONG FT #2	−0.8%
ENGINE SPD	76r/min
VEHICLE SPD	0MPH
IGN ADVANCE	0.0°
INTAKE AIR	79°F
MAF	0.71b/min
THROTTLE POS	9.4%
02S B1,S1	0.000volt
02FT B1,S1	0.0%

图 10‑6　典型的串行数据参数

OBD 诊断电路单向的数据流一般由 14～20 个数据字构成，这些数据字来自主要传感器的输入和三个输出喷油脉宽、点火提前角和怠速控制指令。数据以 100 波特的速率被传递，约每 1.25 s 更新一次诊断测试仪的显示。根据不同的应用，数据将从 DLC_1 或 DLC_2 被读取。数据通过对 TE_2 电路接地来进行触发并且读取 VF_1 电路。

诊断故障代码可以使用诊断测试仪进行显示或者通过对 TE_1 电路接地并通过故障指示灯（MIL）的闪烁进行显示。检测工具可以通过对诊断连接接口（DLC）的 W 端口上的低电压脉冲的计算来读代码。代码检索是一个相对较慢的过程，特别是当有很多故障码被存储时。OBD II 诊断电路 OBD II 数据线是一条双向通信连接线，可以传递和接收数据。这种特性不仅允许诊断测试仪显示系统数据，还允许诊断测试仪对系统的执行器进行操作，并且对 ECM 发送指令。

高速的 OBD II 数据流一般由 50～75 个数据字构成，这些数据字来自所有的传感器输入、执行器的输出、一些计算参数、一些与燃油反馈相关的参数和各缸失火数据。这些数据以 10.4 千波特的速率被传递，约每 200 ms 更新一次诊断测试仪的显示。数据从 DLC_3 的 2

端口被读取。当任意的 OBD Ⅱ 功能被选定后，由诊断测试仪发出一个通信信号触发数据的读取。在具有 OBD Ⅱ 的车辆上，诊断工具直接从串行数据流读 DTC，因此代码可以立即被显示。代码仅能使用诊断测试仪或扫描工具的设备进行取回或显示。

第五节　串行数据扫描工具

一、用于诊断的串行数据扫描工具的用途和局限性

当对发动机控制系统的问题进行诊断时，扫描工具是一种非常有用的工具。它可以从已有的诊断接口很方便地获得大量的信息。

扫描工具可以对传感器、执行器和 ECM 计算数据进行"快速检查"。例如，当检查那些可能偏移出正常工作范围的传感器信号时，扫描数据允许你快速地将所选的数据与修理手册规范或已知的正常车辆数据进行比较。

在检查间歇性故障时，当线路或部件被操作、加热和冷却时它可以提供一种简单的方法去监控其输入信号。

二、串行数据诊断的局限性

图 10 - 7 所示为串行数据诊断的局限性。

INJECTOR 2.1ms	FUEL SYS #1 ...... CLOSED
IGNITION ...... 42°CA	FUEL SYS #2 ...... CLOSED
ISC STEP# 68	CALC LOAD 37.2%
ENGINE SPD 2000rpm	COOLANT TEMP ...... 185°F
AIRFLOW 2.18V	SHORT FT #1 ...... -3.1%
COOLANT ...... 176°F	LONG FT #1 ...... -2.4%
THROTTLE ...... 0°	SHORT FT #2 ...... 0.7%
VEHICLE SPD 57MPH	LONG FT #2 ...... 2.2%
TARGET A/F L 1.25V	ENGINE SPD 1648r/min
TARGET A/F R 0.00V	VEHICLE SPD 31MPH
A/F FB LEFT ...... OFF	IGN ADVANCE ...... 31.5°
KNOCK RETARD ...... OFF	INTAKE AIR ...... 75°F

图 10 - 7　串行数据诊断的局限性

当使用串行数据去试图诊断某些类型的问题时，也必须考虑一些重要的局限性。

串行数据是经过处理的信息而不是实际数据。它描述 ECM 的"思考"数据而不是在 ECM 端口测量到的实际信号。串行数据能反映 ECM 已经默认的信号值，而不是实际信号。

例如，有 OBD 系统的车辆，当在开路时发动机冷却液温度传感器的数据将显示 80 ℃的错误保护值。如果在 ECM 的 THW 端口测量实际电压值，它将是 5 V，相当于 -40 ℃。

在输出命令时，串行数据仅反映计算的输出值，没有必要反映电路上的驱动器是否工作。例如，当发动机在燃油切断状态时，计算的喷油脉宽将被显示在串行数据中，而喷油器并没有工作。串行数据的传输速度使串行数据在用于诊断间歇性故障时具有局限性。当数据的刷新率较慢时，它的数据流的波特率也很慢，这将很容易在显示更新期间失去已经变化更

新的信号。所以，在一个慢的数据流中，间歇性的信号问题经常不能被检测到。

例如，每当车辆受到一个颠簸时，节气门位置传感器信号线就会开路。如果开路情况时间短于1.25 s，扫描工具将可能检测不到信号值的改变。

当在没有高速串行数据（例如 OBD Ⅱ）的车辆上检查间歇性问题时，使用由 V - BOB 发出的串行数据比使用 OBD 串行数据要好。虽然将 V - BOB 与 ECM 连接需要较长时间，但如果一个间歇性的故障发生，由 V - BOB 发出的高速串行数据将可以捕获这个故障。

有了这些信息，当解释串行数据和使用它确定诊断结果时就必须谨慎小心。一旦了解了上述的那些错误，发生诊断错误的危险就将大大降低。

三、数据流分析

一般地，电控系统中的软故障反映在发动机上主要有以下几种表现：怠速不稳，有时冒黑烟；发动机油耗偏高；发动机在空负荷状态转速最高只能达到 2 500 ~ 3 000 r/min；发动机冷车易启动，热车不易启动。

电控系统的元件性能发生变化或不稳定是产生软故障的主要原因。电控发动机的工作主要是依靠电控单元（ECU）来控制发动机在各种工况条件下的供油量，而电控单元控制的供油量多少必须与发动机的工况相匹配，这种匹配关系必须是电控系统状况与发动机实际状况相吻合。比如驾驶员控制发动机节气门使发动机在经济车速运转时，这时反映的是发动机部分负荷工况，那么电控系统中各种传感器所提供给电控单元的反映发动机部分负荷状态的参数也应是符合发动机在部分负荷状态下的数据：转速为 2 600 r/min，节气门开度为 35%，进气质量流量为 6.0 g/s，喷油脉宽为 4.5 ms（校正）。这些标志发动机负荷状态的参数必须是与要求发动机达到的工况状态相吻合，如果有一项参数不能达到实际要求数值，例如节气门实际开度已达 35%，但节气门位置传感器提供给电控单元的节气门开度数据却是 15%，这时相对应的发动机转速也就不能提升到 2 600 r/min，这种匹配关系是发动机电控系统能否满足驾驶员实际要求的一种基础关系，也是发动机电控系统能否按照人的意愿工作的基本保证。

1. 数据流的读取

我们可以利用汽车电脑解码器通过汽车上的诊断座与汽车电脑建立通信，从汽车电脑中调取数据，用来分析汽车故障。

在进行数据分析时可以读取到静态数据（KOEO）和动态数据（KOER）。静态数据中只有个别数据是实时显示的，其余大部分数据只有在系统运行过程中才有分析价值动态数据因工作状态的变化而在不断变化。部分车型的数据达 200 多条，而有些车型却只有不到 1 0 条数据。因此数据的多少取决于该电控系统的设计，同时也受其他因素的影响。如汽车电脑解码器，厂家在软件开发中去掉了一些数据的命令，读取出来的数据数量也会相应减少。

2. 数据的分类

数据流中的参数有两种形式，即数值参数和状态参数。

数值参数是有一定单位和一定变化范围的参数，它通常反映出电控系统工作中各部件的工作电压、压力、温度、时间、速度、频率等物理量。

状态参数是那些只有两种工作状态的参数，如开或关、闭合或断开、高或低、是或否、0 或 1 等，它通常表示电控系统中的开关、电磁阀、继电器等元件的工作状态。

在进行数值分析时，首先应分清读出的各个参数是电控系统中的传感器输送给电脑的输入信号，还是电脑输出给电控系统执行元件的输出指令。输入信号参数可以是状态参数，也可以是数值参数。输出指令参数大部分是状态参数，也有少部分是数值参数。

3. 数据的含义

由于不同车型的电脑决定了自己的数据参数的多少及内容，同时，相同名称的数据之间也存在着一定的差异，所以在进行数据分析时，一定要理解数据的含义，否则无法进行数据分析。

四、常见的特别有用的数据分析

图10-8所示为发动机数据流。

```
发动机转速............0780 RPM   [        750,850       ]
冷却液温度............          [        85,105        ]
节气门开度............007°〈    [        002,004       ]
车速 ................000 KM/B   [        0,0           ]
喷油脉宽............3.5 ms      [        1.8,2.5       ]
氧传感器............            [        100,900       ]
电瓶电压............13.5 V      [        12.0,14.5     ]
点火提前角............0.10°     [        006,015       ]
怠速马达............45 STEP     [        35,55         ]
```

图10-8 发动机数据流

1. 发动机转速

读取发动机系统数据流时，在解码器上所显示出来的发动机转速是由电控汽油喷射系统（ECU）或汽车动力系统（PCM）根据发动机点火信号或曲轴位置传感器的脉冲信号计算而得的，它反映了发动机的实际转速。发动机转速的单位一般采用 r/min，其变化范围为0至发动机最高转速。该参数本身并无分析的价值，一般用于对其他参数进行分析时作为参考基准。

2. 氧传感器数据

该参数表示由发动机排气管上的氧传感器所测得的排气的浓稀状况。有些双排气管的汽车将这一参数显示为左氧传感器工作状态和右氧传感器工作状态两种参数。排气中的氧气含量取决于进气中混合气的空燃比。氧传感器是测量发动机混合气浓稀状态的主要传感器。氧传感器必须被加热至300 ℃以上才能向微机提供正确的信号。而发动机微机必须处于闭环控制状态才能对氧传感器的信号作出反应。氧传感器工作状态参数的类型依车型而不同，有些车型是以状态参数的形式显示出来，其显示为浓或稀；有些车型则是将它以数值参数的形式显示出来，其数字单位为 mV。浓或稀表示排气的总体状态，mV 表示氧传感器的输出电压。该参数在发动机热车后中速（1 500~2 000 r/min）运转时呈现出浓稀交替变化或输出电压在100~900 mV 之间来回波动，每10 s 内的变化次数应大于8次（频率为0.8 Hz）。若该参数变化缓慢或不变化或数值异常，则说明氧传感器或微机内的反馈控制系统有故障。

3. 短期燃油调节

解码器显示 -10%~10%，短期燃油调节表示通过动力系统控制模块响应燃油控制氧气传感器在450 mV 极限上下所消耗的时间量，以便对燃油传输进行短期校正。如果氧气传感器电压保持低于450 mV，则表示空气燃油混合气较稀，短期燃油将增加到大于0的正数范围，动力系统控制模块将添加燃油。如果氧气传感器电压主要保持在极限之上，短期燃油调节将减小到低于 0 的负数范围，而动力系统控制模块将降低燃油传输以补偿显示的浓度条件。在诸如过长的怠速时间和过高的环境温度条件下，炭罐清洗可能会引起正常操作时短期燃油调节出现负读数。动力系统控制模块最大控制长期燃油调节认可范围在 −10% ~ 10% 之间或处于接近，最大认可值的燃油调节值表示过浓或过稀的系统。

4. 长期燃油调节

解码器显示 −10% ~ 10%，长期 LT 燃油调节由短期 ST 燃油调节值得到并表示燃油传输的长期校正。0% 的值表示燃油传输不需要补偿以保持动力—系统控制模块指令的空燃比为远低于 0 的负值，表示燃油系统过浓以及燃油传输减小、喷油器脉冲宽度减小。远高于 0 的正值表示燃油系统过稀以及动力系统控制模块通过添加燃油进行补偿，喷油器脉冲宽度增加。因为长期燃油调节趋于遵循短期燃油调节，由怠速时炭罐清洗而引起的负数范围内的值应认为是不正常的。动力系统控制模块最大控制长期燃油调节认可范围在 −10% ~ 10% 之间或与之接近，最大认可值的燃油调节值表示过浓或过稀的系统。

诊断发动机电控系统的软故障时，不仅需要理解电控系统电路的工作原理，利用其工作原理去分析电路中的故障，同时还要结合汽油发动机的工作原理去分析除电控系统电路以外可能产生故障的原因，这些原因不仅包含一部分发动机的电路，还包含发动机油路和进气通道，另外也包括保证发动机能正常工作的机械部分，只有综合分析才能较快地解决电控系统存在的软故障。

在汽车电控系统越来越复杂的同时，数据也越来越多，为汽车维修带来了便利。通过数据分析可以快速、有效地判断电控系统故障所在。但从目前整个维修行业的情况来看，解码器数据分析在维修中利用率并不高，其主要原因在于维修人员看不懂数据，没有掌握数据分析的方法（图 2 为发动机数据流）。广大汽车维修人员在进行数据分析时往往是"知其然而不知其所以然"。由于不知道各项数据的含义，导致看到了变化的数据但不知其是否在规定范围内，也就无法判断故障所在了。数据分析的前提是要了解数据的来源和含义。

五、控制单元编码

一个控制单元有时能够适合多种车型，这由控制单元内部所调用的不同程序来决定，控制单元的一个编码代表了其中的一个完整的对应某配置车型的程序。不同车型的电脑外围传感器和执行器并不完全相同，元件参数也不相同，电脑引脚数目使用上也不相同。若更换电脑后不启动对应的程序会导致电脑对信号接收处理的算法不同，控制输出也不同。每个控制单元都有一个相应的编码，同种车型的配置不同，编码也不同。

例如，发动机电脑板上有 80 个公插针，配置手动挡变速器的发动机电脑板上只有 36 个母插孔，44 个空母插孔；由于配自动挡变速器则母插头数目要多于 36 个，使用同样的发动机程序显然不行。所以，在更换控制单元时，一般要先查看一下原车所用的控制单元编码，给换上的控制单元编上与旧控制单元同样的编码，启动相对应的程序。错误的编码轻则导致车辆的性能不良，重则会给车辆带来严重的故障。

再如只安装两个气囊和安装四个气囊的编码是不同的，如果将安装了两个气囊的编码编到四个气囊的控制单元上，那么有可能有两个气囊不会触发。

控制单元安装以后，有可能在电脑信息中就已有"控制单元编码"了，但是不管有没有，这个时候都需要重新对其进行编码操作。因为不进行编码操作，有可能会出现汽车运行不良的情况，如加速不良，挂挡不顺，发动机发抖的现象。

这些现象出现以后，一般的汽车维修师傅发现仪表板的故障灯不会亮，通过电眼睛也无法查出故障码，这个时候，就要查一下是否是控制单元的编码是否是错误的。一般控制单元编码不会全部是"0"。如果出现"00000"，此时就要判断编码错误。但有一种车型是例外，国内的红旗488发动机，它的编码是00000～00007，否则有可能出现怠速忽高忽低的现象。编码错误导致的现象：排放值升高；换挡冲击，从而增大自动变速器负荷；故障存储器内存储根本不存在的故障。

控制单元编码操作方法

（1）选择系统，如ABS、AT、SRS等；

（2）进入"控制单元编码"；

（3）输入编码，一般为五位数；

（4）按"确认"键，提示"编码成功"；

（5）关闭钥匙，保存记忆值即可。

控制单元编码注意事项

（1）在更换汽车电脑前，首先将要整修的故障电脑与检测仪连接，进入读ECU信息功能，记下或打印出该ECU编码（如04502）和该ECU零件号（如06A906033），当从主要经销商处订购新ECU时，你最好提供该车详细信息，有时只按零件号订购，则可能提供错误的模块，你将不能对此进行编码。确保新的模块的零件号和原来的相同，并且检查新模块的编码应该是00000，则可对其进行编码；

（2）提示编码成功，但不一定编码就完成了。操作时一般在提示"编码成功"之后，关闭钥匙，让电脑存储数据；

（3）如果编码不成功，要考虑系统是否有故障，若有，应先排除；也要检查是否是编码错误，零配件是否和原厂配件一样等；

（4）编码一般为五位数，也有七位数的编码。以下是大众车系常见控制单元编码号车型，系统，控制单元编码号。

时代超人（普桑）系统编码值：

01 发动机系统 08001（老款）、04001（新款）；

03 刹车系统 04505、00000、03604、01091、02802；

15 安全气囊 12878。

AUDI系统编码值：

01 发动机系统 04002、04502、06252、04552；

02 自动变速箱系统 00004、00013；

03 刹车系统 00022、00021、06169、00031；

17 仪表板系统 00144、07262、00162、00062；

08 空调/加热系统 00160、00140、00060、00061（美规）；

15 安全气囊 00004、00204、00106；

35 中央门锁系统 06731、04683、00001；

66 座椅/车镜调节 01106、00106。

PASSAT B5系统编码值：

01 发送机系统 04502、04097；

15 安全气囊 22599、12364（国产）、00065、00066、00067（美规）；

03 刹车系统 03604。

JETTA 系统编码值：

01 发动机系统 00001（两阀）、04000（五阀）；

03 刹车系统 01901（两阀）、03604（五阀）；

15 安全气囊 02610（双气囊）、02611（单气囊）、65535（通用码）、00065。

POLO 系统编码值：

01 发动机系统 00017、12878；

03 刹车系统 0001097；

09 电子控制单元 25612；

15 安全气囊 12343；

17 仪表板系统 00141；

19 网关数据总线 00014；

44 转向助力系统 10140；

46 中心模块 00064；

56 收音机系统 00001。

BORA 系统编码值：

01 发动机系统 26500、26530；

03 刹车系统 0001025、0021505；

15 安全气囊 12875；

17 仪表板系统 01102、05122；

19 网关数据总线 00006；

46 中心模块 00259。

GOLF 系统编码值：

01 发动机系统 00033；

02 自动变速箱系统 00000；

03 刹车系统 01025；

15 安全气囊 12855；

17 仪表板系统 00259；

六、自适应

自适应控制可以看作是一个能根据环境变化智能调节自身特性的反馈控制系统，以使系统能按照一些设定的标准工作在最优状态。

1. 发动机电脑、防盗器、启动钥匙三者之间的自适应

自适应值是发动机防盗电脑和钥匙及发动机电脑之间的自动适应的默认值（变码），当三者之间的变码新值不相同时，防盗器控制发动机停止运行。经过匹配后三者才拥有相同的自适应值，发动机才能正常运行。如果要更换三者之一者，则必须让三者之间重新识别。为保证车是合法的、不是盗来的。此项修理必须在服务站进行，因为盗贼不可能手续齐全和又

有合法的钥匙。服务站通过车主提供证件证明此车合法，同时检查发动机、变速器、车身是否换过。车主提供备用钥匙条形码，由服务站向生产厂家索取 PIN 码。点火钥匙更换时钥匙作为配件供应，点火锁和门锁等都要更换。

防盗系统的"匹配"功能和某些系统的"控制单元编码"功能，若没有进行服务站代码设定，这些功能则无法完成。

2. 配制启动钥匙

电子防盗控制单元是用来打开/锁止发动机控制单元的；脉冲转发器编码由固定码和可变码两部分构成的。其中可变码在每次启动时都变化，这样可以防止他人复制脉冲转发器，每个防盗系统还另有一套可变码的计算规则，在正常使用条件下，该规则在使用寿命内保持不变，在配制车钥匙时，防盗器将规则写入钥匙的转发器内。固定码的作用是识别各个不同的钥匙，因此丢失的钥匙可被锁止，每次启动点火开关时，防盗器读出线圈将读取脉冲转发器内的固定代码，接着又读取可变代码，并检查这把钥匙是否有资格来启动。

当使用合法钥匙启动时，警报灯闪亮（3 s 左右）然后熄灭，发动机运行正常。若使用非法钥匙启动或防盗系统有故障时，警报灯将一直闪亮，发动机运行几秒后自动熄火。这也是区分启动后熄火是防盗导致还是其他故障导致熄火的标志。

七、大众第二代和第三代防盗系统的匹配

第二代防盗系统的匹配方法：更换发动机控制单元的匹配程序，更换发动机控制单元，或因防盗系统起作用而发动机不能启动（发动机运转 3 s 后熄火），防盗系统没有任何电路故障，必须使用解码器重新与防盗控制单元进行匹配后，才能启动发动机。

1. 基本的操作步骤

基本的操作步骤如下：

（1）必须使用一把合法钥匙；

（2）连接解码器，进入"防盗控制系统"；

（3）选择"匹配"功能；

（4）输入通道号"00"；

（5）仪器显示"是否清除已知数值"，按确认键；

（6）仪器显示"已知数值已被清除"表示完成匹配程序，此时点火开关是要开的，发动机控制单元的随机代码就被防盗器控制单元读入并存储起来。

2. 更换防盗控制单元的匹配程序

（1）更换新的防盗控制单元。

① 发动机控制单元的随机代码自动被防盗控制单元读入并存储起来；

② 重新做一次所有钥匙匹配程序。

（2）更换从其他车上拆下来的防盗控制单元。

① 重新做一次发动机控制单元匹配程序；

② 重新做一次所有钥匙匹配程序。

3. 匹配汽车钥匙

（1）说明：

① 此功能将清除以前的所有合法钥匙的代码；

② 必须将所有的汽车钥匙，包括新配的钥匙与防盗控制单元匹配，同时完成匹配程序；

③ 如果用户遗失一把合法的钥匙，为了安全起见，必须将其他所有合法钥匙完成一配钥匙的程序，这样才能将丢失的钥匙变为非法，不能启动发动机；

④ 配钥匙程序必须先输入密码，从用户保存的一块涂黑的密码牌上刮去涂黑层可见的四位数密码；或更换防盗控制单元后，在控制单元外壳处获取四位数密码。

（2）基本操作：

① 必须使用汽车所有的钥匙；

② 获取密码，并连接金奔腾中文 1552 解码器；

③ 打开点火开关，选择并进入"防盗控制系统"；

④ 选择"登录"测试功能；

⑤ 输入密码号，在四位数密码前加一个"0"，例如：02345，如果连续两次输入错误，在第三次输入密码前，必须退出防盗器自诊断程序，打开点火开关等 30 min 以后再进行；

⑥ 若密码输入成功，然后选择"通道匹配"测试功能；

⑦ 输入匹配通道号，如桑塔纳 2000、帕萨特输入通道号"21"，捷达、奥迪 A4、A6、V6、V8 输入通道号"01"；

⑧ 输入匹配钥匙数（0~8 把，0 表示全部钥匙都变为非法，不能启动发动机）；

⑨ 再一次确认输入匹配钥匙的数目；

⑩ 存储输入的钥匙数，关闭点火开关，拔下钥匙，然后插入下一把钥匙，打开点火开关至少 1 s 重复上述操作。直到把所有的钥匙都匹配成功。

注意：

① 匹配全部钥匙操作不能超过 30 s，如果只是插入钥匙，而没有打开点火开关，那么这把钥匙匹配无效；

② 如果系统在读识钥匙的过程中发现错误，如将已匹配的钥匙再进行匹配等，则警告灯以每秒两次的频率闪亮，读钥匙过程自动中断；

③ 每次匹配的过程顺利完成后，警告灯以每秒两次的频率闪亮，然后熄灭半秒钟，再点亮半秒钟，最后熄灭。

第三代防盗系统的操作。帕萨特 B5 1.8T、2.8、新款宝来、波罗以及一汽从 2000 年第 23 周开始生产的 Audi A6，配备了第三代防盗系统。在第三代防盗系统中，防盗系统控制单元与组合仪表是集成在一起的。

4. 更换发动机控制单元的匹配

发动机控制单元与防盗系统的匹配步骤：发动机系统→自适应匹配→输入通道号 50→防盗密码→确认。

具体匹配步骤如下：

① 在静态下选择进入"发动机系统"。

4B0920930... C5 – KOMBIINSTR VDOD

Coding 01083　　　　WSC 12345

② 选择自适应匹配功能输入 50，按确定。

输入通道号

　　× ×

③ 输入匹配值（原车防盗），按确定。

输入自适应值

×××××

④ 在输入正确的密码 4 s 后，底盘号码出现在显示屏上。

通道 50 自适应

WAUZZZ4BZYN004321

⑤ 按确认键，显示屏显示。

通道 50 自适应

是否储存新值？

按确认键，显示屏显示：

通道 50 自适应

新值已被存储

⑥ 匹配完成，可以启动发动机

5. 更换旧发动机控制单元的匹配

（1）发动机系统与防盗系统的匹配。

步骤：发动机系统→登录→前车密码→确认→自适应匹配→输入通道号 50→现车密码→确认。

① 在静态下选择进入"发动机系统"：

4B0920930　C5 – KOMBIINSTR VDOD

Coding 01083　　　WSC 12345

② 选择登录功能，输入密码（前车密码）；

输入密码

×××××

③ 登录成功后，选择"自适应"匹配 50；

输入通道号

××

④ 输入匹配值（现车密码）按确定：

输入自适应值

×××××

⑤ 在输入正确的密码 4 s 后，底盘号码出现在显示屏上；

通道 50 自适应

WAUZZZ4BZYN004321

⑥ 按确认键，显示屏显示：

通道 50 自适应

是否储存新值？

⑦ 按确认键，显示屏显示：

通道 50 自适应

新值已被存储

⑧ 匹配完成，可以启动发动机。

6. 更换组合仪表控制单元的匹配

（1）防盗系统与发动机系统的匹配。

步骤：仪表板系统→登录→新密码→自适应匹配→50→原车密码→确定。

具体匹配步骤如下：

① 选择组合仪表系统：

4B0920930.. C5 – KOMBIINSTR VDO D..

Coding 01083　　　　WSC 12345

② 选择登录功能，输入密码（新密码）：

输入密码

××××

③ 登录成功后，选择"自适应"匹配50：

输入通道号

××

④ 输入匹配值（原车密码）按确定：

输入自适应值

××××

⑤ 在输入正确的密码4 s后，底盘号码出现在显示屏上：

通道50 自适应

WAUZZZ4BZYN004321

⑥ 按确认键，显示屏显示：

通道50 自适应

是否储存新值？

⑦ 按确认键，显示屏显示：

通道50 自适应

新值已被存储

（2）重新进行钥匙匹配。

步骤：仪表板系统→登录→密码→自适应匹配→21→输入钥匙数量→确定。

对汽车钥匙的自适应的步骤如下：

① 择组合仪表系统：

4B0920930C5 – KOMBIINSTR VDO D..

Coding 01083　　　　WSC 12345

② 选择登录功能，输入密码（新密码）：

输入密码

××××

③ 在登录完成后，选择自适应功能，显示屏显示：

输入通道号

××

④ 输入21，按确认键，显示屏显示：

显示屏的左上角表示3把钥匙已与系统匹配。

⑤ 按"→"键，显示屏显示：

输入自适应值

×××××

输入将要匹配的钥匙数，包括插在点火锁上的钥匙，最多8把。在匹配的过程中，所有钥匙的匹配时间加起来不可超过30 s（从登陆起开始算时间到配完钥匙止，不计钥匙拔出到插入的间隔时间），否则故障警报灯以2 Hz的频率闪亮，必须重新彻底进行匹配（包括登录与匹配）。

⑥ 按确认键，显示屏显示：

是否储存新值？

⑦ 按确认键，显示屏显示：

新值已被储存

仪表盘上的警报灯熄灭，点火锁内的钥匙匹配完毕。

7. 同时更换发动机控制单元和仪表板控制单元的匹配

输入车身底盘号步骤：仪表板系统→传输车身底盘号→输入车身底盘号→确定→自适应匹配→50→密码→确认。

① 连接金奔腾中文1552，选择仪表板系统；

② 选择传输底盘号功能，屏幕显示：

输入底盘号码

WAUZZZ4BZYN004321

按确认键，将底盘号登记到组合仪表内。

③ 选择自适应功能，按确认键，显示屏显示：

输入通道号

××

④ 输入50并确认，显示屏显示：

通道50自适应

输入自适应值×××××

⑤ 输入密码（新仪表的密码），按确认键。在输入正确的密码4 s后，底盘号码出现在显示屏上。

通道50自适应

WAUZZZ4BZYN004321

⑥ 按确认键，显示屏显示

通道50自适应

是否储存新值？

⑦ 按确认键，显示屏显示：

通道50自适应

新值已被存储

完成自适应后，组合仪表上的警报灯熄灭，出现短暂的确认信号（灯灭0.5 s，灯亮0.5 s，灯灭）。

七、大众车系节气门控制单元基本设定

大众车系节气门控制单元在断电或更换新配件时必须进行基本设定。在基本设定时，节气门调节器进入应急运行最大位置和最小位置，控制单元将各自的节气门角度存储在控制单元存储器中，该过程最多持续 10 s，紧接着节气门短时间内处于启动位置，然后关闭，系统完成基本设定。进行基本设定必须在一定的条件下才能完成。下面我们以宝来 1.8T 发动机节气门控制单元的基本设定为例来说明具体的设定方法。

（一）节气门控制单元设定基本条件

（1）故障存储器中无故障存储（如需要应先查询故障码，消除故障，清除故障存储）；

（2）关掉用音响等用电器；

（3）关掉空调；

（4）冷却液温度高于 80 ℃；

（5）变速箱处于 N 挡或 P 挡；

（6）蓄电池电压高于 11 V；

（7）油门拉线调整正常；

（8）基本设定过程中不能踩油门踏板。

（二）节气门基本设定的步骤

（1）打开点火开关，不启动发动机；

（2）选择发动机系统；

（3）选择基本设定功能；

（4）输入基本设定通道号，见表 10 - 1。

表 10 - 1　大众常见车型发动机节气门基本设定的通道号

车型	类别	通道号	车型	类别	通道号
宝来		098	帕萨特	2000	098
波罗		098	桑塔纳		098
奥迪	C5A6	060	捷达	两阀	060
小红旗	CA7220E	001		五阀	098

（5）观察数据流第 4 区，当显示"adp. ok"时，节气门基本设定便完成了。

如果基本设定过程中控制单元中断，节气门体存在故障，可能原因如下：

（1）节气门由于脏污，如积碳或油门拉线调整错误等原因，不能达到怠速机械止点位置；

（2）蓄电池电压过低；

（3）节气门控制单元或其线路不良。

1. 基本设置的原因

仔细阅读数据流会发现，当节气门变脏后，发动机在怠速时，节气门开度会增大。这是因为节流阀体变脏后，在相同的开度下，进气量会减少，将不足以维持发动机的额定转数，

节气门会增大；清洗节气门后，怠速时节气门的开度会减少。这说明电控单元具有学习功能。不但能够检查到元件参数的变化，还能够适应这种变化。但是，电控单元是如何知道该元件的初始参数？

这就需要基本设置，在未做基本设置之前，假如电控单元收到一个节气门怠速位置的电压信号，但并不知道其开启角度，这是因为电控单元还不知道节气门最小怠速位置，最大怠速位置的电压值等基本参数。如果电控单元知道了节气门最小怠速位置，最大怠速位置，就知道了怠速节气门电位计的电压范围，电控单元知道了怠速节气门电位计的几个中间位置的电压值就知道了怠速节气门电位计的特性。这样，当电控单元收到任一位置的信号电压时，就能判断出节气门的开度。基本设置就是让电控单元了解节流阀体基本特性的基本参数，这样，才会在以后的运行过程中自动地调整它与节气门的动作。

2. 基本设置的通道

基本设置是指人为地创造一个特定的初始状态，即用故障诊断仪命令电控单元做一次基本设置的过程，它由电控单元控制进行，不能人工干扰。利用相同的仪器进行基本设置时，为什么不同车型基本设置的通道不一样？

原来基本设置这一功能取决于仪器，但是基本设置的通道取决于电控系统所采用的软件、车型、电控系统通道。

3. 基本设置时元件的动作

细心的修理工可能已经听到过进行基本设置时，节流阀体发出"嗒嗒"的声音，可以看到节气门在抖动。这是节气门在节流阀体内怠速电机的驱动下：从初始位置关闭到最小位置，然后再从最小位置开启到最大位置，最后重新回到初始位置。此时，电控单元会把最大，最小既最大与最小之间的三等分位置记录下来。这样电控单元就识别了节流阀体的特性。

4. 基本设置的情况

由以上原理分析，在影响到电控单元与节流阀体协调工作的因素时，需进行基本设置。

（1）在更换电控单元后，电控单元内还没有存储节流阀体的特性，需进行基本设置。

（2）在电控单元断电后，电控单元存储器的记忆丢失，需进行基本设置。

（3）更换节流阀体后，需进行基本设置。

（4）更换或拆装进气道后，影响到电控单元与节流阀体协调工作即对怠速的控制，需进行基本设置。

（5）在清洗节流阀体后，怠速节气门电位计的特性虽然没有变化，但在相同的节气门开度下，进气量已发生了变化怠速控制特性已发生变化，需进行基本设置。

对上述部件进行维修或更换后，如果不进行基本设置，电控单元与怠速控制元件的工作会出现不协调，表现就是怠速控制不精确，不稳定，如怠速忽高忽低，怠速不稳。但这种不良表现是暂时的，这是因为电控单元具有学习并自动适应的功能。只是这个学习与适应过程不如基本设置快速，准确。

有的车型对以上部件进行维修或更换后，不但要进行基本设置，还要清除原学习值。这与车型的软件有关。比如捷达前卫轿车在清洗节气门后，如果只进行基本设置，发动机怠速转速会偏高，这是因为电控单元还记忆着怠速时原节气门的开度值。使用VAG1551的功能10，性质通道00，执行清除学习值功能后，发动机怠速恢复正常。

八、控制单元重新编程

电脑内烧写的程序不对或程序要查询的烧写数据超限，这种故障往往发生在新车刚下线时。

例如曾经的梅赛德斯奔驰它生产的 E 级（W211）和 SL 级（R230）车辆的电子感应制动系统（Sensortronic Brake Control）出现 SBC 液压单元的压力感应器识别到高压管路压力不足的电信号时，SBC 系统即转换成液压控制模式。这是典型的程序要查询的数据超限值，导致上故障码。戴姆勒—克莱斯勒为避免上述切换动作的发生，对所有可能涉及的车辆的 SBC 液压单元的程序进行重编，程序重编后将不会转换成液压控制模式，以后生产的车辆就没此故障了。

对于这类故障是修不好的，只有对 SBC 液压单元的程序进行重编才能避免故障。

九、存储保护装置

汽车电脑的故障自诊断电路所检测出的故障将一直以故障代码的方式记录在电脑内的随机存储器（RAM）。

故障码存储在控制器的内部 RAM 里或扩展 RAM 里，将汽车蓄电池电缆拆除会造成控制电脑 RAM 中的数据丢失、音响锁机、座椅、观后镜、方向盘等不能找到以前设定位置。

现在汽车上控制器数目众多，RAM 里数据也众多，有一些数据是为下一次启动和行车用的，换蓄电池时 RAM 内信息自动消失，会造成很多不必要的麻烦。

如图 10-9 所示。MS400（Memory Saver）存储保护装置有一个 4.5 A·h 的铅酸电池、电源开关及一个发光二极管，可显示蓄电池电路的连接状况。该装置受到一个 10 A 断路开关的保护，并能与点烟器、发电机及熔断器装置相连。全套装置包括一个 12 V 直流导线适配器、线夹和一个 12 V 交流充电器。

图 10-9　MS400（Memory Saver）存储保护装置

11

第十一章
汽车电路图

第一节　大众捷达 AHP（1997 年五阀）发动机电路图

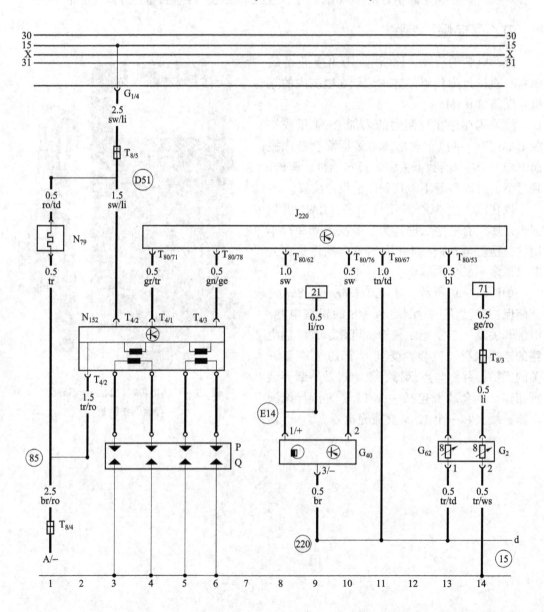

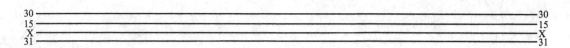

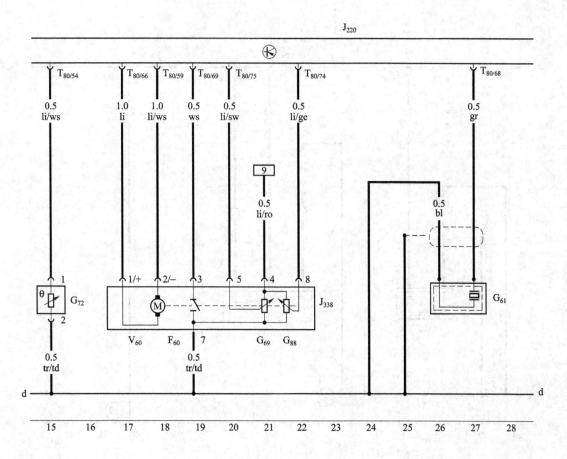

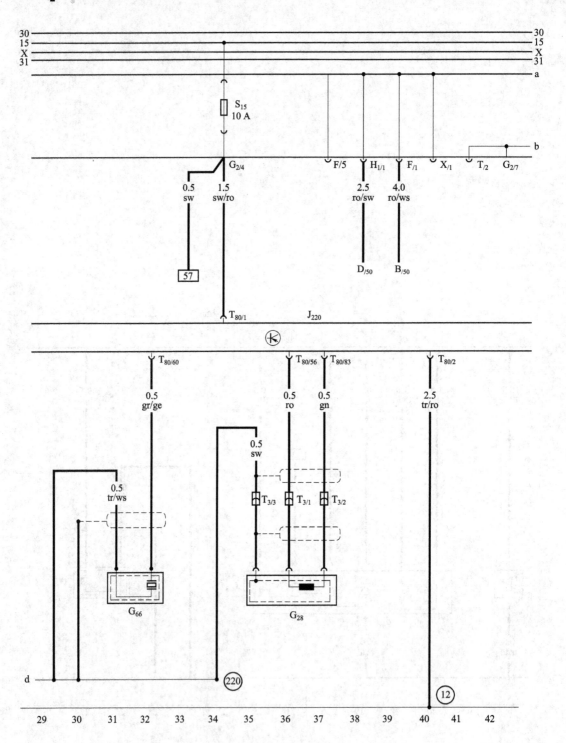

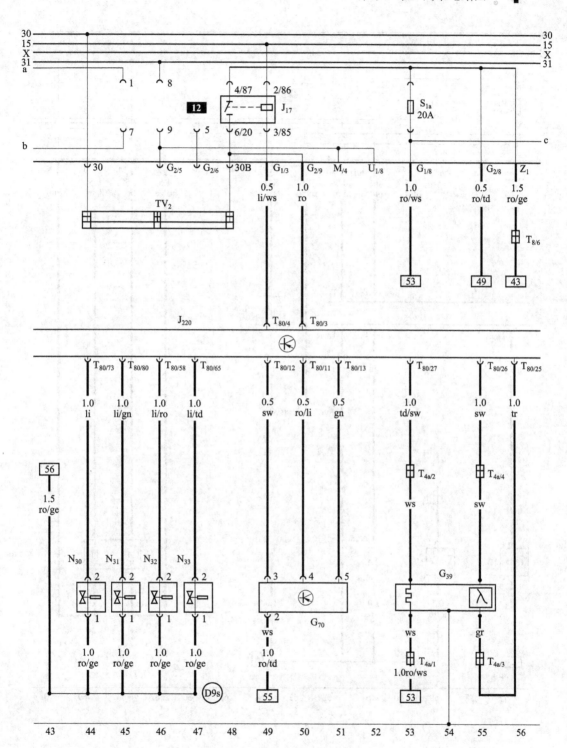

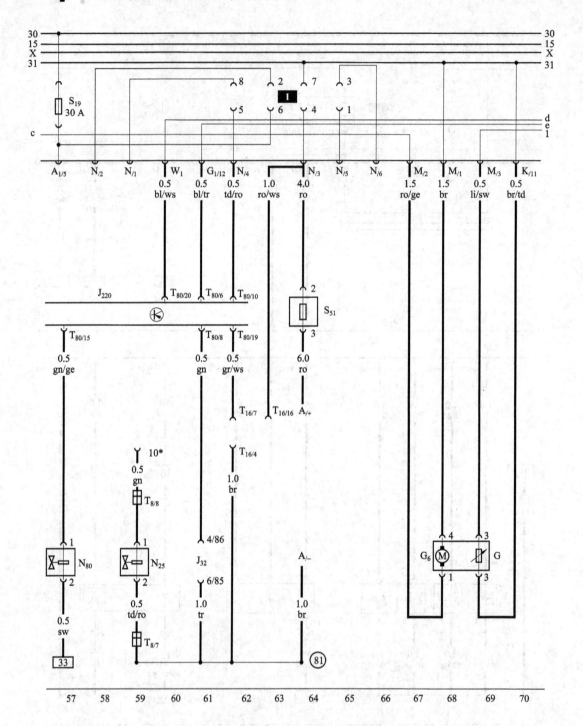

第二节　大众捷达 ATK（两阀）发动机电路图

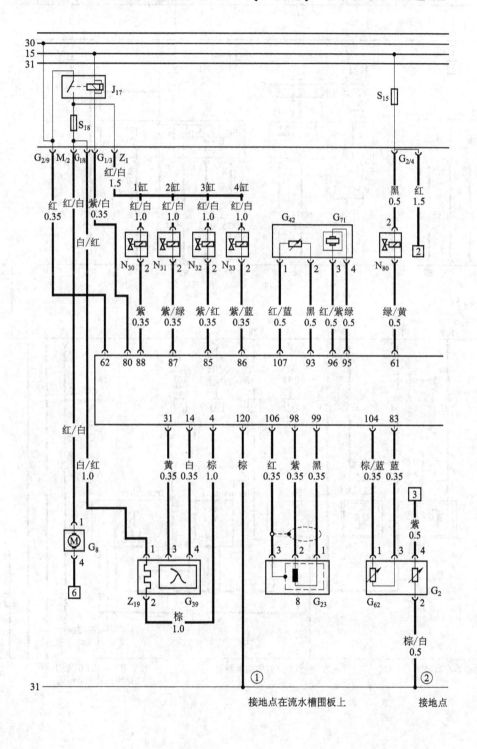

接地点在流水槽围板上　　　　接地点

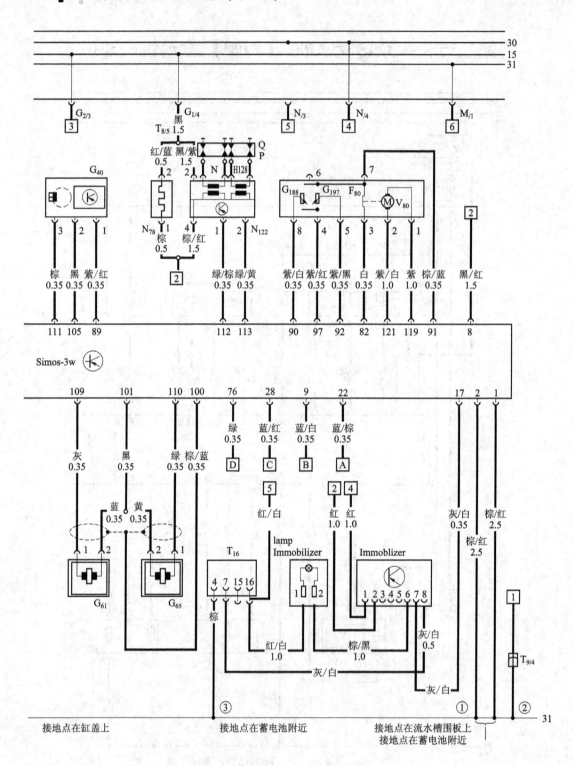

接地点在缸盖上　　　　　接地点在蓄电池附近　　　　接地点在流水槽围板上
　　　　　　　　　　　　　　　　　　　　　　　　　接地点在蓄电池附近

第三节　2005 年大众最新捷达发动机电路图

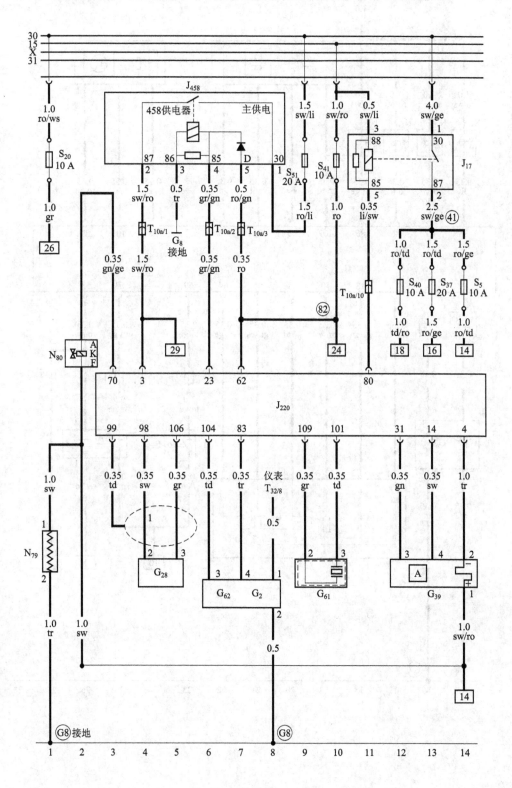

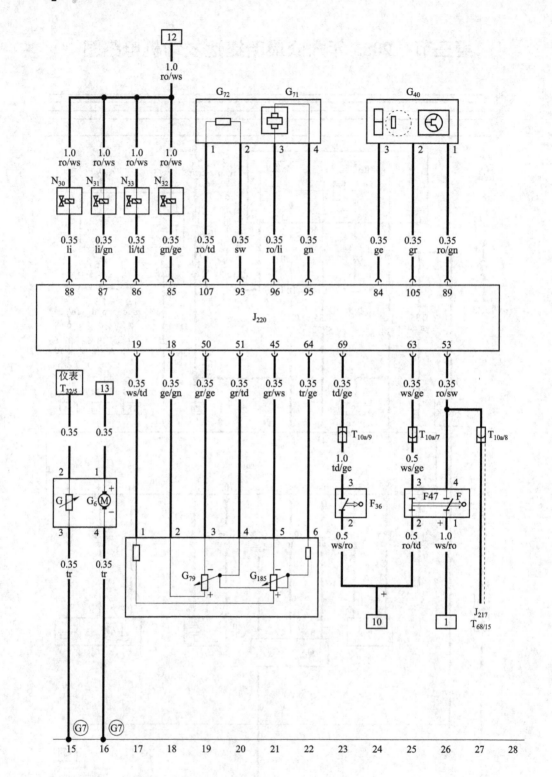

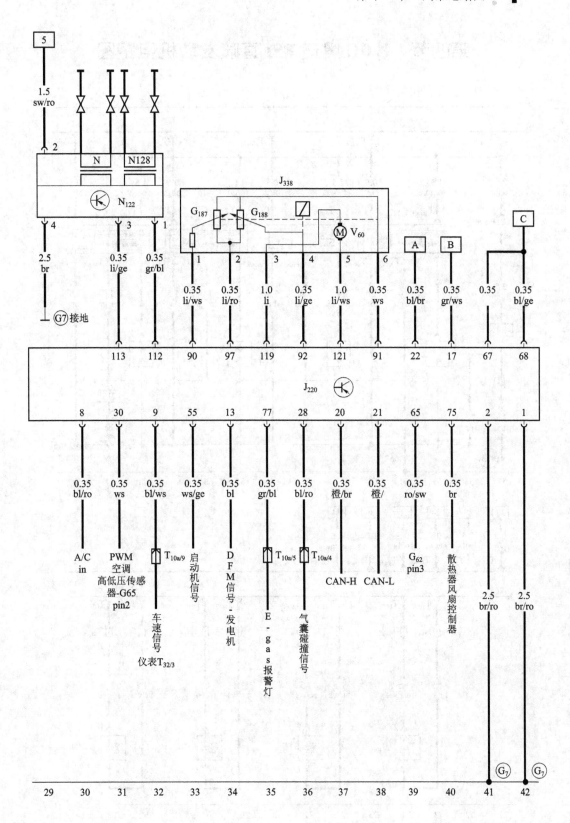

5

1.5
sw/ro

2

N N128

N122

4 3 1

2.5
br

0.35
li/ge

0.35
gr/bl

G7 接地

J_{338}

G_{187} G_{188}

M V_{60}

1 2 3 4 5 6

0.35
li/ws

0.35
li/ro

1.0
li

0.35
li/ge

1.0
li/ws

0.35
ws

A B C

0.35
bl/br

0.35
gr/ws

0.35

0.35
bl/ge

113 112 90 97 119 92 121 91 22 17 67 68

J_{220}

8 30 9 55 13 77 28 20 21 65 75 2 1

0.35
bl/ro

0.35
ws

0.35
bl/ws

0.35
ws/ge

0.35
bl

0.35
gr/bl

0.35
bl/ro

0.35
橙/br

0.35
橙/

0.35
ro/sw

0.35
br

2.5
br/ro

2.5
br/ro

A/C
in

PWM
空调
高低压传感
器-G65
pin2

$T_{10a/9}$
启动机信号

车速信号

仪表$T_{32/3}$

DFM信号-发电机

$T_{10a/5}$

E-gas报警灯

$T_{10a/4}$

气囊碰撞信号

CAN-H CAN-L

G_{62}
pin3

散热器风扇控制器

G_7 G_7

29 30 31 32 33 34 35 36 37 38 39 40 41 42

第四节　2.0L 奥迪 FSI 直喷发动机电路图

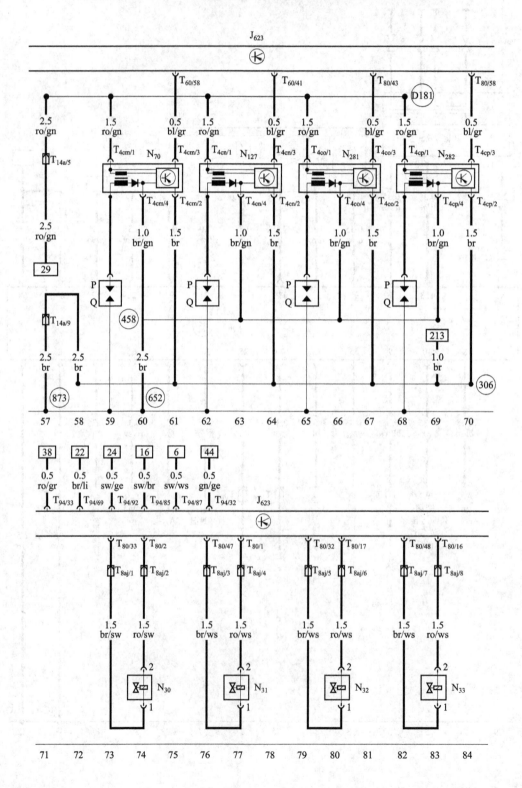

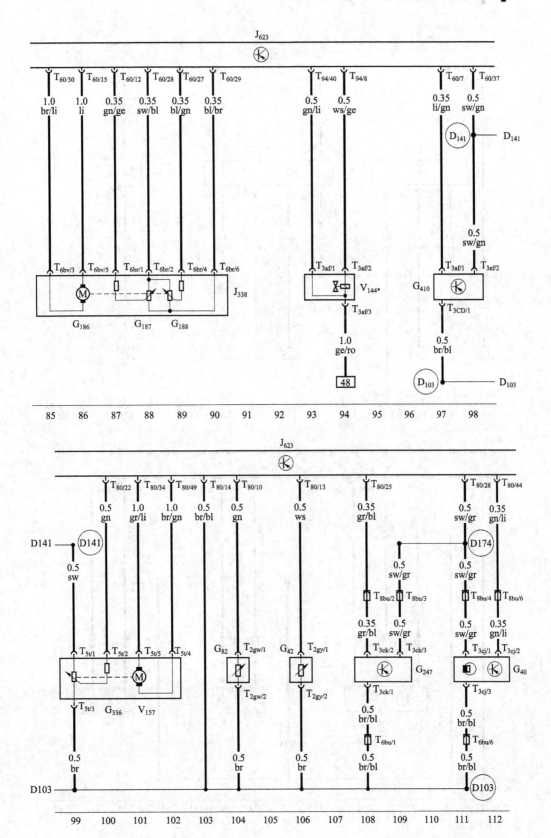

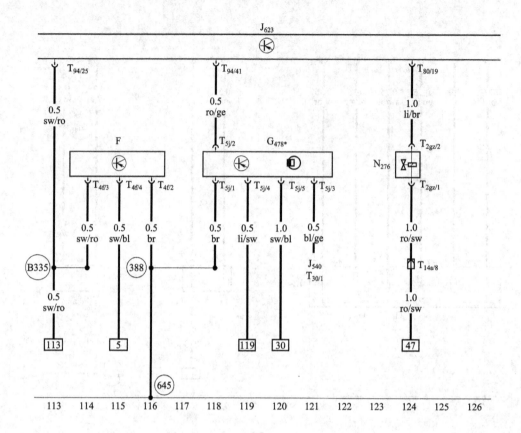

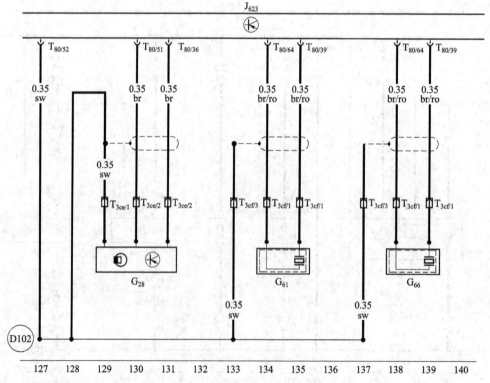

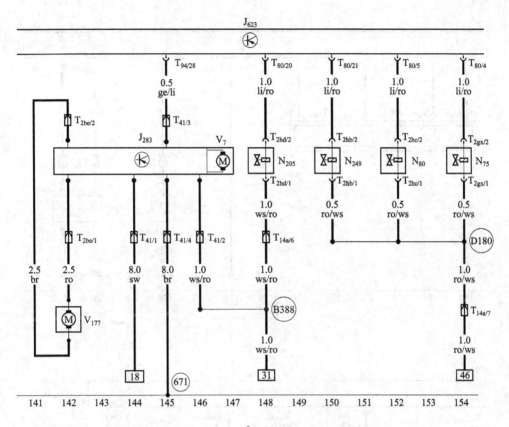

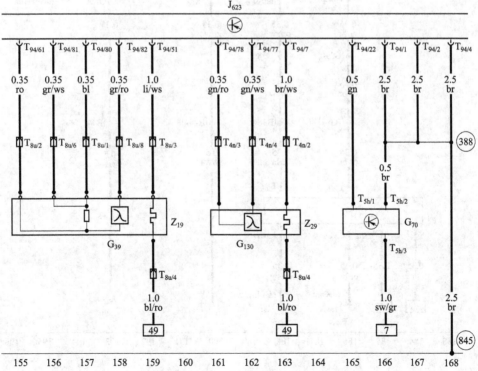

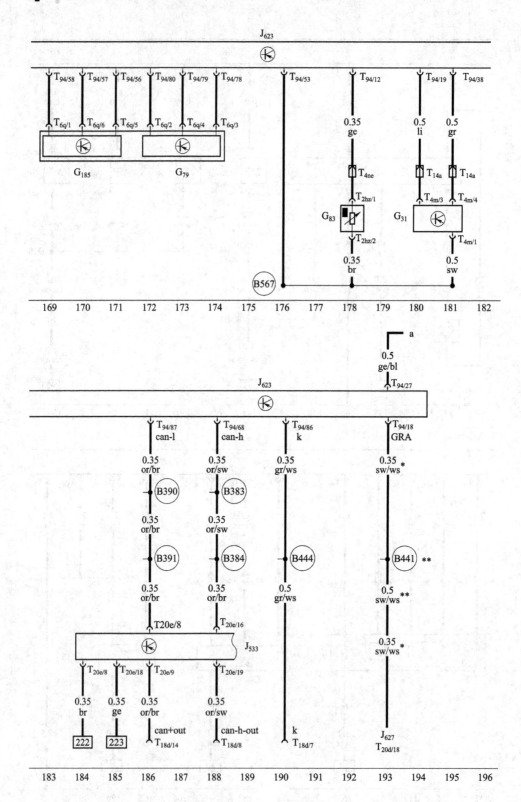

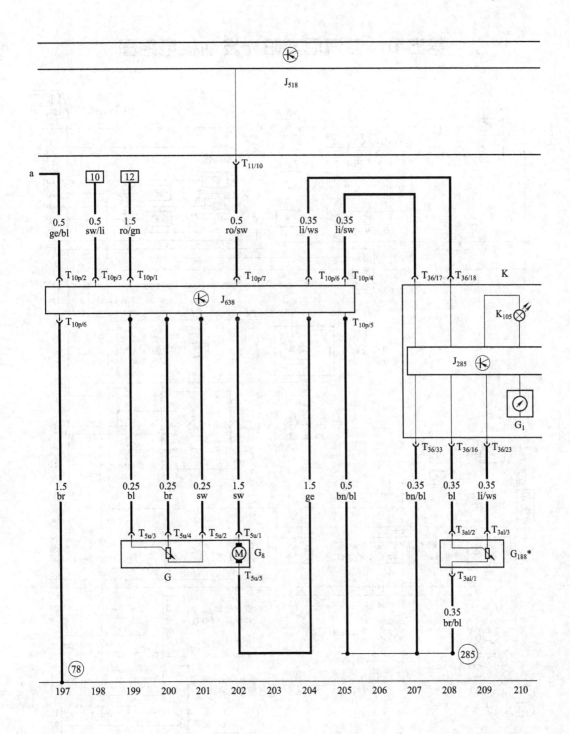

第五节　二汽尼桑阳光发动机电路图

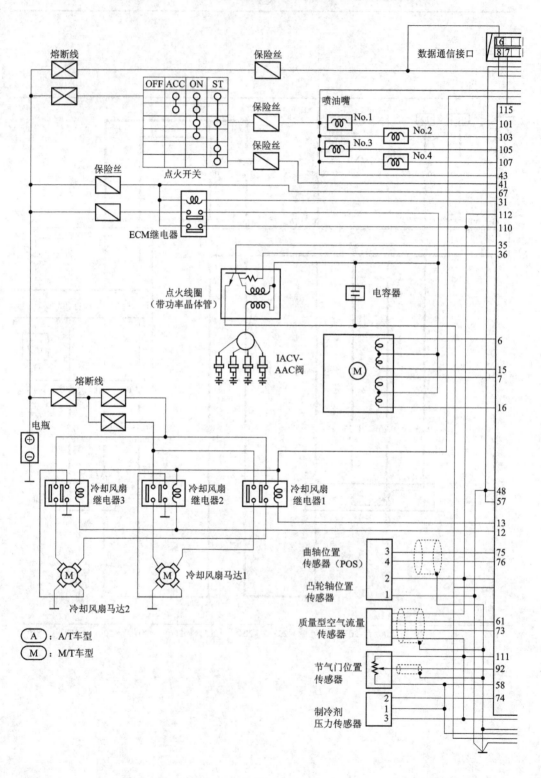

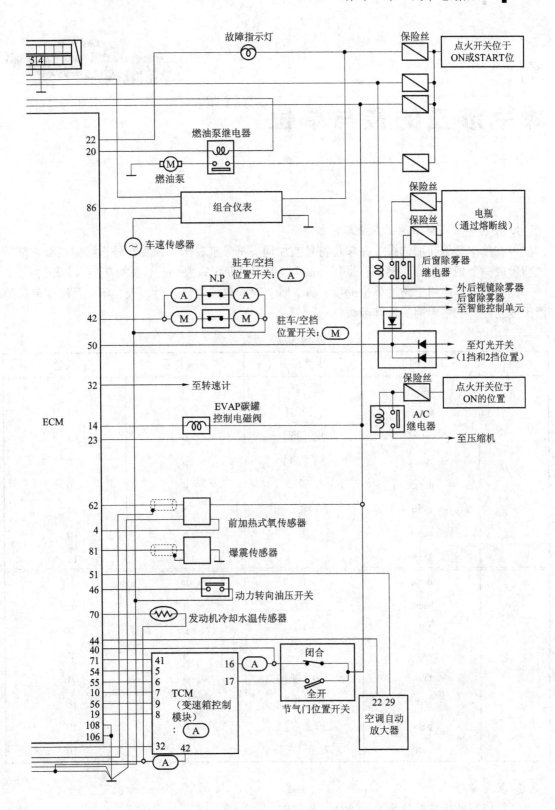

附录

本书涉及的量与单位

1. 不同单位与标准单位数量级的换算

可在单位名称前加词头或在单位符号前加词头符号来表示。词头符号直接加在单位符号之前形成一个相关单位。例如，毫克（mg）。但不可使用重叠词头，如毫千克（mkg）。

词头符号不能用于角度单位的度、分、秒，时间单位的分、时、天、年以及温度单位的摄氏度之前。下表为词头及其因数。

词头及其因数

项目	原文词头	中文词头	词头符号	因数
小数	atto	阿［托］	a	10^{-18}
	femto	飞［母托］	f	10^{-15}
	pico	皮［可］	p	10^{-12}
	nano	纳［诺］	n	10^{-9}
	micro	微	μ	10^{-6}
	milli	毫	m	10^{-3}
	centi	厘	c	10^{-2}
	Deci	分	d	10^{-1}
整数	deca	十	da	10^{1}
	hecto	百	h	10^{2}
	kilo	千	k	10^{3}
	mega	兆	M	10^{6}
	giga	吉［咖］	G	10^{9}
	tera	太［拉］	T	10^{12}
	peta	拍［它］	P	10^{15}
	exa	艾［可萨］	E	10^{18}

2. 常见单位

（1）压强的标准单位为 Pa（帕），单位较小。

常以 k 或 M 作单位，100 kPa = 0.1 MPa，也有用以下单位的：1 bar = 1 000 mbar =

760 mmHg≈1 kg/cm^2≈15 psi。

附注：bar = barometric（巴）（大气压）；1psi = pound square inch（磅平方英寸）=6.89 kPa；kg/cm^{2}是千克/平方厘米；mbar 是毫巴；mmHg 是毫米汞柱。

（2）时间的标准单位为 s（秒）。

$$1 \text{ h} = 60 \text{ min} = 3\ 600 \text{ s}、1 \text{ s} = 1\ 000 \text{ ms}$$

（3）电容的标准单位为 F（法），单位较大。

$$1 \text{ F} = 10^6 \text{ μF} = 10^9 \text{ nF} = 10^{12} \text{ pF}$$

（4）电流的标准单位为 A（安培）。

$$1 \text{ A} = 10^3 \text{ mA} = 10^6 \text{ μA}$$

（5）温度的标准单位为℃（摄氏度）。

国外汽车的资料通常温度不用摄氏度作单位。下面是摄氏度与其他温度单位之间的换算：

① 华氏温度（℉）和摄氏温度（℃）的换算：x℃ =（yF – 32）5/9

例如，176 ℉等于多少摄氏度：（176 – 32）5/9 = 80（℃）

② 开氏温度和摄氏温度的换算：x℃ = zK – 273.15

例如，293.15 K 等于多少摄氏度：293.15 – 273.15 = 20（℃）

（6）长度的标准单位为 m（米）。换算如下：

　　　1 inch（英寸）= 2.54 cm（厘米）；1 mile（英里）= 1 609 m（米）

（7）质量的标准单位为千克（kg）。

$$1 \text{ b}（磅）= 0.454 \text{ kg}（千克）$$

（8）功的标准单位为焦耳（J）。

$$1 \text{ cal} = 4.18 \text{ J}、1 \text{ Btu} = 1\ 055 \text{ J}$$